Anton Kerner von Marilaun

Niederösterreichische Weiden

Anton Kerner von Marilaun

Niederösterreichische Weiden

ISBN/EAN: 9783743323568

Hergestellt in Europa, USA, Kanada, Australien, Japan

Cover: Foto ©ninafisch / pixelio.de

Manufactured and distributed by brebook publishing software
(www.brebook.com)

Anton Kerner von Marilaun

Niederösterreichische Weiden

„In temperatis et frigidiusculis hemisphaerae borea'is utriusque continentis innumerae Salici mira formarum inconstantia luxuriant botanicorum crux et scandalum."

Endlicher *Enchir. bot. p. 173.*

Die Ansicht, dass Pflanzen - Blendlinge in der freien Natur vorkommen und sich dort durch zufällige Veranlassung ebensogut bilden können, wie sie in den Gärten durch absichtliche künstliche Befruchtung entstehen, hat sich gegenwärtig allerwärts Bahn gebrochen und kaum dürfte es mehr einen Widersacher der Ansicht geben, dass viele der Pflanzenformen, welche den vielgestaltigen durch das dioicische oder andro- und gynodynamische Verhältniss ihrer Blüthen ausgezeichneten Weiden, Disteln, Münzen, Primeln und Habichts- kräutern angehören, einer zweiartigen Befruchtung ihr Dasein verdanken. -- Nachdem die vor dem Forum der Wissenschaft wiederholten Versuche der Gärtner die Möglichkeit der Bastartbildung *) im Pflanzenreiche nachgewiesen hatten, glaubte man auch alsbald eine Menge wildwachsender Pflanzen als Blendlinge zu erkennen und suchte gewisse Regeln festzustellen, um für eine fragliche Pflanze den Nachweis ihrer Bastartnatur geben zu können. Einerseits sollten die Verhältnisse des Vorkommens, anderseits die Form und endlich die Unfruchtbarkeit als Anhaltspunkte zu diesem Nachweise dienen. Diejenigen Mittelbildungen, bei denen man eine ungleichartige Befruchtung vermuthete, sollten nur dort vorkommen, wo auch die beiden Stammformen, zwischen denen sie die Mitte hielten, sich finden, die Stammältern sollten zu gleicher Zeit blühen, die Blendlinge sollten nur vereinzelt und zerstreut ange- troffen werden, sie sollten unfruchtbar sein und es sollten entsprechend den zwei Kreuzungen, welche zwischen zwei Pflanzenarten möglich sind, zwei Bastarte sich bilden, welche in den Zeugungsorganen der pollengebenden Stammart, in den Ernährungsorganen der samentragenden mehr ähnlich sehen.

---

*) Nach Grimm: Bastart, nicht Bastard.

1

Alle, welche über Bastarte ihre Ansichten veröffentlichten, sprechen sich endlich auch noch dahin aus, dass zur Erkennung der Blendlinge ein gewisser Scharfblick nothwendig sei, welcher diesen Pflanzen „die so zu sagen ihre Entstehung an der Stirne tragen" ihre Bastartnatur ansieht. Sobald aber die individuelle Ansicht des Beobachters mit in's Spiel gezogen wird, so ist auch die Möglichkeit gegeben, dass irrige Ansichten über den Ursprung einer Pflanze verbreitet werden und nicht selten scheinen auch Uebergangsformen, welche zwei klimatische oder geognostische Parallelformen einer und derselben Art verbinden, als Blendlinge angesehen worden zu sein.

Spätere Entdeckungen haben an den oben aufgezählten Sätzen der Bastartkunde gewaltig gerüttelt, so dass gegenwärtig keiner derselben mehr in seinem ganzen Umfange Geltung finden kann.

Nicht immer werden die Bastarte nur in der Nähe der Stammältern gefunden, sondern oft kommen sie weit entfernt von diesen oder in Gegenden vor, wo nur die eine der Stammformen gleichzeitig angetroffen wird. So findet sich z. B. eine Mittelform zwischen *Salix purpurea* und *S. nigricans* bei Lilienthal nächst Breslau, obschon in der näheren Umgebung dort keine *S. nigricans* angetroffen wird; ebenso wächst ein Blendling aus *S. pentandra* und *fragilis* im Wienthale bei Penzing, obschon auf viele Meilen weit keine *S. pentandra* dort aufgefunden wurde. Solche Erscheinungen können aber nicht gegen die Bastartnatur einer Pflanze sprechen, indem *S. nigricans* früher in der Nähe des zuerst erwähnten Bastartes vorgekommen sein mag, ebenso wie es möglich ist, dass *S. pentandra* im Wienerwalde in der Nähe des Standortes des Blendlings aus *S. pentandra* und *S. fragilis* vorkam, ja vielleicht noch vorkommt. — Von diesem Standpunkte aus dürften die Bastarte manchmal sogar interessante Anhaltspunkte geben, aus denen man auf Veränderungen schliessen kann, welche die Pflanzenwelt im Laufe der Zeit erlitten hat. Uebrigens bedarf es bei Pflanzen, deren Samen, wie jene der Weiden und Disteln ein Spiel des Windes sind und durch den leisesten Luftstrom weithin über Berg und Thal geführt werden, kaum der Annahme des früheren Vorhandenseins einer Stammart an dem Standorte des Bastarts. — Auch darf bei Betrachtung solcher Fälle nicht unberücksichtigt bleiben, dass Bastartbefruchtungen besonders häufig durch Insekten, insonderheit Bienen herbeigeführt werden, welche den Pollen aus weit entlegenen Bezirken von Art zu Art verschleppen und insbesonders wird in Beziehung der Weiden von Wichura[*]) aufmerksam gemacht, dass bei ihnen der Pollen nicht wie bei den Haselnüssen und Kiefern vom Winde umhergetrieben, sondern nur durch Insekten der weiblichen Blüthe zugeführt wird. Jedermann, der im Frühlinge, wo die Weiden den Reigen der Blüthen eröffnen helfen, die um ihre Kätzchen summenden Schwärme der Immen gesehen hat, und beobachtete,

---

[*]) Wichura: Ueber künstlich erzeugte Weidenbastarte. 31. Jahresbericht der schles. Gesellschaft für vaterländ. Kultur. Seite 160.

wie diese, mit blüthenstaubbedecktem Pelze von Strauch zu Strauch sich fort-
tummeln, der wird die Möglichkeit einer Befruchtung weit entfernter verschie-
denartiger Blüthen nicht weiter bezweifeln, ja es wird sich ihm sogar
unwillkürlich die Frage aufdrängen, warum die Bastarte nicht noch viel
häufiger angetroffen werden, als es wirklich der Fall ist.

Die gleiche Blüthezeit der Stammältern ist allerdings zur
Sicherstellung der Bastartnatur unumgänglich nothwendig, nur muss man
hier gleichfalls zulassen, dass die beiden in Blüthe stehenden Stammarten weit
von einander getrennt vorkommen können. — Die Reihe des Aufblühens läuft
bei den Weiden ebenso, wie bei allen andern Pflanzen in einer ganz bestimmten
Folge ab, die Mannigfaltigkeit der Standorte aber bedingt die Möglichkeit, dass
Arten, welche sonst unter gleichen äusseren Verhältnissen in sehr verschiedenen
Zeiträumen blühen würden, an zwei durch ihre Lage, Erhebung und Beschattung
verschiedenen Punkten derselben Gegend zu gleicher Zeit ihre Blüthen entfalten
können. Die Insekten werden sich nicht scheuen, die im kühlen Schatten blühenden
Weiden gerade so zu besuchen, wie jene, welche in sonnigen windgeschützten
Lagen aufgeblühet sind, ebenso wie sie im raschen Fluge in wenigen Augen-
blicken einen Höhengürtel durchmessen, an dessen oberem und unterem Rande
bedeutende Unterschiede in der Zeit der Blüthenentwicklung vorkommen. —
Vielleicht mag es sich auch hieraus erklären, dass in gebirgigen Gegenden,
wo durch die Mannigfaltigkeit der Bodengestaltung auch eine grössere Ab-
wechslung der auf die Entwicklung der Pflanzen einwirkenden Verhältnisse
bedingt wird, die Bastarte sich viel häufiger, als anderswo finden. In Nieder-
Oesterreich, dessen Weiden in diesem Aufsatze ihre Besprechung finden werden,
war insbesondere der Reichthum an Blendlingen in den tief eingeschnittenen
Alpenthälern, wie z. B. den engen Thal-chluchten bei Gaming und Lunz auffallend; eben dort aber sahen wir auch auf der einen Seite des Thales *Salix
glabra* in voller Blüthe und *S. grandifolia* längst abgeblüht, während an der
gegenüberliegenden gegen Mitternacht gerichteten Berglehne die Kätzchen
von *S. glabra* eben die Knospenschuppen durchbrachen und *S. grandifolia*
in voller Blüthe stand.

Das zerstreute und sparsame Vorkommen scheint unter allen
zur Feststellung der Blendlingsnatur benützten Merkmalen noch das zuver-
lässigste zu sein. Nur wenige Weidenbastarte, wie z. B. jene von *Salix alba*
und *S. fragilis* machen eine Ausnahme und stehen mehreren Arten, welche
nicht hybriden Ursprungs sind, in ihrer Häufigkeit nicht nach. Diese Erscheinung
— welche auch verursacht haben mag, dass sich Floristen, die bei anderen
Weiden die Bastartnatur anerkennen, nicht entschliessen konnten, auch für
diese Mittelbildungen den hybriden Ursprung gelten zu lassen — steht übrigens
ziemlich vereinzelt da und für die Mehrzahl derjenigen Formen, welche wir
für Blendlinge halten, trifft das Merkmal des zerstreuten und sparsamen
Vorkommens gegenwärtig allerdings vollkommen zu. — Ob diese Blendlinge

für immer ein solches beschränktes Vorkommen zeigen werden, ist eine Frage,
auf welche wir später nochmals zurückkommen werden.

Die Unfruchtbarkeit wurde in früherer Zeit für einen der wichtigsten und sichersten Anhaltspunkte zur Erkennung eines Blendlings gehalten.
Die Gärtner bestritten zwar längst diese Ansicht und beuteten sogar die
Fruchtbarkeit der Bastarte thatsächlich aus, indem sie durch künstliche
ungleichartige Befruchtung von Bastarten mit Stammältern so wie von Bastarten
untereinander neue Formen hervorriefen; — die Männer der Wissenschaft jedoch
sträubten sich lange gegen die Annahme der Möglichkeit einer solchen Befruchtung, weil damit eines der wichtigsten Merkmale, auf das sich der
Unterschied von Art und Bastart *) stützte, aufgegeben werden musste.
— In einem Aufsatze Alex. Braun's **) finden wir zuerst ausdrücklich
hervorgehoben: dass Unfruchtbarkeit nicht immer ein Kennzeichen der Bastarte
sei, da sie oft durch die eine oder andere der Stammarten befruchtet, Früchte
und Samen zur Reife bringen — und in letzterer Zeit spricht sich auch
Wimmer ***) dahin aus, dass die Blendlinge keimfähige Samen zu geben
im Stande seien. Die höchst dankenswerthen Versuche von Wichura†) haben
für die Weiden die Keimfähigkeit der von Bastarten erzeugten Samen, so
wie ihre Befruchtungsfähigkeit in früher nicht geahnter Ausdehnung sicher-
gestellt und nicht nur die Möglichkeit der Kreuzung einer Stammart mit
einer anderen Stammart, sondern auch eines Bastartes mit einem andern
Bastarte und endlich einer Stammart mit einem Bastarte in allen möglichen
Versetzungen nachgewiesen. — Allerdings scheint die Fruchtbarkeit sich
nicht auf alle Blendlinge auszudehnen und von Wimmer und Wichura
werden einzelne Weidenbastarte, z. B. jene von *S. viminalis* mit *S. amygdalina*,
so wie von *S. viminalis* mit *S. cinerea* als unfruchtbar hervorgehoben. Solche
Fälle bilden aber, verglichen mit der weit überwiegenden Mehrheit der Fälle
von Fruchtbarkeit, Ausnahmen von der Regel und beirren um so weniger,
als auch andere Pflanzen, die allen Anzeichen nach keine Blendlinge sind,
keimungsunfähige Samen hervorbringen, ohne dass dafür ein Grund angegeben werden könnte.

So wie die früher festgehaltene Ansicht, dass die Blendlinge der
Fruchtbarkeit entbehren, sich nicht bestätigte, ebenso konnte die Regel, dass
die beiden Bastarte — welche zwischen zwei Stammarten entstehen, je
nachdem die eine und die andere die Rolle der Pollengebenden spielt — sich
dadurch unterscheiden lassen: dass jede derselben in den Zeugungs-

---

*) Wimmer äusserte sich Flora 1846. Seite 148: Wenn Bastarte auch bis zur Ausbildung des
Embryo gelangten und auf diese Weise fruchtbar würden und sich fortpflanzten, so wären sie bis zum
Range von Arten fortgeschritten, also auf diese Weise wirkliche und zwar neue Species entstanden.
 **) Flora oder allgem. bot. Zeitung IV. Bd, I. Seite 1.
 ***) „Wildwachsende Bastartpflanzen" in Denkschrift. d. schles. Gesellschaft für vaterland. Kultur 1853,
Seite 115.
 †) Wichura a. a. O. Seite 163.

organen der pollengebenden, in den Ernährungsorganen der samentragenden Stammart näher stehe, keine Geltung finden. — Dass entsprechend der doppelten Rolle, welche jede Stammart bei der Befruchtung spielen kann, auch zweierlei Erzeugnisse zwischen zwei Stammarten entstehen können, ist zwar nicht zu bezweifeln, die Form dieser Erzeugnisse aber im Vorhinein angeben — oder umgekehrt aus der Form auf die Rolle zurückschliessen zu wollen, welche die Stammältern bei der Erzeugung des Blendlings gespielt haben, sind wir auf Grundlage der bisherigen Erfahrungen nicht berechtigt und ein solches Verfahren ist daher zum wenigsten verfrüht.

Die Zwischenbildungen, bei welchen wir in Berücksichtigung ihrer Form und ihres Vorkommens einen zweiartigen Ursprung voraussetzen, halten e n t w e d e r g e n a u d i e M i t t e z w i s c h e n d e n m u t h m a s s l i c h e n S t a m m ä l t e r n o d e r s i e n e i g e n s i c h i n i h r e r F o r m m e h r z u e i n e r d e r e r z e u - g e n d e n S t a m m f o r m e n h i n. Diese letzteren, für welche wir den Namen goneiklinische *) Formen vorschlagen, haben in der Neuzeit eine doppelte Deutung erfahren. — Nachdem man sich wiederholt überzeugt hatte, dass die durch künstliche zweiartige Befruchtung erzielten Samen aus einem und demselben Blüthen - Köpfchen, ja selbst aus einer und derselben Kapsel gewöhnlich sehr verschiedene Mittelbildungen liefern, von denen einige dieser, andere jener Stammart näher stehen, tauchte die Ansicht auf, dass der Pollen auf die verschiedenen Samenknospen eines und desselben Fruchtknotens mit ungleicher Befruchtungskraft einwirken könne und dadurch ungleiche Erzeugnisse zu Tag bringe. Schon G ä r t n e r hatte auf diesen ungleichen Einfluss hingewiesen, indem er sagte, dass häufig eine der Stammarten auf den Blendling einen „typischen Einfluss" übt, so dass der Blendling in seinen Merkmalen der einen Stammart dann viel näher steht, als der zweiten. Versuche von G r e n i e r und J o r d a n bestätigten neuerlich diese Angabe, welche auch ganz allgemein von den Gärtnern behauptet wird. Von anderer Seite wurden jedoch diese goneiklinischen Blendlinge als Bastarte zweiter Ordnung angesehen, welche durch befruchtende Verbindung eines Bastartes erster Ordnung mit einer der Stammformen entstanden sind. Namentlich scheint S c h u l t z von dieser Voraussetzung ausgegangen zu sein, als er solche Formen mit einem Dreinamen (z B. *Hieracium praealto — Pilosella — praealtum*) bezeichnete. Diese Ansicht hat gleichfalls ihre Berechtigung und Begründung in den Ergebnissen, welche die Versuche künstlicher Bastartirung zu Tage gefördert und die Möglichkeit, dass solche durch zweimalige Kreuzung entstandene Blendlinge auch in der freien Natur vorkommen, ist nicht in Abrede zu stellen, da die Insekten die blühenden Bastarte ebensogut besuchen werden, wie die Pflanzen, die keine Bastarte sind. — Aber auch für den Fall, dass die Befruchtung nicht immer durch Vermittlung der Insekten gedacht

---

*) Von γονεύς Erzeuger und κλίνω hinneigen.

wird, ist bei den dioicischen Weiden die Entstehung eines doppelt gekreuzten Blendlings in der freien Natur nichts weniger als unwahrscheinlich, weil nur selten Staub- und Fruchtblüthen tragende Sträucher eines und desselben Blendlings nebeneinanderstehen, sondern diese fast immer einzeln zwischen anderen verbreiteteren Arten angetroffen werden, so dass — wenn überhaupt eine befruchtende Verbindung der Blüthen untereinander wachsenden Weidenzweige ohne Uebertragung des Pollens durch Insekten stattfindet — sich ebensogut Stammart mit Stammart, wie Blendling mit Stammart verbinden kann. — Jede dieser zwei Ansichten über die Bildung goneiklinischer Bastarte gründet sich auf Versuche, die keine Einwendung zulassen. Welchen Weg jedoch die Natur bei Bildung solcher Bastarte einschlägt, ob den in der ersten oder den in der zweiten Ansicht bezeichneten, ob vielleicht beide — muss vorläufig dahingestellt bleiben. Entschieden ist aber die Ansicht zurückzuweisen, dass solche, einer der Stammformen sich nähernde Blendlinge als „Rückschläge“ anzusehen seien. Man stellte sich nämlich vor, dass den durch zweiartige Befruchtung entstandenen Mittelformen, die gewissermassen als regelwidrige Bildungen zu betrachten seien, die Sucht innewohne, wieder in eine der Stammformen zurückzukehren und dass die Natur gezwungen sei, in den Artgrenzen zu bleiben, die sie sich einmal gezogen habe. — Obschon nun die Erfahrung lehrt, dass die Form einer Pflanze durch äussere Einflüsse wesentlich geändert werden könne, so müssen wir doch die Möglichkeit, dass auch durch inneren Einfluss eine andere Formgestaltung stattfinden könne, in Abrede stellen.

Jede Pflanze muss als ein Wesen aufgefasst werden, dem eine bestimmte Idee als Bildungsgesetz zu Grunde liegt, deren körperliche Erscheinung eben die Pflanze selbst ist. Da die Idee der Form aber in einem nothwendigen Einklang mit den äusseren Verhältnissen stehen muss, so werden sich bei Aenderung der örtlichen Einflüsse allerdings auch gewisse Merkmale der Pflanze umgestalten können, das Individuum aber als körperliche Erscheinung der seiner Art zu Grunde liegenden Idee vermag auf diese selbst nicht bestimmend einzuwirken und sie nicht zu ändern. —

Dem von zwei verschiedenen Pflanzenarten erzeugten neuem Keime muss in dem Augenblicke der Vereinigung gleichfalls ein bestimmtes Bildungsgesetz eingepflanzt werden, das sich je nach der Stärke, mit welcher sich die beiden Stammältern betheiligten, bald mehr dem Vorbilde der einen Stammart, bald dem der andern anschmiegen wird. Das in dem Keim aber einmal gegebene Bildungsgesetz ist von dem Augenblicke der Vereinigung ein bestimmtes und selbstständiges geworden und vermag als Individuum körperlich in Erscheinung zu treten. Das Bastart-Individuum aber vermag auf seine eigene Gestaltung nicht einzuwirken, sondern folgt eben nothwendig dem ihm zu Grunde liegenden Gesetze. Der einmal gebildete Blendling ist fortpflanzungsfähig, vermag sich also zu erhalten und muss gerade so als Art aufgefasst und von dem Naturforscher als solche beschrieben werden, wie eine andere selbstständige Form, die nicht im Verdachte eines zweiartigen Ursprunges steht, da derselbe uns von der Natur als bestimmte selbstständig gewordene Form geboten wird. — Der Begriff eines Blendlings ist von dem einer Stammform nicht anders, als durch den verschiedenen Ursprung abzugrenzen — da aber der Ursprung bei den wildwachsenden Bastarten nur mit Rücksicht auf die Form gemuthmasst werden kann, da es überdiess denkbar ist, dass die Stammform selbst einst den Ursprung eines Blendlings gehabt hat und dass nur eines ihrer Stammältern ausgestorben sei, so ist auch diese Grenze schwankend und unhaltbar.

Die Behauptung, dass die Bastarte nach einigen Generationen aussterben und dass, wie Kant sagt: die Blendlingsart in mehr oder weniger Gliedern der Zeugung erlischt, kann nach den vorliegenden Erfahrungen eben so wenig bejaht, wie verneint werden. — Wenn wir die Pflanzenwelt nicht als ein Abgeschlossenes, sondern als ein in fortdauernder Veränderung, im steten Werden Begriffenes auffassen, so liegt es nahe, anzunehmen, dass die Natur auch den Weg der Bastartirung einschlage, um ihre Arten zu vervielfältigen, — oder wären die Blendlinge wirklich nur: „fruchtlose Versuche der Natur, sich mit ihren jetzigen Kräften zu neuen spezifischen Typen zu erheben“. *) — Wir bezweifeln es. — Man hat zwar als auffallende Erscheinung hervorgehoben, dass die Bastarte gegenwärtig meistens nur in geringer Menge und in der Regel nur zwischen den Stammältern angetroffen werden und diese Erscheinungen als Beweise angesehen, dass der Erhaltung, Vermehrung und Verbreitung der Bastarte irgend welche noch unbekannte Hindernisse entgegenstehen müssen. Diese Erscheinungen sind aber eben die einzigen Anzeichen, durch welche wir gegenwärtig geleitet werden, eine im Freien vorkommende Mittelform als Bastart zu erklären. Sobald die Mittelform häufiger auftritt und sich auch noch an Orten findet, wo die eine oder andere der verwandten zwei Arten fehlt, so nimmt man Anstand, sie als Blendling anzusehen und betrachtet sie als „gute Art“. — Ist es nun aber nicht möglich, dass diejenigen Mittelformen, bei welchen man gegenwärtig aus dem sparsamen und zerstreuten Vorkommen auf einen Blendlings-Ursprung schliesst, sich mit der Zeit weiter verbreiten und vermehren? — Die Zeit, seit welcher man die Pflanzenbastarte verfolgt, ist wohl viel zu kurz, als dass schon jetzt mit einiger Bestimmtheit hier eine Antwort gegeben werden könnte und es muss die Lösung dieser Frage der Zukunft vorbehalten bleiben.

Dass es übrigens eine gewisse Grenze der Bastart-Neubildung gebe, unterliegt wohl keinem Zweifel. Gewiss ist, dass nur verwandte Formen, die eine „sexuelle Affinität“ besitzen, durch ungleichartige Befruchtung Blend-

*) Nägeli: Die Cirsien der Schweiz. Neue Denkschriften der allgem. Schweiz. Gesellschaft für Naturw. Band 5.

linge geben können. Aber auch unter diesen durch Verwandtschaft mit einander verbundenen Pflanzengruppen, bei welchen bis jetzt Bastarte beobachtet
wurden, scheint die Kreuzung nicht mit gleicher Leichtigkeit ein Ergebniss
hervorzubringen. Die Grenze der Kreuzungsfähigkeit ist bis jetzt aber noch
nicht genau festgestellt.

Durch die Versuche von Wichura ist bewiesen, dass Blendlinge mit
Blendlingen, von denen jeder zwei anderen Arten seine Entstehung verdankt,
eine befruchtende Verbindung eingehen können und es wurden Pflanzen erzeugt, an welchen mittelbar vier verschiedene Formen betheiligt waren. Die
Erkennung solcher Bastarte iu der freien Natur dürfte übrigens selbst dem
gewandtesten Beobachter eine unlösliche Aufgabe bleiben — und wenn wir
den Gedanken der Möglichkeit, dass solche aus vier Stammformen hervor-
gegangene Bastarte selbst wieder unter einander sich kreuzen können, weiter
spinnen, so sind wir an dem Punkte angelangt, wo es unmöglich wird, die
Formen durch Unterscheidungsmerkmale auseinander zu halten oder um mit
Wimmer zu sprechen: die Formen fliessen dann chaotisch in einander und die
Art verschwindet. — Die Habichtskräuter scheinen uns allerdings ein Beispiel
eines solchen Ineinanderfliessens zu geben und darauf hinzuweisen, dass bei
gewissen Pflanzengattungen eine unendliche Reihe von Blendlingen gebildet
werden könne.

Benennung der Bastarte.

Entsprechend den verschiedenen Ansichten über die Entstehung und
die Bedeutung der Pflanzenbastarte waren auch die den Blendlingen gegebenen wissenschaftlichen Benennungen verschieden. Die Mehrzahl der
Botaniker hielt sich an die zuerst von Schiede in Anwendung gebrachte
Benennungsweise und bildete den Namen eines Bastartes durch Zusammensetzung aus den Namen der muthmasslichen Stammältern — Da man der
Ansicht war, dass sich die pollengebende Stammart in den Zeugungsorganen,
die samentragende in den Ernährungsorganen des Bastartes ausspreche, wollte
man durch Vorsetzung des Namens der ersteren und Nachsetzung des Namens
der letzteren dieses Verhältniss ausdrücken und glaubte auf diese Weise die
zwei Blendlinge (a ♂ b ♀) und (b ♂ a ♀) möglich vollkommen bezeichnet
zu haben. — Bald stellte sich aber auch das Bedürfniss heraus, diejenigen
Bastarte, welche sich mehr der Form einer der Stammältern nähern, zu bezeichnen und von der irrigen Ansicht geleitet, dass solche goneiklinische
Blendlinge: „Rückschläge" zu den Stammarten seien, wurden sie unter dem
Vorgange Nägeli's auch fehlerhaft als „formae recedentes" mit ($a b$) recedens ad a u. s. f. bezeichnet; diejenigen Botaniker hingegen, welche in diesen
goneiklinischen Bastarten das Ergebniss einer zweitmaligen Kreuzung eines schon
vorhandenen Bastartes mit einer seiner Stammformen zu erkennen glaubten,
belegten sie auf Grundlage der Schiede'schen Benennungsweise mit einem
Dreinamen und so wurden Namen wie *Hieracium Pilosella-praealto-Pilosella*
u. dgl. gebildet.

Da bei der Ermittlung der Stammältern einer im Freien gefundenen für einen Bastart gehaltenen Mittelform die, jedem Beobachter eigenthümliche Betrachtungsweise in's Spiel kommt, so ist natürlich auch die Möglichkeit gegeben, dass mit dem S c h i e d e'schen Zweinamen eine irrige Ansicht über die Pflanze in die Welt geschleudert werden kann, deren spätere Berichtigung auch eine Aenderung des Namens nothwendig nach sich zieht. Auf diese Weise ist die S c h i e d e'sche Benennung schon mehrfach die Ursache zur Entstehung eines sehr überflüssigen Synonymen-Ballastes geworden. Wenn schon bei den Bastarten einmaliger Kreuzung ein fehlerhafter Rückschluss auf die Stammältern und deren Rolle vorkommen kann, so wird ein solcher Schluss bei Bastarten, welche als das Ergebniss einer zweitmaligen Kreuzung eines schon vorhandenen Bastarts mit einer seiner Stammformen gedacht werden, um so leichter vorkommen können. — Wir bilden natürlich unser Urtheil über den Ursprung eines wildwachsenden Blendlings nur auf Grundlage der äusseren Merkmale, welche der vorliegenden fraglichen Pflanze eigen sind. Berücksichtigen wir aber die ganze Reihe von verschiedenen Verbindungen, welche zwischen den beiden Stammarten a und b und den durch erstmalige Kreuzung entstandenen Bastarten ($a\,♂\,b\,♀$ und $b\,♂\,a\,♀$) denkbar sind *), so müssten wir offen gestehen, das wir keinem, selbst nicht dem scharfsinnigsten Beobachter zutrauen, a u s d e r F o r m eines in der freien Natur aufgefundenen goneiklinischen Bastartes sich mit solcher Bestimmtheit ein Urtheil über die Entstehung zu bilden, dass er darnach im Stande wäre, der aufgefundenen Pflanze auch mit Ueberzeugung einen Platz in der unten angegebenen Reihe möglicher Verbindungs-Formeln anzuweisen. — Der Nachtheil der S c h i e d e'schen Benennungsweise: dass sich der Name zum Theil auf die individuelle und darum möglicherweise Irrungen unterworfene Ansicht des Beobachters stützt, ist hier fast unvermeidlich und es scheinen uns daher Namen, wie *Hieracium praealto-Pilosella-praealtum* oder *H. Pilosella-Pilosella-praealtum* u. dgl., abgesehen von ihrer Hässlichkeit, ganz hergerichtet, um die Verwirrung erst recht zu vermehren. — Dazu kommen noch folgende zwei Dinge zu berücksichtigen: Erstens, dass die Ansicht, es sei die pollengebende Stammart in den Zeugungsorganen, die samentragende in den Ernährungsorganen des Bastartes ausgesprochen — wie oben bereits erwähnt — keine hinreichende Begründung in der Erfahrung hat und zweitens, dass man bei den im Freien aufgefundenen goneiklinischen Blendlingen niemals wird entscheiden können, ob man es wirklich mit einem Erzeugniss der Kreuzung eines Bastartes mit einer seiner Stammältern zu

---

*) Den Bastart ($a\,♂\,b\,♀$) mit A und den Bastart ($b\,♂\,a\,♀$) mit B bezeichnet, ergeben sich:

1. $A\,♂\,a\,♀$ 2. $A\,♀\,a\,♂$ 3. $A\,♂\,b\,♀$ 4. $A\,♀\,b\,♂$
5. $B\,♂\,a\,♀$ 6. $B\,♀\,a\,♂$ 7. $B\,♂\,b\,♀$ 8. $B\,♀\,b\,♂$

Wer würde z. B. wagen, zu entscheiden, ob ein aufgefundener goneiklinischer Bastart mit der Formel der ersten oder sechsten Versetzung zu bezeichnen sei.

thun habe, oder ob die gefundene Pflanze nicht vielmehr durch ungleiche
Betheiligung zweier Stammarten bei der Befruchtung entstanden sei. — Aus
allen dem geht aber hervor: **dass wir mit dem Namen, den wir
einem wildwachsenden muthmasslichen Blendlinge geben,
niemals ein bestimmtes Urtheil über den Ursprung des
Blendlings verbinden dürfen.** — Soll aber der Name auf den Ursprung der Pflanze gar keinen Bezug haben und mit einem nach der
Schiede'schen Benennungsweise gebildeten Zwei- oder Dreinamen nichts
weiter als das beiläufige Verhältniss der Form eines Bastartes zur Form der
muthmasslichen Stammältern ausgedrückt werden, so könnte dort, wo nur
ein, zwei, drei Zwischenformen in Mitte zweier Stammältern beobachtet
werden, die Schiede'sche Formel immerhin den der Pflanze gebührenden
Art-Namen ersetzen; sobald aber eine ganze Kette von Zwischenformen
inmitten der Stammältern auftritt und jedes einzelne Glied dieser Kette entsprechend bezeichnet werden soll, ist die Schiede'sche Benennungsweise
durch Versetzung der Namen der Stammältern unzureichend, oder wenn sie
versucht wird, abgeschmackt und verwirrend.

Neuere Systematiker, welche sich mit Bastarten beschäftigten und die
der oben ausgesprochenen Ansicht sind, dass es bis jetzt nicht möglich sei,
sich aus der Form des Bastartes mit Sicherheit einen Rückschluss auf die Rolle
der Stammältern zu erlauben, legten auch der Vor- und Nachsetzung der
Namen keine weitere Bedeutung bei und erkannten die Unzweckmässigkeit
und Unzulänglichkeit einer Bezeichnung der goneiklinischen Bastarte durch
blosse Verschiebung der Namen der Stammformen. — Um aber dennoch
die Schiede'sche Benennungsweise in Anwendung bringen zu können,
fassten sie sämmtliche Glieder der Kette von Zwischenformen, welche inmitten zweier Stammältern erscheinen,
unter einem Zweinamen zusammen und betrachteten die
einzelnen Glieder der Kette als Varietäten dieses Formen-
inbegriffes. So z. B. unterscheidet Wimmer von *Salix purpurea-
viminalis*, welcher Name ihm gleichbedeutend mit *Salix viminalis-purpurea*
ist, die Varietäten: b. *Forbyana*, c. *sericea* u. dgl. — Dieses Verfahren ist
jedoch darum unzulässig, weil die einzelnen Glieder einer solchen Kette
nicht immer durch äussere Einflüsse bedingte Formabänderungen einer und
derselben Art sind, sondern meistens selbst bestimmte selbstständig gewordene
Formen darstellen, deren auch jeder dann ein Art-Name gebührt. *)
Neuerlich **) wurde von Grenier eine Bezeichnung der Bastarte auf
Grundlage der Schiede'schen Benennungsweise in Anwendung gebracht,
welche noch eine besondere Berücksichtigung verdient. Nachdem Grenier
in seiner Abhandlung anfänglich nachweist, dass die goneiklinischen Formen

---

*) Auf Varietäten der Blendlingsarten werden wir später nochmals zurückkommen.
**) Annales des Sciences naturelles tom. XIX. Cahier Nr. 3.

sowohl das Ergebniss einer Kreuzung eines Bastartes mit einer seiner
Stammältern, als auch das Ergebniss einer ungleichen Befruchtungskraft
(l'inégale action) des Pollens sein können und sich weiters dahin ausspricht,
dass es schwierig, ja meistens unmöglich sei, die Rolle zu bezeichnen, welche
die Aeltern bei der Befruchtung spielten, und so die pollengebende
und samentragende Stammart herauszufinden, um nach der Vorschrift
Schiede's den Zweinamen durch Vorsetzung des Vaternamens und Nachsetzung des Mutternamens zu bilden, so schlägt er vor, dass man in erster
Linie immer den Namen jener Stammform stelle, welcher sich der Blendling
am meisten nähert und dass man dort, wo wieder ein verschiedener Grad
der Näherung vorkommt, diesen durch die Wörtchen super und sub aus-
drücke. Grenier bringt hierauf seine Benennungsweise auf mehrere Fälle
in Anwendung. Der letzte derselben, in welchem er eine ganze Reihe von
Bastarten zwischen *Cirsium rivulare* und *palustre* zu benennen versucht, mag
hier, da er alle anderen Fälle einschliesst, seinen Platz finden. Drei Blendlingsarten, welche dem *C. palustre* näher stehen, werden als *C. palustri-rivulare*
bezeichnet und zwar nach dem Grade des Näherstehens als 1. *C. superpalustri-*
rivulare, 2. *C. palustri-rivulare* und 3. *C. subpalustri-rivulare*. Drei Formen,
welche dem *C. rivulare* näher stehen, werden *C. rivulare-palustre* benannt
und gleichfalls wieder nach dem Grade ihres Näherstehens als 1. *C. super-*
rivulare-palustre, 2. *C. rivulare-palustre* und 3. *C. subrivulare-palustre* unterschieden. Darnach entwickelt sich die ganze Reihe:

1. *Cirsium superpalustri-rivulare*,
2. „ *palustri-rivulare*,
3. „ *subpalustri-rivulare*,
4. „ *superrivulare-palustre*,
5. „ *rivulare-palustre*,
6. „ *subrivulare-palustre*.

Grenier meint zum Schlusse, dass sich nur selten sechs Verbindungen hinreichend durch äussere Merkmale unterschieden in der Natur
vorfinden und dass man dieselben werde auf vier zurückführen können, indem
die Verbindungen 3 und 4, so wie die Verbindungen 1 und 6 in ihrer Form
häufig zusammenfallen. — Diese Anwendung der Schiede'schen Benennungsweise auf die goneiklinischen Formen hat jedenfalls vor den früher besprochenen ähnlichen Versuchen von Nägeli, Schultz und Wimmer einige
Vortheile. Sie erweckt in uns nicht eine irrige Ansicht über die Lebensgeschichte der Blendlinge, wie diess durch die Nägeli'sche Bezeichnung
mit „recedens" geschehen würde; sie schliesst auch kein falsches Urtheil
über den Ursprung des Bastartes ein, wie das bei der Schultz'schen Bezeichnungsweise möglich ist, da sie es dahingestellt sein lässt, ob eine goneiklinische Form durch grössere oder geringere Befruchtungskraft der einen
Stammart entstanden oder aber das Ergebniss der Kreuzung eines Bastartes
mit einer seiner Stammformen sei, — sie hat endlich vor der Wimmer'schen

Bezeichnungsweise den Vortheil, dass sie den goneiklinischen Formen ihre
Selbstständigkeit wahrt und nicht Anlass giebt, sie irrigerweise als Varietäten
aufzufassen. — Demungeachtet ist auch diese Bezeichnungsweise unzureichend.
— Wenn goneiklinische Formen durch ungleiche Einwirkung des Pollens entstanden gedacht werden, so müssen wir, um logisch zu sein, zwischen
$a\ \male$ und $b\ \female$ eine ganze Reihe von Blendlingen zulassen, deren einzelne
Glieder desto ähnlicher der Stammform b sind, je schwächer die Einwirkung
des Pollens von a war und die desto ähnlicher der Stammform a sein werden,
je gewaltiger der Eingriff von a gewesen ist. Huldigen wir der zweiten
Ansicht, der zu Folge ein goneiklinischer Bastart das Erzeugniss der befruch-
tenden Verbindung eines Blendlings mit einer seiner Stammältern ist, so
müssen wir gleichfalls die Möglichkeit des Daseins von mehr als zwei in
ihrer Form verschiedenen zu a und ebenso vieler zu b hinneigender Bastarte
zulassen, wenn wir auch behaupten, dass es nicht möglich ist, nach der Form
zu sagen, welcher der 4 Formeln: $\left(a\male\ (a\male\ b\female)\right)$, $\left(a\male\ (b\male\ a\female)\right)$,
$\left((a\male\ b\female)\ a\female\right)$, $\left((b\male\ a\female)\ a\female\right)$, ein zu a neigender Bastart entspreche
Nach der Grenier'schen Bezeichnungsweise müssten aber in allen jenen
Fällen, wo mehr als sechs durch äussere Merkmale unterscheidbare Glieder
der Blendlingskette zwischen a und b vorkommen, zwei und mehrere spezi-
fische Formen unter einen Namen zusammengefasst werden, was vom natur-
historischen Standpunkte nicht zulässig ist. Wenn auch solche Fälle nur selten
vorkommen dürften, so ist doch ihre Möglichkeit nicht in Abrede zu stellen
und bereits durch die Erfahrung bestätigt. — Ebenso dürfen wir uns nicht
verhehlen, dass in jenen Fällen, wo nur eine einzelne goneiklinische Form
vorliegt, diese Bezeichnungsweise nur sehr unsicher angewendet werden kann.
Gesetzt, es würde ein einzelner Bastart zwischen *Salix retusa* und *S. herbacea*
gefunden werden, welcher sich in seiner Form mehr zu der ersten Stammart
hinneigt, so wüssten wir im Vorhinein nicht anzugeben, ob derselbe als
S. superretusa-herbacea, *S. retusa-herbacea* oder *S. subretusa-herbacea* zu
bezeichnen sei und es wäre möglich, dass, nachdem wir denselben als *S.
retusa-herbacea* bezeichneten, nachträglich beim Bekanntwerden von weiteren
Gliedern der Reihe sein Name in *S superretusa - herbacea* umgewandelt
werden müsste. — So wenig aber die Bezeichnung einer Pflanze in uns
Vorstellungen über den Ursprung, die Bedeutung und die Lebensgeschichte
erwecken darf, so lange diese nur in das Dunkel der Muthmassungen gehüllt
sind, ebensowenig darf der Name einer Pflanze so formulirt sein, dass er
durch spätere Entdeckungen zur Unwahrheit werden kann. Das ist aber
immer der Fall, wenn mit einem Namen nach der Grenier'schen Methode
ein Glied aus einer Reihe bezeichnet werden soll, die wir noch nicht vollständig kennen.

    Aus dem Allem geht hervor, dass die Schiede'sche Benennungsweise
in allen Abänderungen unzureichend ist. — Gestützt auf die früher Seite 8

ausgesprochene Ansicht, dass den Blendlingsarten der Werth einer Art nicht abzusprechen ist und dass die Grenze zwischen denjenigen Arten, bei welchen wir, aus der äusseren Form und dem Vorkommen muthmassen, dass sie eines zweiartigen Ursprungs seien und jenen, bei welchen keine der gegenwärtigen Erscheinungen auf einen solchen Ursprung hinweist, eine sehr schwankende sei, werden wir auch in der nachfolgenden Beschreibung der niederösterreichischen Weiden die muthmasslichen Blendlinge ebenso wie die als unzweifelhafte Arten allgemein anerkannten Formen mit Art-Namen bezeichnen. Bei den Arten mit wahrscheinlicher Bastartnatur, soll das Verhältniss der Form zu den muthmasslichen Stammältern durch eine nach der Grenier-Schiede'schen Bezeichnungsweise gebildete und der Beschreibung des Bastartes vorangeschickte Formel ausgedrückt und dem Artnamen das von Reichenbach zuerst für Blendlingsarten in Anwendung gebrachte Zeichen ✕ vorgesetzt werden. — Dieses Verfahren ist nicht eine Neuerung, sondern wurde und wird von ausgezeichneten Botanikern, welche auch das Vorhandensein von Pflanzenbastarten in der freien Natur durchaus nicht in Abrede stellen, mehrfach ausgeführt und ist nach unserer Ansicht das einzige, durch welches wir einer sonst unvermeidlichen Verwirrung der Nomenklatur vorbeugen können. Auch von Wimmer wurde diese Art der Bezeichnung in dem Texte, der seinem Herb. Salic. beigeschlossen ist (siehe Fasc. VIII) bereits in Anwendnng gebracht und sie dürfte als die unzweifelhaft zweckmässigste wohl allgemeinen Eingang finden.— Bei den im Nachfolgenden beschriebenen niederösterreichischen Weiden stellte sich nur für wenige die Nothwendigkeit heraus, sie mit neuen Namen zu belegen. Die Mehrzahl fand sich bereits von älteren Autoren mit Artnamen veröffentlicht. Wenn es gestützt auf Originalexemplare möglich war, die Gleichheit einer der aufgefundenen Weiden der niederösterreichischen Flora mit jenen Formen, auf welche sich die älteren Artnamen bezogen, herzustellen, so wurden diese natürlich wieder in Anwendung gebracht und man wird daher mehrere halb verschollene Namen von Tausch und Host wieder an ihren Platz gesetzt finden.

Die zuvorkommende Güte, mit welcher mir Herr Direktor Fenzl die Schätze des knis. botan. Hofkabinetes, der Vorstand der k. k. zoolog-botan. Gesellschaft, dann Herr Oberlandesgerichtsrath Neilreich und Herr Dr. Reichhardt ihre Herbarien zur Verfügung stellten, machte es möglich, die Weiden des *Herb. norm.* von Fries, jene des *Herb. salicum* von Wimmer, die Original-Exemplare zu Neilreichs Flora von Niederösterreich, die Tausch'schen Weiden, jene des Host'schen Gartens u. s. f. zu vergleichen. Es sei mir gestattet, den genannten Herren für ihre freundliche Unterstützung meinen besten Dank auszudrücken und ihre Namen im Nachfolgenden neu beschriebenen Weiden beilegen zu dürfen.

Begrenzung der Weidenarten.

Bei Begrenzung jener Weidenarten, deren Form und Vorkommen keinen zweiartigen Ursprung muthmassen lässt, bin ich im Allgemeinen Wimmern gefolgt, dem das grosse Verdienst zukommt, durch richtige Erkennung der in der freien Natur vorkommenden Blendlingsarten die Stammarten der Weiden auf eine verhältnissmässig kleine Zahl zurückgeführt zu haben. Auch in Beziehung der Begrenzung der Varietäten schliesse ich mich an ihn an und huldige namentlich auch seinem Ausspruche, dass gewisse Formen als „Parallelformen" anzusehen seien — kann mir aber nicht versagen, im Nachstehenden meine Ansichten über Art und Varietät einzuschalten, da sie die Grundlage der im früheren ausgesprochenen Ansicht über den Werth und die Bedeutung der Blendlingsarten bilden.

Jede lebende Pflanzenart hat die Fähigheit, Stoffe, die ausser ihr liegen, in Form einfacher Verbindungen aufzunehmen und aus ihnen zusammengesetztere Verbindungen zu bilden. Das Vorbild dieses Bildens ist kein zufälliges, sondern ein nothwendiges, ein bestimmtes und die bestimmt gestaltende Kraft liegt in jedem kleinsten Theil der lebenden Pflanzenart. Wir sehen, dass diese Kraft von Zelle auf Zelle fort und fort übertragen wird, so wie wir umgekehrt von Zelle auf Zelle, von Individuum zu Individuum diese gestaltende Kraft durch frühere Zeiträume zurückverfolgen können und sie uns bis zu einem Uranfang gleich bleibend denken müssen. Die Pflanze folgt bei dieser Bildung allerdings physikalischen und chemischen Kräften, und die von ihr erzeugten Produkte hat man zum Theil sogar künstlich aus unorganischen Substanzen zu erzeugen vermocht, — dennoch lassen sich die Resultate, welche die lebende Pflanze erzielt, durch die physikalischen und chemischen Kräfte allein nicht erklären, namentlich ist es unmöglich anzugeben, warum jede Pflanzenart andere aber immer bestimmte Verbindungen bildet. Der Grund dieser bestimmt gestaltenden Lebenskraft ist die für jede Pflanzenart bestimmte Form-Idee. Durch sie hat der Stoff seine bestimmte chemische Qualität, sie ist der Inbegriff aller Kräfte und Eigenschaften, die einer bestimmten Qualität des Stoffes zukommt und durch sie tritt dieser Stoff unter gegebenen äusseren Umständen auch in seiner ihm eigenthümlichen Form nothwendig in Erscheinung. Da die Form-Idee im Stoffe sich nur unter gegebenen äusseren Umständen verwirklichen kann, so muss sie mit diesen äussern Umständen im Einklang stehen, und bei Betrachtung der verwirklichten Form-Ideen, d. i. in unserem Falle der lebenden pflanzlichen Körper, müssen auch diese äusseren Umstände oder Lebensbedingungen in Betrachtung gezogen werden.

Dass jede Pflanze wirklich auch eine chemisch bestimmte sei und dass ihre chemische Eigenthümlichkeit die Form setzt, dürfte keinem Zweifel unterliegen und es findet diese Ansicht ihre Stütze einerseits in den bezüglichen Verhältnissen der unorganischen Natur, andererseits in der Erfahrung an den Pflanzen selbst. — Die Gesetze der organischen Natur können dem Wesen nach keine anderen sein, als jene der unorganischen, nur sind sie bei den Erzeugnissen der letzteren klarer und erkennbarer, als bei den im ewigen Wechsel befindlichen pflanzlichen und thierischen Organismen. — Man hat bei den unorganischen Körpern zuerst den Einklang der Form mit der chemischen Konstitution mehr gewürdigt und gefunden, dass es nichts chemisch Verschiedenes gebe, was nicht auch durch naturhistorische Merkmale unterschieden werden könnte. Auch der umgekehrte Satz: dass alles, was durch Merkmale der Form unterschieden werden kann, in seiner chemischen Grundlage verschieden sei, ist mit Ausnahme der später noch zu besprechenden polymorphen Substanzen als Regel für die unorganischen Körper anzusehen, und so verschleiert auch noch Vieles in Beziehung auf diesen Zusammenhang von Gestalt und chemischer Zusammensetzung sein mag, so scheint doch ihr wechselseitiges Bedingen ganz ausser Zweifel zu sein. — Die Erfahrung giebt uns vielfache Anhaltspunkte, diesen für die unorganische Natur geltenden Zusammenhang auch auf die Pflanzenwelt anzuwenden. Die organische Chemie bereichert von Tag zu Tag die Wissenschaft mit Ergebnissen, welche eine Bestätigung der Ansicht geben, dass die chemische Qualität jeder Pflanzenart eine bestimmte sei und dass die durch den Begriff der Familie von den Systematikern ihrer Formähnlichkeit halber verbundenen Arten auch durch ähnliche chemische Verbindungen sich auszeichnen. Aber selbst dort, wo die organische Chemie uns noch keinen Aufschluss über den Zusammenhang der chemischen Konstitution verwandter Pflanzenformen gegeben hat, liefern uns anderweitige Erfahrungen wichtige Anhaltspunkte. — Bekannt ist, dass die meisten Insekten bestimmte Nahrungsstoffe haben, oftmals nähren sie sich nur von einer einzigen Art, häufig aber auch von mehreren, — im letzteren Falle aber sind es regelmässig verwandte Pflanzenformen und um nur ein bekanntes Beispiel zu erwähnen, sei hier der *Lytta vesicatoria* gedacht, welche als Nahrungspflanzen die verschiedenen Eschen- und Fliederarten, so wie den Liguster — also drei Pflanzengattungen aufsucht, welche auf den ersten Blick scheinbar unähnlich, sich erst bei näherer Betrachtung als formverwandt herausstellen und sicherlich in ihrer stofflichen Grundlage ein entsprechendes Verwandtschafts-Verhältniss zeigen. — Auch das Gleichbleiben des Geschmackes und Geruches bei einer und derselben Pflanzenart ist ein schlagender Beweis, dass jede Pflanzenart immer nach derselben Schablone arbeitet, dass die in ihr sich bildenden Verbindungen für jede Art bestimmt sind, dass mit einem Wort ihre chemische Qualität immer eine und dieselbe ist. Wenn man für viele Pflanzenarten in botanischen Werken den Ausdruck „chemisch indifferent" in Anwendung bringt und damit bezeichnen will: dass die organische Chemie bis jetzt keine besonderen eigenthümlichen Verbindungen nachzuweisen vermochte und dass diese Pflanzen auf unsern Geschmacks- und Geruchssinn nicht eigenthümlich einwirken, so beweist das noch nichts für das Fehlen solcher eigenthümlichen Verbindungen — und wir zweifeln nicht, dass erneuerte chemische Unter-

suchungen diesen Ausdruck mit der Zeit wohl vollständig zu verbannen im
Stande sein werden.

Wenn nach dem Obigen also jede Pflanzenart durch die Form-Idee
eine bestimmte chemische Qualität hat und durch sie befähigt ist, die ausser
dem pflanzlichen Organismus befindlichen einfacheren Verbindungen in sich
aufzunehmen und zu einem sich Gleichartigen zu verbinden und zu gestalten,
so bedarf die Pflanze zu ihrer erneuernden Gestaltung zunächst der Materialien
zur Neubildung, sie bedarf jener Elemente, welche sie zu zusammengesetzteren
ihr eigenthümlichen Verbindungen umbilden soll. — Bekanntlich sind diese
Materialien zunächst die vier Grundstoffe: Kohlenstoff, Sauerstoff, Wasser-
stoff, Stickstoff, welche in sehr einfachen Verbindungen so weit und noch
weiter verbreitet sind als die Pflanzenwelt, und dann einige wenige unorganische in dem Boden befindliche Salze. Trotz der geringen Zahl dieser
Baustoffe, ist bei dem Umstande, dass die chemische Konstitution der Verbindungen durch verschiedene Quantität der einzelnen in Verbindung eingehenden
Grundstoffe eine verschiedene wird, die Anzahl der denkbaren organischen
Verbindungen eine unendliche, und die Anzahl der bis jetzt bekannten ist
wohl erst ein Bruchtheil der noch aufzufindenden. — Die Anzahl der verschiedenen von der Natur gebotenen Pflanzenformen aber bleibt weit hinter
der unendlichen Reihe denkbarer verschiedener chemischer Qualitäten zurück
und ist — wenigstens für jede Zeit — eine abgegrenzte.

Bei ungeänderten äusseren Bedingungen verwirklicht sich die einmal
gesetzte Form-Idee nothwendig fort und fort in gleicher Form. Findet die
Pflanze die zu ihrer Fortbildung hinreichende Quantität und die
ungeänderte Qualität der chemischen Baustoffe, so wie die
entsprechenden Wärme- und Lichtverhältnisse, so wird das Neu-
gebildete dem Bildenden nothwendig gleichgestaltet sein. — Eine vermehrte
Quantität dieser äusseren Bildungsbedingungen wird grössere Ueppigkeit,
eine Verminderung wird Zwerghaftigkeit bedingen. — Reich- und, arm-
blüthige, breit- und schmalblättrige u. d. g. Formen können so aus einer
und derselben Grundlage hervorgehen, ohne dass diese darum ihre chemische
Qualität und ihre eigenthümliche Form aufzugeben brauchten.

Aendert sich jedoch die Qualität der Lebensbedingungen
der Pflanze, so wird diese Aenderung entweder eine erneuerte Gestaltung
ganz unmöglich machen oder eine Umgestaltung der Form zur Folge haben.

Eine Aenderung jener Reihe von chemischen Elementen, aus
welchen die Pflanze die Hauptmasse ihres Körpers bildet,
nämlich des Kohlenstoffes, Sauerstoffes, Wasserstoffes und manchmal auch
des Stickstoffes, die der Pflanze in der Kohlensäure, dem Wasser und dem
Ammoniak geboten werden müssen, würde die Weiterentwickelung gänzlich
hemmen — nicht so aber auch eine Aenderung derjenigen Grundstoffe,
welche von der Pflanze als Salze aus dem Boden aufgenommen werden, und wenn daher von einem formändernden Einflusse,

der von der Pflanze aufgenommenen Nahrungsmittel die Rede ist, so kann sich das nur auf diese aus dem Boden aufgesogenen Salze beziehen.

Die Rolle, welche diese in Beziehung auf die chemische Qualität der Pflanze spielen, kann eine doppelte sein. Sie gehen entweder in die für die Pflanzenart eigenthümlichen Verbindungen ein und bilden einen wesentlichen Bestandtheil einer oder mehrerer dieser Verbindungen — oder sie sind nur unwesentliche Beimengungen, und es fragt sich nun weiter, welchen Einfluss sie je nach dieser doppelten Rolle auf die Form der Pflanze haben können. —

Die Betrachtung unorganischer Körper lehrt, dass die Grundstoffe und die chemischen Verbindungen selbst dann in bestimmten ihnen zukommenden Formen erscheinen, wenn andere nicht zur Qualität ihrer Substanz gehörige Stoffe beigemengt sind, wenn anders diese Beimengung eine gewisse Grenze nicht überschreitet. Diese Grenze scheint für jeden Grundstoff und jede Verbindung eine bestimmte zu sein. Eines der auffallendsten Beispiele ist jedenfalls der kohlensaure Kalk, der selbst dann in seiner eigenthümlichen Kristallform erscheinen kann, wenn ihm 63% Quarzsand beigemengt sind. Für die Mehrzahl der Verbindungen würde zwar eine solche bedeutende Beimengung eine Behinderung der Formung sein, — gewiss aber ist, dass alle von der Natur geformt gebotenen Grundstoffe und Verbindungen mehrerer Grundstoffe Beimengungen enthalten können, welche wie schon Linné meinte, in die der Hauptverbindung eigenthümliche Form gleichsam eingezwängt werden. — Mehrfache Versuche haben gezeigt, dass solche Beimengungen zwar nicht die Bestimmtheit der Form ändern, dass die kristallografische Bestimmtheit der Substanz nicht gestört werde, dass aber verschiedene zu einer und derselben kristallografischen Einheit gehörige, demselben Kristallsystem und derselben Kristallreihe sich unterordnende Formen hervorgebracht werden. So z. B. kristallisirt Salmiak aus reiner Lösung in Oktaëdern, in Folge der Beimengung eines Kupfersalzes in Kombination von Würfel und Oktaëder und nach Beimengung von Harnstoff in Würfeln; — aus einer reinen Lösung des doppelapfelsauren Ammoniaks kristallisirt diese Verbindung in rhombischen holoëdrischen Kristallformen heraus, ist aber die Lösung durch Erhitzung etwas zersetzt und eine geringe Menge des Zersetzungsproduktes beigemengt, so erscheinen an den Kristallformen auch hemiëdrische Flächen; — Alaun kristallisirt aus neutralen Lösungen in Oktaëdern, aus alkalischen Lösungen in Würfeln. —

Ganz ähnlich wie bei den unorganischen Körpern findet man auch bei den pflanzlichen Organismen unwesentliche Beimengungen, welche von den Pflanzen mit den anderen Materialien, die sie zur Neubildung ihrer Substanz nothwendig bedürfen, aufgenommen werden. Eine solche Beimengung wird jedoch hier ebensowenig wie in der unorganischen Natur im Stande sein, die Wesenheit der chemischen Qualität der Pflanze aufzuheben, sie wird die Form-Idee, nach welcher die Pflanze als bestimmte Art erscheint, nicht gründlich ändern, wohl aber werden durch sie geringe Modificationen in der erscheinenden Pflanze bedingt werden können, die sich so lange erhalten, als die Beimengung in die Pflanze gelangt. — Auf einem mit Kochsalz geschwängerten Boden bekommen Pflanzen, welche nicht halophil sind, fleischige Blätter, ohne dass darum die Grundform geändert würde. Ebenso modifizirt sich die Form vieler Pflanzen, je nachdem sie auf kalkreichem oder kalkfreiem Boden wachsen. Sie werden sich auf den zweierlei Bodenunterlagen gewissermassen vertreten und ersetzen und können als Parallelformen aufgefasst werden. Ihre Verschiedenheit dauert so lange, als die Verschiedenheit der Beimengung andauert, — die eigenthümliche Grundform der Pflanze wird jedoch eben so wenig geändert, als die sie bedingende chemische Qualität in ihrer Wesenheit eine Aenderung erleidet.

Für manche Gewächse scheinen übrigens diese Elemente, welche aus dem Boden in Form von Salzen aufgenommen werden, nicht die Rolle von Beimengungen zu spielen, sondern einen wesentlichen Bestandtheil jener chemischen Verbindungen zu bilden, welche eben für die bestimmte Pflanzenart charakteristisch sind und ihre chemische Qualität bilden. Das Fehlen eines solchen Elementes in einer Bodenart macht diese nicht immer untauglich, dass sich in ihr jener pflanzliche Organismus weiter bilde, in dessen eigenthümliche Verbindungen das fehlende Element eingehen sollte, indem das eine Element durch ein anderes, das der Boden liefert oder durch organische Radikale ersetzt zu werden scheint. Die so entstehenden Substitutionsprodukte werden natürlich denselben Zusammensetzungstypus, dieselbe Molekularanordnung haben, und so wenig der Charakter der Stammverbindung verloren geht, so wenig wird auch der Charakter der Form in dem pflanzlichen Organismus verloren gehen, in welchem die Substitution stattgefunden hat, obschon es wahrscheinlich ist, dass durch sie gewisse Aenderungen in den äusseren Merkmahlen bedingt werden. Es werden auf diese Weise gleichfalls Parallelformen einer und derselben Art entstehen können.

Wir haben vorläufig keinen Anhaltspunkt um zu unterscheiden, ob bei vorliegenden Parallelformen, die durch andere Bodenverhältnisse bedingt sind, die Abweichung der einen Form von der anderen durch Substitution eines Elementes in der charakteristischen chemischen Verbindung oder nur durch Beimengung eines Stoffes bedingt werde, — gewiss ist aber, dass solche Parallelformen vielfach vorhanden sind. Schon Zahlbrukner[*] hat auf dieselben aufmerksam gemacht und später ist durch Unger, Schnitzlein, Sendtner und Andere auf den wichtigen Einfluss des Bodens auf die Pflanzen und die durch die chemische Eigenthümlichkeit der Unterlage bedingte Formverschiedenheit vielfach hingewiesen worden.

---

[*] Darstellung der pflanzengeographischen Verhältnisse des Erzherzogthums Oesterreich unter der Enns in den Beiträgen zur Landeskunde Oesterreichs unter der Enns. I. Seite 252.

Nächst dem Boden vermag aber auch der Sonnen-
strahl Parallelformen einer und derselben Art hervor-
zurufen. — Es ist unzweifelhaft, dass durch den Einfluss von Licht und
Wärme, insoferne durch sie die von der Sonne ausgehende bewegende Kraft
übertragen wird, die Anregung zur Zerlegung so wie zur Neubildung chemischer Verbindungen gegeben wird. Die Wärmestrahlen so wie die Lichtstrahlen,
beide bedingen eine ganze Welt von Erscheinungen in der organischen und
unorganischen Natur und sind „die beiden hohen Dio-kuren, durch deren Einfluss
und Vermittlung ganz insbesondere das pflanzliche Leben gedeiht."

Indem die Wärme bewegende Kraft auf die Pflanze überträgt, regt
sie diese fort und fort an, die ausser ihr befindlichen Elemente aufzunehmen
und dieselben sich zu verähnlichen, — sie wird aber auch selbst in der Pflanze
latent, „geht gewissermassen in die Verbindung der Molekular-Aggregate
über, welche wir Körper nennen." — Die chemische Umbildung in der Pflanze,
die der Hauptsache nach als Desoxydation aufgefasst werden muss, ist wie
früher erwähnt wurde, für jede Art eine bestimmte, da aber Desoxydation
immer eine Wärme-Absorption oder Kraftaufnahme zur nothwendigen Folge
hat, so wird die Menge der aufgenommenen Wärme in einem Einklang mit
der jeder Pflanze eigenthümlichen chemischen Umbildung stehen müssen und
durch die in Verbindung eingehende bestimmte Quantität der
Wärme wird die chemische Qualität der Verbindung auch eine
physikalisch bestimmte. — Die periodische Entwicklung der Pflanzen
über welche von De Candolle in seiner Geographie botanique und neuerlich
von Hermann Hoffmann in seinen Grundzügen der Pflanzenklimatologie
eine Reihe der interessantesten Beobachtungen vorliegen, weisen alle darauf
hin, dass jeder Pflanze ein bestimmtes Wärmemass zukomme. Eine Aenderung
dieses Lebensbedürfnisses der Pflanze wird nicht immer ein Aufhören des
Organismus nothwendig nach sich ziehen, wohl aber eine Aenderung seiner
physikalischen Qualität hervorrufen und in so ferne auch die Form so lange
ändern können, als diese Verschiedenheit des Lebensbedürfnisses Wärme
dauert, ohne dass darum die chemische Qualität eine andere geworden wäre.
— Auch die unorganische Natur bietet hieher gehörige Verhältnisse in dem
Dimorphismus oder Polymorphismus — wie man dieses Verhältniss in neuerer
Zeit richtiger genannt hat, — und auch dort ist die Wärme die Ursache
verschiedener Form einer und derselben chemischen Verbindung, indem z. B.
kohlensaurer Kalk aus kalten Auflösungen als Calcit in hexagonalen Formen
kristallisirt, während er aus warmen Auflösungen in Kristallen des rhombischen
Kristallsystems als Aragonit herausfällt. — Während aber in der unorganischen
Natur die einmal unter einem bestimmten Wärmemasse gebildete Form der
Substanz eine starre ist, und darum auch zwei Formen derselben chemisch
bestimmten Substanz neben einander bestehen können, da zu verschiedenen
Zeiten sich bald unter Einfluss einer grösseren Wärmemenge die eine, dann
wieder unter Einfluss einer geringeren Wärmemenge die andere Form bildete,

wird in der organischen Natur es unmöglich sein, dass zwei Formen derselben chemisch gleichen Substanz zu gleicher Zeit an derselben Stelle vorkommen, und sie werden sich entweder zu gleicher Zeit in zwei klimatisch verschiedenen Orten oder an demselben Orte in zwei klimatisch verschiedenen Zeiträumen vertreten. — Finden sich daher zwei verschiedene Formen zu gleicher Zeit auf derselben Unterlage und unter denselben klimatischen Verhältnissen, so liegen verschiedene Form-Ideen, verschiedene chemische Qualitäten ihrer Substanz zu Grunde und sie sind als zwei Arten aufzufassen; finden sich jedoch in zwei klimatisch verschiedenen Gegenden unter gleichen Bodenbedingungen zwei wohl ähnliche, aber doch verschiedene Formen und zwar in der Weise, dass die eine nur dieser und die zweite nur jener Gegend zukommt, so sind sie als muthmassliche klimatische Vertreter oder klimatische Parallel- formen aufzufassen. Eine Bestätigung einer solchen Muthmassung wird allerdings nur der Versuch der Versetzung unter die anderen klimatischen Verhältnisse zu liefern im Stande sein. — Südliche und nördliche Formen, Alpen- und Thalformen, Steppen- und Küstenformen einer und derselben Art werden auf diese Weise ihre Erklärung finden.

Da auch der chemische Antheil der Sonnenstrahlen unabhängig von der Wärme chemische Verbindungen umzusetzen im Stande ist und Lichtstrahlen fast ohne Wärme für die Pflanze von Bedeutung sind, so werden auch Modifi- kationen der Form entstehen, je nachdem eine Pflanze der direkten Besonnung ausgesetzt ist oder im Schatten sich entwickelt und es werden dadurch gleich- falls Parallelformen bedingt werden können.

Die Parallelformen sind demnach: durch Gleichheit der chemischen Qualität mit einander verbundene Formen, denen dasselbe Vorbild, dieselbe Form-Idee ursprünglich zu Grunde lag, sie sind Umformungen, die dadurch bedingt wurden, dass die ursprüngliche Form-Idee eben nur unter gegebenen äusseren ungleichen Umständen sich verwirklichen konnte, und je tiefgreifender daher die Verschiedenheit der äusseren Umstände ist, desto tiefgreifender wird auch die Modifikation der Form sein, die sich aus der Form-Idee ver- wirklicht hat. Man hat diese Parallelformen die von Naegeli auch Subspezies genannt wurden, bald als Arten, bald als Spielarten oder Varietäten aufgefasst. — Betrachtet man alle jene verschiedenen Formen, die unter verschiedenen Lebensbedingungen aus einander hervorgehend gedacht werden können, denen aber eine und dieselbe Form-Idee zu Grunde liegt und die sich nur durch wandelbare Merkmale von einander unterscheiden, als zu einer Art gehörig, und legt man ihnen den Werth von Spielarten bei, so sind auch die Parallelformen als Spielarten aufzufassen.

Bei bleibender Verschiedenheit der äusseren Umstände wird auch die einmal gebildete Spielart gleich bleiben und wird sich auch in einer Blendlingsart, auf welche dieselben äusseren Umstände einwirken, äussern können, da ja gleiche Ursachen in gleichen Organismen gleiche, in ähnlichen Organismen ähnliche Wirkungen hervorbringen. Insoferne finden sich auch die Bastarte

manchmal in klimatischen und geognostischen oder Boden-Parallelformen. —
Auch die Frage: ob die eigenthümliche durch das Klima oder den Boden
bedingte Form-Modifikation von den Stammeltern auf den von ihnen erzeugten
Bastart übertragen werden könne, scheint bejahend beantwortet werden
zu müssen.

Sind Parallelformen als Spielarten aufzufassen, so müssen sie auch dem
entsprechend bezeichnet werden. Man wird allerdings versucht, solche in
entfernten, klimatisch unterschiedenen Gegenden oder auf zwei durch ihre
Bodenzusammensetzung abweichenden Gebirgen sich vertretende Formen einer
Art, auf eine andere Weise zu bezeichnen, als jene Parallelformen, welche
an nahe neben einander liegenden Punkten eines und desselben Gebietes
vorkommen, — da aber der Erscheinung der letzteren dieselbe Art von
Ursachen zu Grunde liegt, wie dem Auftreten der ersteren und sich in einem
beschränkten Gebiete an nahe liegenden Orten eben so gut ein gewisser
Gegensatz der Boden- und klimatischen Verhältnisse aussprechen kann, wie
in von einander entfernten Gegenden und getrennten Gebirgszügen, so ist
eine solche Trennung füglich nicht zulässig und man würde bei einem dahin
zielenden Versuche auf unzählige Schwierigkeiten stossen. Am berechtigsten
wäre es noch, diejenigen Spielarten, bei welchen sich die Aenderung nur
als Reich- und Armblüthigkeit, Gross- und Kleinblätterigkeit, Ueppigkeit
und Zwerghaftigkeit ausspricht und wo die äusseren Verhältnisse vermuthen
lassen, dass die Aenderung nur durch eine Fülle oder durch Mangel der
Bildungsbedingungen herbeigeführt wurde, von jenen zu trennen, wo eine
Aenderung der Form stattfand, die, nach der verschiedenen Qualität der
Lebensbedingungen zu schliessen, durch Aenderung des Klimas oder Bodens
bedingt wurde;) — aber selbst diese scheinbar sehr leichte Trennung unterliegt in Wirklichkeit grossen Schwierigkeiten, da hier natürlich dasselbe
gilt, was oben bei den Bastarten angeführt wurde, dass man nämlich aus
der Form und aus den Verhältnissen des Vorkommens einer Pflanze wohl
gewisse Rückschlüsse auf ihre Lebensgeschichte und auf die Bedeutung ihrer
Formänderungen zu machen im Stande sein wird, dass man aber erst dann
berechtigt ist, die Muthmassung zur Bestimmtheit eines Ausspruches zu
erheben, wenn das Ergebniss eines Versuches vorliegt, mit welchem man die
Natur befragt hat. — Ein weites Feld von Versuchen liegt in dieser Beziehung
noch vor uns und die schönsten Ergebnisse winken Denjenigen, die sich
solchen, allerdings heiklichen und mühsamen, gewiss aber lohnenden und
dankbaren Arbeiten widmen.

In Beziehung auf die Weiden wiesen die Erfahrungen darauf hin, dass
für die Mehrzahl die chemischen Verhältnisse des Bodens ziemlich gleichgültig

*) Es soll im Nachfolgenden eine solche Trennung der Spielarten in der Weise versucht werden,
dass die wahrscheinlichen Boden-Parallelformen durch vorgesetzte Zahlen, hingegen die muthmasslich als
verschiedene Grade der Ueppigkeit aufzufassenden Spielarten durch vorgesetzte Buchstaben unterschieden
werden.

sind. — Dass die Mehrzahl einen bindenden thonreichen Boden verlangt,
erklärt sich bei dieser wasserholden Familie wohl aus der wasserhaltenden
Kraft des Thones. — Ausschliesslich auf kalkreichen Boden angewiesen sind
in Niederösterreich *S. incana* und *S. glabra*. — Fast alle alpenbewohnenden
Weiden aber zerfallen je nach der chemischen Verschiedenheit des Bodens
in Parallelformen und als solche ergeben sich in den Alpen:

auf kalkreichem Boden:	auf kalkfreiem Boden:
Salix retusa 1) integrifolia,	*Salix retusa 2) serrata*,
Salix arbuscula 1) Waldsteiniana,	*Salix arbuscula 2) foetida*,
Salix myrsinites 1) Jacquiniana.	*Salix myrsinites 2) serrata*.

Sehr auffallend ist, dass sich diese Parallelformen in Beziehung ihrer
Blätter in der Art unterscheiden, dass die auf kalkreichem Boden gedeihenden
meist ganzrandige, die auf kalkfreiem Boden entwickelten drüsig gesägte
Blätter besitzen.

Was die klimatischen Parallelformen der Weiden anbelangt, so sind
vielleicht als solche *S. bicolor, arbuscula* und *pyrenaica* — *S. silesiaca* und
grandifolia — *S. daphnoides* und *acutifolia* — *S. repens* und *S. rosmarinifolia*
anzusehen Bei der häufigen Verwechslung der verwandten Formen, welche
die Angaben über das Vorkommen der Weiden nur mit grosser Vorsicht
zu gebrauchen erlaubt, ist aber die sichere Feststellung der klimatischen
Parallelformen noch nicht unzweifelhaft in's Reine gebracht. — Wahrscheinlich
aber dürfte sich *S. bicolor* als Parallelform der alpinen *S. arbuscula* und
der pyrenäischen *S. pyrenaica* herausstellen, so wie *S. silesiaca*, welche
durch das schottische Hochland, durch das herzynische und sudetische Gebirgssystem bis in die Karpathen verbreitet ist, ihre Parallelform in der alpinen
S. grandifolia zu finden scheint. Die *S. silesiaca* wird wohl auch in den
Alpen angegeben; alle Weiden aber, welche ich unter diesem Namen von
dorther zu sehen bekam, gehörten zu *S. grandifolia*, und niemals konnte
ich an den dort angegebenen Standorten *S. silesiaca*, wohl aber *S grandifolia* beobachten. Ich war früher der Ansicht, das *S. silesiaca* als Boden-
Parallelform der *S. grandifolia* aufzufassen sei und hielt die erstere für die
dem kalkfreien, letztere für die dem kalkreichen Boden eigenthümliche
Modifikation; bei meinen Reisen in den Karpathen überzeugte ich mich jedoch,
dass *S. silesiaca* dort ebenso gut auf Kalkfelsen wie auf kalkfreiem Gesteine
vorkomme. Da aber *S. grandifolia* auch bei Petersburg angegeben wird,
uns aber nicht Gelegenheit geboten wurde, Exemplare dieser Gegend zu
vergleichen, so wagen wir es noch nicht, die Ansicht, dass *S. grandifolia*
die alpine Parallelform der *S. silesiaca* sei, als unzweifelhaft hinzustellen
und werden auch in dem speciellen Theile dieser Arbeit vorläufig noch
den Namen *S. grandifolia* beibehalten, so wie wir auch die übrigen muthmasslichen Parallelformen vor der Hand noch mit ihren üblichen Artnamen
aufführen werden.

Morphologisches.

In Beziehung des Werthes und der Beständigkeit der einzelnen Merkmale, welche zur Unterscheidung der Weidenarten benützt werden, mögen hier noch einige Bemerkungen Platz finden. So wechselnd die absolute Grösse der einzelnen Organe je nach der Ueppigkeit und nach den verschiedenen Entwicklungsstadien bei den Weiden ist, so gibt doch die beziehungsweise Grösse, nämlich das Verhältniss der Länge zur Breite manchmal einen ziemlich guten Anhaltspunkt zur Unterscheidung. — Vielfache Messungen zeigten, dass namentlich die Kätzchen eine Beständigkeit in dieser Beziehung besitzen und dass sich das relative Grössen-Verhältniss auch während der Entwicklungsstadien, welche die Kätzchen zur Blüthezeit durchlaufen, gleich bleibt, so zwar, dass in dem Verhältnisse, in welchem die Fäden der Staubgefässe und die Fruchtknoten mit ihren Stielen sich verlängern, auch die Spindel des Kätzchens an Länge zunimmt. — Auch das Verhältniss der Länge des Fruchtknotenstieles zur Honigdrüse fand ich ziemlich beständig, doch muss sich dasselbe auf ein und dasselbe Entwicklungsstadium, nämlich auf die Zeit der vollen Blüthe beziehen, da sich nach dem Abblühen die Fruchtknotenstiele sehr verlängern die Honigdrüsen dagegen verschrumpfen und dadurch wieder eine Unbestimmtheit eintritt. — Viel weniger gleichbleibend als an den Kätzchen und ihren Blüthenstielen ist das beziehungsweise Grössenverhältniss der Blätter; dennoch kann dasselbe manchmal zur Unterscheidung der Arten einigen Werth haben und auch zur Bestimmung der Blendlingsarten ganz gute Anhaltspunkte geben, indem die Messungen zeigen, dass die relative Länge der Blätter bei den Bastarten beständig zwischen der relativen Länge der Blätter der muthmasslichen Stammältern die Mitte hält. —

Unschwer lassen sich fast bei jeder Weidenart zwei einander gewissermassen gegenüber stehende Formen erkennen; die eine breiterblätterig mit kürzeren Massen der Blüthentheile, die andere schmälerblättrig mit schlankeren Kätzchen und längerem Ausmasse der Blüthenorgane. Bei der Mehrzahl scheint grössere oder geringere Ueppigkeit hievon die Ursache zu sein, für viele aber vermochte ich weder im Boden und Standort noch in den klimatischen Verhältnissen für diese fast durch die ganze Reihe der Weidenarten wahrnehmbare Erscheinung einen Erklärungsgrund zu finden, und nicht selten fand ich beide Formen dicht neben einander und untereinander wachsend. Am auffallendsten erschien dieses Verhältniss bei *S. rosmarinifolia* und *S. amygdalina* und bei letzterer z. B. zeigt die var. *concolor* Blätter, die 3 bis 5 mal und Kätzchen, die im Mittel 7 mal so lang als breit sind, während die var. *discolor* Blätter aufweist, die 4 bis 8 mal und Kätzchen, die im Mittel 4 mal so lang als breit sind.

Der Umriss der Blätter zeigt trotz einer grossen Mannigfaltigkeit doch bei jeder Weide mit ziemlicher Beständigkeit denselben Zuschnitt, und die Grundform des Blattes spricht sich in den breit- und schmalblättrigen Formen ebenso wie in den Schösslingen aus, obschon letztere oft auffallend in die Breite gezogen erscheinen. — Das Landvolk unterscheidet zwei Gruppen der Weiden: die *Felbern* und die *Salchern* und dieser Unterschied gründet sich ganz vorzüglich auf den Zuschnitt der Blätter. Bei den ersteren sind nämlich die Blätter mehr in die Länge gezogen, drei- bis zehnmal so lang als breit, meist lineal oder lanzettlich länger zugespitzt und an der Unterseite von einem vorspringenden starken Mittelnerven durchzogen, während die Seitennerven erster und zweiter Ordnung fadenförmig zart und dünn und kaum vorspringend erscheinen. Bei den *Salchern* sind die Blätter kürzer und breiter nur ein bis dreimal so lang als breit, elliptisch oder eiförmig oder verkehrteiförmig, kurz zugespitzt oder stumpf, an der Unterseite von einem vorspringenden Adernetze durchzogen, das aus den ziemlich derben Nerven zweiter und dritter Ordnung gebildet wird. Bei dieser letzteren Blattform zeigt sich — namentlich bei *S. aurita*, *S. grandifolia*, *S. cinerea* und *S. Caprea* — in mehr oder weniger ausgeprägter Weise an der oberen Blattfläche ein Netz von vertieften Linien, welches dem vorspringenden Nervennetze der unteren Seite entspricht und die Unebenheit der oberen Blattseite bedingt. Bei den Blättern der *Felbern* hingegen ist mit Ausnahme von *S. viminalis*, *S. incana* und den mit ihnen verwandten Bastarten die obere Blattfläche von keinen solchen Furchen und vertieften Linien durchsetzt und entweder eben oder — wie namentlich bei *S. daphnoides* und *S. purpurea* mit etwas erhabenen glatten Nervchen durchzogen. Letztere Erscheinung tritt insbesonders an getrockneten Blättern hervor, bei einigen Weiden aber wie z. B. bei *S. myrsinites* 1.) *Jacquiniana* ist sie auch im lebenden Zustande schon wahrnehmbar.

Der Rand der Blätter ist bei der Mehrzahl der Weiden gesägt oder gekerbt gesägt und zwar so, dass jeder Sägezahn an der Spitze mit einer kleinen drüsenartigen Verdickung endigt, die jedoch nur bei *S. pentandra*, *S. cuspidata* und *S. arbuscula* 1.) *fötida* klebrig ist. — Auf die Eigenthümlichkeit, dass die Parallelformen des kalkhältigen und kalkfreien Bodens in Beziehung des Blattrandes einen Gegensatz zeigen, wurde bereits früher aufmerksam gemacht.

Die Blätter, welche sich an den Kätzchenstielen befinden, sind, wenn sie den Blättern der Aeste ähnlich geformt erscheinen auch in ähnlicher Weise berandet; bei einigen jedoch, wie z. B. bei *S. fragilis* sind sie im Gegensatze zu den gesägten Blättern der Aeste ganzrandig. Das Beblättertsein des Kätzchenstieles ist für mehrere Arten, z. B. für *S. nigricans* und *S. arbuscula* sehr unbeständig, für andere wie *S. pentandra* und *S. cuspidata*, ist hingegen das Vorhandensein feindrüsig gesägter Blättchen am Kätzchenstiele ein sehr bezeichnendes Merkmal, so wie für *S. daphnoides, S. viminalis, S. Caprea* und mehrere andere hervorgehoben zu werden verdient, dass diese Blättchen entweder ganz fehlen oder in lineale seidenhaarige Schuppen umgewandelt sind.

Die Art der Bekleidung der Blätter ist für die Mehrzahl der Weiden ein äusserst beständiges Merkmal und gibt höchst wichtige Anhaltspunkte, um aus der Form einer muthmasslichen Blendlingsart auf die Stammältern einen Rückschluss machen zu können. — Es lassen sich 4 verschiedene Arten der Behaarung bei den Weiden wahrnehmen:

1. Form. Die Haare sind verlängert, gerade und liegen alle parallel mit dem Hauptnerven des Blattes dicht auf der Blattfläche auf. — Das Licht wird in Folge der parallelen Lage gleichmässig reflektirt und wenn das von dem Blatte reflektirte Licht in das Auge des Beobachters kommt, erscheint diesem die ganze Blattfläche gleichmässig glänzend. Ausgezeichnet an *S. rosmarinifolia* und *alba*.

2. Form. Die Haare sind unendlich klein und zart, etwa sechsmal kleiner als bei der früheren Form, sie sind gerade und liegen parallel mit den Fiedernerven erster Ordnung dicht auf der Blattfläche auf, so zwar dass die Richtungslinie der Härchen an der rechten Blatthälfte gegen jene der linken Blatthälfte einen stumpfen Winkel bildet. Da in ein und demselben Augenblicke das reflektirte Licht nur von den Härchen eines Theiles der Blattfläche in das Auge des Beobachters kommen kann, so wird auch nur dieser Theil erglänzen und bei Bewegung des Blattes erfolgt jene eigenthümliche Schimmern, welches die *S. viminalis* und alle durch Bastartirung aus ihr hervorgegangenen Blendlinge so sehr kennzeichnet.

3. Form. Die Haare sind derb, meist Sförmig geschweift und halten in ihrer Länge die Mitte zwischen der ersten und zweiten Form. Sie liegen niemals vollkommen an der Blattfläche an, aus welchem Grunde sich das Blatt, wenn anders die Haare desselben dicht gedrängt sind, sammtartig anfühlt. — In ihrer Richtung folgen sie manchmal nach einer gewissen Regel und sind parthienweise in gleicher Stellung. Nur in diesem Falle und nur dann, wenn sie gegen die Blattfläche geneigt sind, zeigt sich bei dieser Form der Behaarung das Blatt noch etwas glänzend; sind jedoch die geschweiften derben Haare regellos und von der Blattfläche abstehend, so erscheint die Behaarung als matter Filz, der durch die verschiedene Färbung der Blattfläche, so wie durch das Gedrängter- oder Entfernterstehen der Haare verschiedene graue bläuliche oder weissliche Farbentöne des Blattes erzeugt. Die Salchern: *S. Caprea, S. cinerea, S. aurita* u. dgl. sind durch diese Art der Behaarung sehr ausgezeichnet.

4. Form. Die Haare sind verlängert, vielfach gekrümmt regellos in einander verschlungen und bilden, wenn sie in so dichter Schichte vorhanden sind, dass dadurch die Farbe der Blattfläche ganz verdeckt wird, einen weisslichen glanzlosen Filz, welcher die

S incana und alle aus ihr hervorgegangenen Bastarte augenblicklich kennzeichnet. Ist die Schichte der verschlungenen Fäden weniger dicht, so bildet
derselbe einen spinnenwebenartigen Ueberzug, der die Farbe der Blattfläche
durchblicken lässt und dann dem Blatte einen mehr ins Graue hinüberziehenden
Farbenton gibt.

Dass wirklich nur die Lage der Haare die Ursache des Glanzes sei,
lässt sich sehr leicht nachweisen, indem man den silbern glänzenden Ueberzug eines Blattes von *S. alba* mit einem Messer wegschabt und die Haare
dadurch in Unordnung bringt : augenblicklich erscheint dann das so gebildete
Haufwerk von Haaren als matte glanzlose wollige Flocke ganz ähnlich dem
Filze, der die untere Blattfläche von *S. incana* bedeckt.

Der Unterschied der Behaarung junger und ausgewachsener Blätter
muss stets berücksichtigt werden. Im jugendlichen Zustande sind nämlich die
Blätter der meisten Weiden mit einem schmutzigen oft rostfarbigen, dabei
aber etwas glänzenden, manchmal abwischbaren Flaume bedeckt, der jedoch
ebenso bald schwindet wie der klebrige firnissartige Ueberzug, welchen die
jungen sich eben entwickelnden Blätter von *S. pentandra* und *S. fragilis*
zeigen.

Der bläuliche Ueberzug, den mehrere Weiden an der unteren Blattseite zeigen, tritt bei der Mehrzahl erst an den ausgewachsenen Blättern
hervor. Sehr ausgezeichnet ist derselbe an *S. glabra* und *S. amygdalina b.)*
discolor. Bei *S. nigricans* schwindet derselbe später wieder von der Spitze
gegen die Basis des Blattes zu, so dass jedes Blatt das Ansehen hat, als
wäre der bläuliche Ueberzug durch Betasten mit den Fingern von der Spitze
weggewischt worden. — Die Stärke dieses bläulichen Ueberzuges so wie die
Stärke der Behaarung steht unzweifelhaft mit der Besonnung und dem
Feuchtigkeitszustand des Bodens in der Weise im Zusammenhange, dass die
Bekleidung an sonnigen trockenen Standorten zunimmt, und dichter wird, an
schattigen feuchten Standorten abnimmt und einen mehr lockeren und dünneren
Ueberzug bildet. Besonders auffallend ist diess an Formen der *S. incana,*
S. alba, S. Caprea, S. viminalis und *S. nigricans* zu sehen. Sehr merk-
würdig ist in dieser Beziehung auch die Kahlheit der Blätter an Schösslingen
solcher Arten, die sonst immer nur behaart vorkommen und insbesondere sind
hier *S. aurita* und *S. rosmarinifolia* hervorzuheben, welche, nachdem sie
auf den Bergwiesen abgemäht wurden, üppige Schösslinge treiben, deren
Blätter dann vollständig kahl erscheinen.

Die Blätter werden im Verwelken bei einigen Weiden
lichter oder dunkler braun, bei anderen bläulich-schwarz.
Es steht diese verschiedene Farbenwandlung offenbar mit dem von den
Chemikern nachgewiesenen Vorwalten gerbsaurer Verbindungen in den
ersteren und dem Vorwalten von Salicin-Verbindungen in den Blättern der
letzteren Abtheilung im Zusammenhange. Die *S. nigricans, glabra, rosmarini-*
folia, Myrsinites, purpurea, und die Mehrzahl der aus ihnen hervorgegangenen

Bastarte zeigen in ausgezeichneter Weise dieses Schwarzwerden der Blätter, während die an gerbsauren Verbindungen reichen Blätter der *S. amygdalina*, *fragilis*, *viminalis*, *arbuscula*, *Caprea* und der übrigen beim Verwelken wohl dunkelbraun werden, aber niemals die eigenthümliche Farbenwandlung zeigen, die anfänglich an Neutraltinte erinnert und endlich in reines Schwarz übergeht. — Die Salicin-Verbindungen der schwarzwerdenden Weiden scheinen beim Verwelken in saliziligsaure Salze umgewandelt zu werden, welche im feuchten Zustande der Luft ausgesetzt, sich rasch schwärzen. Das Schwarzwerden tritt auch in ausgezeichneter Weise hervor, wenn man die betreffenden Weiden in heisses Papier legt und alle jene Weiden, welche im Verwelken sich schwärzen, färben auch weisses etwas feuchtes Papier, wenn sie längere Zeit in demselben liegen, an den Berührungsstellen bläulichschwarz.

Die N e b e n b l ä t t e r stehen in ihrer Form mit den Blättern in einem gewissen Zusammenhange, so zwar, dass sie, was Farbe, Behaarung und Nervatur anbelangt, mit jenen vollständig übereinkommen und auch in Beziehung des Zuschnittes als die Nachahmung der Blätter angesehen werden können, indem lanzettlichblättrige Weiden: lanzettliche oder halbherzförmige, linealblättrige auch: lineale, und endlich kurz- und breitblätterige Weiden meist halbnierenförmige Nebenblätter besitzen. — Mehrere Arten, wie *S. glabra*, *S. purpurea* und *S. retusa* haben in der Regel keine Nebenblätter und nur ausnahmsweise finden sich deren an sehr üppigen und kräftigen krautigen Trieben.

Die Z w e i g e entsprechen in ihrer Behaarung stets den Blättern doch schwindet ihr Ueberzug häufig weit früher als jener der Blätter. — Für die ein- bis dreijährigen Zweige der *S. daphnoides* und *S. Wimmeri* ist der wachsartige hechtblaue abwischbare Reif sehr bezeichnend. — Auch in der F o r m der R i n d e der Zweige liegt manchmal ein nennenswerther Unterschied, wie denn z. B. für *S. fragilis* die glänzende dünnhäutige, beim Trocknen faltig werdende Rinde ein sehr auszeichnendes Kennzeichen ist. — Die F a r b e d e r R i n d e, welche im Schatten für alle ein- bis dreijährigen Weidenzweige eine grüne ist, bekommt durch Einwirkung des Sonnen- und Mondlichtes an den der Bestrahlung ausgesetzten Stellen einen bald mehr gelblichen und röthlichen, bald bräunlichen Farbenton. Die Zweige der Felbern, namentlich der *S. amygdalina*, *S. purpurea*, *S. daphnoides* und *S. glabra* färben sich auf diese Art gelb bis bluthroth, jene der *S. alba* dottergelb bis mennigroth; die Zweige der Salchern hingegen z. B. *S. Caprea*, *S. nigricans*, *S. aurita*, dann einiger Felbern, nämlich *S. incana*, *S. Seringeana* und *S. subalpina* bekommen, wenn sie dem Lichte ausgesetzt sind, eine dunkelrothbraune Färbung — Die Mehrzahl der übrigen Weiden behält aber auch vom Lichte beschienen einen aus Gelb, Grün und Braun gemischten Farbenton der Zweige. — Mit dem Weiterwachsen schwinden übrigens nachträglich alle diese Färbungen und machen einer blassgrünen, ins Graue hinüberziehenden Farbe Platz, bis endlich im vierten bis sech ten Jahre die Rinde

ein rissiges borkiges Aussehen bekommt. — Der Grad der Brüchigkeit oder
Zähigkeit der Zweige gibt zwar zur Erkennung einzelner Formen manchmal
ganz gute Anhaltspunkte, doch ist es kaum möglich, diese verschiedenen
Grade durch Worte festzuhalten. Dasselbe gilt von der Richtung der Zweige.
Im Allgemeinen spricht sich aber in letzterer Beziehung ein Gegensatz der
Felbern und Salchern aus, indem die Zweige der ersteren unter spitzen
Winkel vom Hauptstamme abtreten und als gerade nicht hin und hergebogene
schlanke Ruthen nach Aufwärts wachsen, während bei den Salchern die
dickeren niemals so sehr verlängerten Aestchen unter grösseren Winkeln
von dem hin- und hergebogenen Stamme sich abzweigen und nicht
selten sogar eine sparrig ästige Krone bedingen. — Es soll nicht bloss
Gedankenspielerei sein, wenn wir hier auf die Aehnlichkeit zwischen der
Blattnervatur und der Verzweigung der Aeste hinweisen und die Behauptung
aufstellen, dass die Verzweigung der Nerven im Kleinen ein Bild der Verzweigung des Stammes darstellt. Es darf auch diese Aehnlichkeit nicht
Wunder nehmen, da beide Erscheinungen einen ursächlichen Zusammenhang,
nämlich die Vertheilung der Gefässbündel besitzen, welche für jede Pflanze
eine ganz bestimmte ist. Die schlanken geraden, unter spitzen Winkeln sich
abzweigenden Blattnerven und Zweige der *S. alba* und die hin und hergebogenen derberen Blattnerven und Aeste der *S. Caprea* mögen als Beispiele
dieses Zusammenhanges hier angeführt werden.

Die Blattstellung ist als diagnostisches Merkmal bei den Weiden nicht
verwendbar. Die gewöhnlichste Stellung der Blätter ist ⅓ und ¾, doch
findet häufig ein Wechsel der nächst verwandten Stellungsverhältnisse statt,
so wie auch das Ueberspringen von einem Gebiet der Blattstellung ins andere
keine seltene Erscheinung ist. — Die Kätzchen weisen allerdings den Unterschied
auf, dass sich bei jenen mit gelben einfärbigen Kätzchenschuppen der Wechsel
innerhalb den Grenzen von 9—12 Zeilen, bei jenen mit zweifärbigen Kätzchenschuppen meistens zwischen 12—19 Zeilen bewegt, aber auch hier ist die
Unbeständigkeit so gross, dass eine Benützung dieser Verhältnisse zur Unterscheidung der Arten nicht erwartet werden kann.

Nur wenige Weiden erwachsen zu Bäumen. Die ansehnlichsten Bäume
bildet *S. alba*, von der in den Donau-Auen nicht selten alte Stämme gefällt
werden, die einen Umfang von 4 Fuss und eine Höhe von 10 bis 12 Klaftern
erreichen. Nächst *S. alba* bilden noch *S. fragilis*, *S. excelsior* und *S.
palustris*, *S. daphnoides* und *S. Caprea* Bäume, jedoch von weit gerin-
gerem Stammumfange und höchstens sechs Klaftern Höhe. Die übrigen
höheren Weiden wie *S. incana*, *S. amygdalina*, *S. viminalis*, *S. purpurea*
u. s. f. vermögen nur in geschlossenen Auen noch baumartigen Wuchs zu
erlangen, an freieren Standorten hingegen bleiben sie immer strauchartig.
— Die Salchern *S. grandifolia*, *S. aurita*, *S. cinerea*, so wie die den
Voralpen und jene der Alpen-Region eigenthümlichen Weidenarten

sind alle vom Boden aus verästelt und der Stamm der letztern erscheint meist knorrig und sparrig-ästig auf die Erde hingestreckt

Die terminale Knospe verkümmert bei allen Weiden und der aus der obersten lateralen Knospe sich entwickelnde Spross nimmt die Richtung an, welche dem terminalen zugekommen sein würde. Sämmtliche in demselben Frühlinge erscheinende Aestchen, sowohl diejenigen die nur Blätter tragen, sowie jene, welche durch Blüthenkätzchen begrenzt erscheinen, sind daher beziehungsweise der Achse, aus der sie hervorgegangen sind, als laterale zu bezeichnen. — Die lateralen kätzchentragenden Axen sind bei jenen Weiden, welche vor Entwicklung der Blattknospen blühen, sehr verkürzt und nur mit wenigen schuppenförmigen Blättchen bekleidet, welche den später erscheinenden Blättern der Laubknospen sehr unähnlich sind. — Bei jenen Weiden, wo sich die Blüthen und Blätter zu gleicher Zeit entfalten, sind sie hingegen verlängert und mit Blättern bekleidet, welche jenen der kätzchenlosen Triebe gleichen. Die Knospenanlage in der Achsel dieser Blätter verkümmert bei der Mehrzahl der Weiden und das ganze Aestchen fällt nach den Verstäuben der Antheren oder nach dem Ausfliegen der Samen gewöhnlich ab. Nur dann, wenn an demselben Zweige bloss Blüthenknospen und nicht auch gleichzeitig Laubknospen vorhanden waren, bleiben die kätzchentragenden Aestchen stehen und die Knospenanlagen in der Achsel ihrer Blätter entwickeln sich weiter. An den Weiden der Ebene ist immer eine zwischen 1 und 8 wechselnde Zahl von Laubknospen über den Blüthenknospen vorhanden, und bei diesen findet eine Weiterentwicklung der Knospenanlagen in der Achsel der Blätter, welche das kätzchentragende Aestchen bekleiden, nur selten statt *). Wenn jedoch durch Abschneiden der obere Theil des Zweiges und mit ihm die Laubknospen im Winter oder Frühlinge entfernt werden, so tritt die Fortbildung der Knospenanlagen in der Achsel der Kätzchenstielblätter bei allen Weiden ein. Wir hatten Gelegenheit diese Erscheinung an *S. viminalis*, *S. rubra* und anderen zu beobachten und jedesmal waren dabei die kätzchentragenden Aestchen des verstümmelten Zweiges, an welchen die Knospen zur vollen Entwicklung kamen, auffallend verlängert. Einen ganz fremdartigen Anblick gewähren die in obiger Weise verstümmelten Weiden dann, wenn die verstümmelten Arten bei regelmässigen Wachsthum auf der kurzen Kätzchen-Achse dicht gedrängt stehende kleine schuppenartige Blättchen besitzen, die in ihrem Zuschnitte von den anderen Blättern wesentlich abweichen; die schuppenartigen Blättchen vergrössern sich nämlich nach der Verstümmlung und bekommen die Ausdehnung der anderen Blätter, behalten aber dabei ihren abweichenden Zuschnitt bei und ich bewahre in dieser Beziehung höchst interessante Zweige von *S. cinerea*, die mir Freund Petter mitzutheilen so gütig war.

---

*) Wir beobachteten eine solche Weiterentwicklung der Knospen in der Achsel der Kätzchenstiel-Blätter an *S. pentandra* und *S. fragilis*, und bewahren die höchst lehrreichen Zweige in unserem Herbarium.

An den Weiden des Hochgebirges *S. herbacea, retusa, reticulata* ist die Menge der Knospen, welche ein Jahrestrieb bildet, eine sehr beschränkte; bei *S. retusa* übersteigt dieselbe für einen Zweig niemals die Zahl sechs; während bei den schlanken Weiden der Thäler nicht selten gegen fünfzig Knospen an einen Zweig gezählt werden können. Bei *S. herbacea* und *S. reticulata* beschränkt sich die Zahl gar nur mehr auf zwei oder drei. — Bei den reichknospigen Zweigen ist auch die Anzahl der Laubknospen, die gewöhnlich an dem oberen und unteren Ende des Zweiges ihre Lage haben, gross. Ihre Zahl vermindert sich aber je mehr die Zahl der Knospen überhaupt abnimmt. Bei *S. retusa* ist in der Regel nur mehr die oberste laterale Knospe eine Laubknospe, während alle übrigen Knospen Blüthenknospen sind; bei *S. herbacea* und *reticulata*, welche unter allen unseren Weiden die geringste Knospenzahl zeigen, sind gewöhnlich sämmtliche Knospen Blüthenknospen. — Würden bei diesen letzteren die kätzchentragenden Aestchen, die sich aus den Knospen entwickeln, ähnlich so wie bei den reichknospigen Weidenarten der Ebene nach dem Verstäuben oder Verfliegen der Samen abfallen, so wäre dadurch der Bestand des Individuums bedroht, indem sich dann an dem ganzen Sträuchelchen keine lebensfähige Knospe mehr vorfinden würde. Die Erhaltung des Individuums ist daher bei ihnen geradeso wie bei den früher besprochenen verstümmelten thalbewohnenden Weiden an die Bedingung geknüpft, dass sich die Knospenanlagen in der Achsel der Blätter, welche die kätzchentragenden Aestchen bekleiden, weiter entwickeln. Es stirbt daher auch nur der oberste Theil des Aestchens, nämlich das terminale Kätzchen ab, — der untere Theil mit zwei bis drei Blättern und den in ihrer Achsel befindlichen Knospenanlagen bleibt, und letztere entwickeln sich weiter und werden gewöhnlich zu Blüthenknospen. — Dabei ist natürlich nicht ausgeschlossen, dass eine oder auch alle diese Knospen Laubknospen werden, ja bei *S. retusa* ist es sogar Regel, dass die oberste laterale Knospe kein Kätzchen hervorbringt, und ich hatte Gelegenheit, üppige in tieferen Höhenlagen sprossende Sträuchelchen dieser letztgenannten Weide zu beobachten, wo die zwei obersten lateralen Knospen Laubknospen waren — aber an demselben Individuum waren auch in den Achseln der Blätter, welche sich unter den Kätzchen befanden, die Knospen verkümmert und die kätzchentragenden beblätterten Aestchen fielen geradeso nach dem Verstäuben ab, wie bei den vielknospigen Weiden der Thäler. — Es ist nach dieser Auseinandersetzung die Unterscheidung der Weiden in solche mit endständigen und seitenständigen Kätzchen nicht zulässig und auch das Merkmal der knospentragenden und knospenlosen Kätzchenstiele nur von untergeordneten Werth.

Die Unterscheidung der Kätzchen nach der Ungleichzeitigkeit oder Gleichzeitigkeit der Blüthenentwicklung und Blattentfaltung in: vorläufige und gleichzeitige ist wohl bei den Weiden einer und derselben Gegend möglich, da sich dort dieses Verhältniss in der Regel gleich bleibt; in verschiedenen Gegenden ändert sich aber diese Gleichzeitigkeit oder Vorläufigkeit und in dem Gebiete, dessen Weiden hier besprochen werden, kann als Regel gelten, dass alle jene Arten, welche in der Ebene vorläufige Kätzchen besitzen, in den Alpenthälern die Blüthen und Blätter zu gleicher Zeit **entwickeln.** Nach Wimmer ist die letztere Erscheinung „die Folge plötzlicher und starker Wärme bei hinreichender Feuchtigkeit, zumal in späten Frühjahren," womit unsere eben angegebene Beobachtung vollkommen übereinstimmt, indem in den Alpen die grösseren Schneemassen die pflanzliche Entwicklung länger zurückhalten, dann aber, wenn der Schnee endlich geschmolzen ist, bei schon vorgerücktem Frühlinge plötzlich eine grosse Wärmemenge den Pflanzen zugeführt wird, welche die Entfaltung der Blätter schon zu einer Zeit bewirkt, wo die Kätzchen noch in voller Blüthe stehen.

Kätzchen, die gesetzmässig erst im nächsten Frühlinge zur Blüthe kommen sollten, entwickeln sich selten vorzeitig schon im vorangehenden Jahre. Die Ursache dieser Erscheinung ist entweder ein besonders günstiger Standort und eine ausnahmsweis grosse Sommerwärme oder die Verstümmelung des Strauches durch Abschneiden seiner Aeste im Sommer, in welchem Falle gleichfalls die für das nächste Jahr bestimmten Knospen an dem zurückgebliebenen Rumpfe des verstümmelten Zweiges noch im Herbste zur Entwicklung kommen. In der Regel sind diese proleptischen Kätzchen kurz gestielt in den Achseln **der** ausgewachsenen Blätter und erscheinen in dieser Weise besonders häufig bei *S. amygdalina b.) discolor*, welche Weide auch **darum von Host** als *S. semperflorens* bezeichnet wurde. Ist jedoch die vorzeitige Entwicklung durch Verstümmlung hervorgegangen, so sind die Kätzchen lang gestielt und das Aestchen dessen Abschluss sie bilden, Blätter und Knospen **tragend.**

Die **Kätzchensch**uppen sind entweder einfärbig oder zweifärbig. Dieses Merkmal ist als eines der beständigsten hervorzuheben und spielt daher auch eine wichtige Rolle bei der Gruppirung der Weidenarten. — Die einfärbig gelblichen Kätzchenschuppen sind bei einer und derselben Art an den Staubblüthen mehr gelb, an den Fruchtblüthen **mehr** grünlich gefärbt Bei *S. glabra*, *S. retusa* und *S. herbacea* **erscheint die** Spitze der gelben Schuppen an der äusseren Seite der dem Lichte zugewendeten männlichen Kätzchen häufig rosenroth gefärbt.

Die einzige *S. reticulata* besitzt einfärbig blassrothe Kätzchenschuppen sowohl an den Staub- wie Fruchtblüthen. — Die zweifarbigen Kätzchenschuppen sind an der Basis grün oder fast weisslich und entweder nur an der Spitze röthlichschwarz, wie angebrannt, oder sie werden beiläufig in der Hälfte roth oder rostfarbig und gegen die Spitze allmälig immer dunkler. Die grünen Schuppen der *S. nigricans* sind **an ihrer** Spitze oft nur ganz wenig mit Purpur bemalen, jene der *S. rosmarinifolia* hingegen sind meist bis zum Grunde roth, dann aber immer an der Spitze viel dunkler, wodurch sie sich wesentlich von den gleichmässig rothen Schuppen der *S. reticulata* unterscheiden. — Bei der einzigen *S. incana* haben die Kätzchenschuppen keine beständige Farbe, indem dieselben bald einfärbig gelb oder grünlich, bald wieder an der Spitze rosenroth oder braun bis schwärzlich bemalt erscheinen, **ohne dass man einen** Anhaltspunkt hätte, die eine oder andere Farbenspielart als Blendlingsart **aufzufassen.**

Sind die Schuppen mit geraden langen Haaren bedeckt, so erscheint **das noch nicht blühende Kätzchen in einen dichten** Pelz eingehüllt. Alle **vorläufigen** sitzenden Kätzchen, welche in der Knospenlage nicht durch Blättchen des Kätzchenstiels umgeben werden, also die Mehrzahl der Salchern, dann *S. viminalis*, *S. daphnoides* und *S. purpurea* und die mit diesen drei Arten verwandten Formen zeigen dieses Verhältniss; die Schuppen jener Weiden hingegen, bei denen die Kätzchen an beblätterten Stielen **aufsitzen und in der Knospenlage von diesen Kätzchenstielblättern schützend umhüllt werden,** sind fast kahl oder nur wenig behaart, und bei der einzigen **in diese Abtheilung gehörigen** *S. fragilis* ist das herausbrechende Kätzchen **in einen seidigen Pelz eingehüllt.**

Die **Behaarung und Form der Schuppen** gibt manchmal ziemlich gute Unterscheidungsmerkmale; besonders auffallend und von allen übrigen abweichend sind die abgestutzten Schuppen der *S. retusa*; ebenso eigenthümlich ist das Abfallen der Schuppen bei **den mit** *S. fragilis* verwandten Formen.

Die **Anzahl der Staubgefässe** beträgt bei der Mehrzahl der Weiden zwei. Ihre **Fäden** sind bei *S. purpurea* bis zur Spitze zusammengewachsen. Die Bastarte der *S. purpurea* mit anderen Weiden zeigen gleichfalls diese Zusammenwachsung, doch reicht dieselbe bei ihnen nur selten bis gegen die Antheren hinauf, **und in der Regel trennen sich beide** Fäden in der halben **Höhe. Bei allen übrigen sind die Staubfäden bis** zur Basis getrennt, hängen aber bei denen mit einfärbig gelblichen Schuppen, namentlich bei *S. incana* durch ineinandergreifende Härchen, welche das untere Drittheil der Fäden bei diesen Weiden bedecken, meistens **lose zusammen.** — **Die** *S. amygdalina* **besitzt drei, die** *S. pentandra* fünf bis zwölf Staubgefässe. Die Blendlingsarten, **an welchen die** erstere muthmasslich **betheiligt ist, zeigen in den** verschiedenen Blüthen desselben Kätzchens bald drei, bald zwei, jene, wo *S. pentandra* die **Rolle** eines der **Aeltern gespielt zu haben scheint, die** wechselnde Anzahl von fünf bis zwei Staubgefässen. — **Die Farbe der Antheren** ist entweder in allen Entwicklungsstadien gelb und gleich bleibend, oder sie ändert sich in der Weise: dass die Staubkölbchen vor der Oeffnung ihrer Fächer purpurn, dann zur Zeit, in welcher der Pollen herausfällt, **gelb und nach dem Verstäuben schwarz werden; oder endlich: die Staub- kölbchen** sind vor dem Klaffen der Antherenfächer röthlich, werden zur Zeit **der vollen Blüthe hellgelb,** verfärben sich dann wohl nach **dem** Verstäuben und bekommen **einen schmutzig** gelben Farbenton, ohne sich aber wie die früheren **zu schwärzen.**

Dieses Verhältniss ist eines der beständigsten und kann darum auch zur Gruppirung der Weiden vortrefflich benützt werden, ganz abgesehen davon, dass die durch das Farbenverhältniss der Antheren begrenzten Gruppen auch durch andere Merkmale noch eine natürliche Verwandtschaft zeigen, und dass die Aehnlichkeit des Farbenwechsels offenbar auch auf eine Aehnlichkeit der chemischen Grundlage hinweist.

Das Farbenverhältniss, welches die Narben zeigen, ist mit jenem der Antheren immer in einem gewissen Einklange. Die Weiden nämlich mit beständig gelben Antheren besitzen auch einfärbig gelbliche oder grünliche Griffel und Narben; bei denjenigen Arten, welche roth-gelb-schwarze Antheren zeigen, sind die Narben in der Regel zu Anfang und zur Zeit der vollen Blüthe roth und werden nach dem Abblühen gleichfalls schwärzlich, und bei den Weiden der dritten Gruppe, die roth-gelbe Staubkölbchen haben, sind die Narben wieder in allen Entwicklungsstadien gelblich.

Die Form der Griffel und Narben ist gleichfalls für die Weidenarten sehr charakteristisch. Hervorhebenswerth sind die fädlichen bogenförmig gekrümmten Narben der *S. viminalis* und *incana*, die zierlichen wachsartigglänzenden dicklichen Narben der *S. pentandra* und die unter rechten Winkel abstehenden knopfförmigen Narben der *S. amygdalina*. — Der *S. purpurea*, *S. rosmarinifolia*, so wie den Salchern fehlt der Griffel fast ganz; — bei den **Felbern** mit einfärbigen **Kätzchenschuppen** ist derselbe wohl vorhanden, aber kurz und dick, und bei *S. viminalis*, *daphnoides*, *incana* und den mit ihnen verwandten Arten ist derselbe verlängert dünn und fadenförmig. Sehr merkwürdig ist die bei *S. arbuscula* oft beobachtete Spaltung des Griffels, die manchmal bis zum Fruchtknoten hinabreicht, so dass dadurch zwei vollständig getrennte Griffel, deren jeder seinem Fruchtblatte aufsitzt, sich bilden.

Die Behaarung und Glattheit des Fruchtknotens ist für alle bisher in Niederösterreich beobachteten Weiden beständig. Doch gilt diese Beständigkeit nicht als allgemein gültiges Gesetz, da z.B. *S. nigricans*, die in Niederösterreich nur mit kahlen Fruchtknoten bis jetzt gefunden wurde, anderwärts auch behaarte Fruchtknoten zeigt. Schon nahe der niederösterreichischen Grenze bei Kapellen in Obersteiermark beobachtete ich diese Weide mit sparsam behaarten Fruchtknoten, und in den Karpathen fand ich deren auch mit **weissfilzigen Kapseln.** An beiden Orten war die Bodenunterlage kalkfrei, während die kahlfrüchtige *S. nigricans* in den Alpen regelmässig auf kalkhältigen Boden angetroffen wird, — doch wage ich auf diese vereinzelten Beobachtungen hin nicht sie als zwei Boden-Parallelformen aufzufassen, um so weniger, als ich die in Beziehung der Bekleidung der Fruchtknoten mit *S. nigricans* übereinkommende *S. silesiaca* in den Karpathen oft an einer und derselben Stelle mit kahlen und filzigen Fruchtknoten untereinander wachsend angetroffen habe, ohne dass ich in den äusseren Verhältnissen dafür einen Grund aufzufinden im Stande gewesen wäre. Wimmer spricht

sich über die Bekleidung der Fruchtknoten der Weiden folgendermassen aus:
„Unter den echten Arten werden nur *S. silesiaca, S. repens* und *S. nigricans*
sowohl mit kahlen als behaarten Fruchtknoten gefunden; bei *S. silesiaca* und
S. nigricans ist der kahle, bei *S. repens* der behaarte Zustand als Regel
anzusehen. Indess würde ich nicht zu widersprechen wagen, wenn Jemand
behauptete und nachzuweisen versuchte, dass die abweichenden Formen,
nämlich von *S. silesiaca* und *S. nigricans* die mit behaarten und von *S. repens*
die mit kahlen Fruchtknoten unechte seien. Wenigstens ist bei diesen drei
Arten der Umfang der Variation noch nicht durchaus festgestellt und genau
begrenzt. Die nicht selten vorkommenden Exemplare der *S. cinerea, S. Caprea*
und *S. aurita* mit kahlen Fruchtknoten sind nicht Abänderungen, sondern
gehören stets der monströsen androgynen Bildung an." *) — Auch in Niederösterreich wurden solche kahlfrüchtige Formen, deren androgynisches Verhältniss auf eine Missbildung hinweist, bei *S. Caprea, S. cinerea* und *S. aurita*
beobachtet. Bei *S. Caprea* und *S. cinerea* **) waren die Fruchtknoten mannig-
fach verzerrt und verkümmert; bei einer *S. aurita* aber, welche von meinem
Bruder bei Moidrams nächst Zwettl beobachtet und gesammelt wurde, waren
die sämmtlichen kahlen Fruchtknoten in ihrer Form regelmässig ausgebildet
und unterschieden sich von den gewöhnlichen behaarten nicht missbildeten
Formen nur durch den auffallend verlängerten Fruchtknotenstiel. Die Mehrzahl der Kätzchen desselben Strauches zeigte nur Fruchtblüthen, und nur
einige wenige Kätzchen liessen auch ein androgynisches Verhältniss wahrnehmen. — Uebrigens fanden wir auch androgynische Kätzchen ohne Aenderung
der Behaarung und ohne Verzerrung bei: *S. ambigua, S. auritoides, S. cuspidata,
S. palustris, S. angustifolia, S. mirabilis, S. Wimmeri*, lauter Formen,
welche wir für Bastarte halten — woraus geschlossen werden dürfte, dass
die androgynische Bildung bei den Weiden in der Mehrzahl der Fälle eine
Folge zweiartiger Befruchtung ist.

Als ganz eigenthümlich in Beziehung der Bekleidung der Fruchtknoten
muss noch *S. myrsinites 1) Jacquiniana* hervorgehoben werden, deren Fruchtknoten
zur Zeit der Blüthe mit langen wolligen Haaren bedeckt erscheint, die später
abfallen, so dass die Kapsel noch vor ihrer Reife vollständig kahl erscheint.

An Blendlingen, die aus einer kahlfrüchtigen und behaartfrüchtigen Weide
hervorgegangen sind, wird der zu Anfang der Blüthezeit ganz behaarte
Fruchtknoten während des Blühens manchmal an der Basis kahl, wie diess
z. B. an der *S. intermedia* Host, die wir für einen Bastart aus *S. incana*
und *S. cinerea* halten, der Fall ist.

Was die Form des Fruchtknotens anbelangt, so lassen sich folgende drei Typen festhalten:

---

*) Denkschrift der schles. Gesellsch. f. vaterl. Kultur. Seite 148
**) Von Host abgebildet: „Salix" tab. 70. Fig. 2—7.

1. eiförmig stumpf, z. B. *S. purpurea*;
2. eiförmig in den Griffel vorgezogen, z. B. *S. viminalis, S. daphnoides*;
3. aus eiförmiger Basis kegelförmig verlängert, z. B. *S. Caprea, S. fragilis*.

Letzterer, der am häufigsten vorkommende Fall zeichnet sich noch dadurch aus, dass die Basis nach der Befruchtung sich überwiegend ausbaucht, während die samenlose kegelförmige **Verlängerung in ihrer Ausdehnung** nicht gleichen Schritt hält und so der noch grüne reifende Fruchtknoten gewöhnlich eine birnförmige Gestalt bekommt.

Mit den angegebenen drei Formen des Fruchtknotens steht auch die **Form der aufgesprungenen reifen Kapseln** im Zusammenhange. Die zwei Klappen der aus der ersten Fruchtknotenform hervorgegangenen eiförmigen oder fast kugeligen Kapseln **klaffen** nach Trennung des oberen Endes der Naht, ohne sich zurückzukrümmen; jene der zweiten und zum Theil auch jene der dritten Fruchtknotenform **krümmen sich nach dem Aufspringen sichelförmig zurück**, und die Kapseln, welche aus den sehr verlängert kegelförmigen Fruchtknoten sich entwickelten, zeigen Klappen, deren Spitze sich **schneckenförmig zurückrollt**.

Die **Form der Samen** ist zu gleichförmig, als dass sie Anhaltspunkte zur Unterscheidung der Arten zu geben im Stande wäre. Die Samen sind bei allen Weiden länglich, gegen die Spitze meist etwas keilförmig verdickt und spitz. Nur bei *S. retusa* und *S. herbacea* erscheinen sie abgestutzt oder stumpf. Die Unterschiede in der **Grösse der Samen** verschiedener Arten erscheinen gleichfalls zu geringfügig und schwankend, als dass man sie als Unterscheidungsmerkmale benützen könnte. — Die Weiden mit gelben einfärbigen Kätzchenschuppen zeichnen sich durch grosse sehr verdickte, jene der *S. viminalis* und *S. arbuscula* durch kleine schmale Samen aus. — Die **Haare des Haarschopfes, welche dem kurzen dicken Stielchen des Samens aufsitzen, hängen bei allen Weiden an** der Basis zu je dreien zusammen.

Der Torus bildet bei *S. reticulata* einen Kranz von 5—6 um die Insertionsstelle der Staubgefässe oder des kurzen Fruchtknotenstieles herumstehenden fleischigen Warzen, von denen oft zwei benachbarte mit einander verwachsen, so dass die Basis der **Staubgefässe oder des Fruchtknotens** von einem unregelmässig zerschnittenen fleischigen Ringe umgeben ist. — Bei **den Staubblüthen und Frucht**blüthen **aller** Weidenarten **mit zweifarbigen Kätzchenschuppen** und dann noch bei *S. glabra* und *S. incana*, welche beide sowohl mit zweifarbigen als auch mit einfärbig gelbgrünen Kätzchenschuppen vorkommen, bildet der Torus an der inneren, der Kätzchenspindel zu sehenden Seite der Insertion der Staubgefässe **oder** des Fruchtknotenstieles nur eine einseitige Verlängerung, die als warzenförmige oder **griffelförmige innere Drüse** erscheint. — **Dasselbe gilt auch** von den **Fruchtblüthen jener Weiden mit einfärbig gelblichgrünen Kätzchenschuppen, deren Blätter in der Jugend nicht klebrig sind.** Diejenigen aber mit klebrigen jungen Blättern, nämlich die

Fruchtblüthen von *S. pentandra*, *S. fragilis* und jener Weidenformen, welche wir für Blendlinge halten, die aus diesen beiden
hervorgegangen, so wie die Staubblüthen aller Weidenarten mit
beständig einfärbigen gelblichen Kätzchenschuppen besitzen
neben der inneren Drüse noch eine zweite griffelförmige äussere, welche der
Basis der Schuppe anliegt und gleichfalls von der Insertionsstelle des Fruchtknotenstieles oder der Staubgefässe, aber von deren äusserer Seite ausgeht.

Die Form der Drüse ist für viele Weidenarten sehr charakteristisch,
und insbesondere ist in dieser Beziehung die linsenförmige Drüse der *S. incana*
und ihrer verwandten Formen, so wie die lineale gelbe Drüse der *S. daphnoides*,
die verlängerte fast fädliche und gegen die Spitze gebogene gelbe Drüse der
S. viminalis, die lineale purpurrothe Drüse der *S. Myrsinites*, die auffallend
grosse abgestutzte oder oben ausgebuchtete innere Drüse der *S. retusa*, die
gewöhnlich zweilappige innere Drüse der *S. pentandra* und *S. herbacea* besonders
hervorhebenswerth. In den Drüsen der Bastarte ist immer der Typus des gleichen
Organes von einer seiner Stammeltern ausgesprochen, und es gibt daher die
Drüse häufig vortreffliche Anhaltspunkte zur Ermittlung der Stammarten
eines in der freien Natur aufgefundenen muthmasslichen Blendlings.

Blüthezeit der Weiden.

Was die Blüthezeit der Weiden anbelangt, so geben wir im Nachstehenden
eine Zusammenstellung, welche sich auf Aufzeichnungen basirt, die von uns
in den Donau-Auen Niederösterreichs, vorzüglich in jenen nächst Krems und
Mautern durch acht aufeinanderfolgende Jahre gemacht wurden.

	Normale Zeit der ersten Blüthen.	Am frühesten trat die Entwicklung der ersten Blüthen ein am:	Am spätesten trat die Entwicklung der ersten Blüthe ein am:
S. daphnoides	26 März	18 März	2 April
S. Cuprea	27 März	20 März	2 April
S. viminalis	1 April	21 März	12 April
S. incana	3 April	28 März	12 April
S. purpurea	8 April	28 März	18 April
S. rosmarinifolia	15 April	8 April	21 April
S. cinerea	15 April	8 April	21 April
S. fragilis	15 April	8 April	21 April
S. amygdalina °)	16 April	10 April	23 April
S. alba	17 April	10 April	24 April

Mit diesen Zahlen stimmen die von Fritsch **) angegebenen, aus
dreijährigen Beobachtungen abgeleiteten normalen Zeiten der ersten Blüthe:

°) Die Varietät *discolor* beginnt an gleichem Standorte gewöhnlich um einige Tage früher zu
blühen, als die Varietät *concolor*.

**) Phänolog. Beob. aus d. Pflanzen- u. Thierreiche. Suppl. zu VIII. B. d. Jahrb. d. k. k. C. A. f.
Meteorologie u. Erdmag. S. 22.

S. daphnoides 29. März. *S. purpurea* 11. April und *S. repens* 15. April. so wie jene in Neilreich's Flora von Niederösterreich pg. LXVIII von ihm mitgetheilten, aus siebenjährigen, im Wiener botanischen Garten am Rennwege angestellten Beobachtungen berechneten normalen Mittel: *S. daphnoides* 2. April, *S. purpurea* 11. April, *S. repens* 15. April ganz gut überein, indem die Verspätung bei *S. daphnoides* und *S. purpurea*, wie Fritsch selbst pg. LXVII bemerkt, auf Rechnung der Lage des botanischen Gartens, der gegen Norden abdacht, zu bringen ist.

Die Grösse der Verspätung der Blüthezeit in den Berg- und Voralpenthälern Niederösterreichs ist nach der Meereshöhe und Richtung der Thäler, so wie nach der Breite der Thalsohle und der Höhe der einschliessenden Berge so unendlich verschieden, dass wir auf genauere Zahlenangaben hier verzichten müssen. — Annähernd richtig kann angenommen werden, dass in den niederösterreichischen Voralpenthälern, deren Thalsohle etwa 1000' hoch liegt (Schwarzathal bei Gloggnitz, Traisenthal bei Lilienfeld und Türnitz, Erlafthal bei Scheibs und Gamming, Ipsthal bei Waidhofen) die Verspätung 10 Tage beträgt. In den höheren subalpinen Thälern, deren Thalsohle sich zu 1800' und 2000' erhebt, beträgt die Verspätung 25—30 Tage, und in Lakenhof, dem höchsten, 2475' gelegenen Thalorte am Nordfusse des Oetschers, sogar 45 Tage. Dass hiebei an der Sonn- und Schattenseite des Thales, auf dessen Sohle so wie an dessen Gehängen an ganz nahe gelegenen Punkten noch ganz bedeutende Unterschiede in der Entwicklungszeit der Blüthen vorkommen, wurde schon Eingangs besprochen und dort ausdrücklich hervorgehoben, dass die Häufigkeit von Weidenblendlingen in den Voralpenthälern vorzüglich darin ihren Grund zu haben scheint, dass Weiden, die an gleichem Standorte zu sehr verschiedenen Zeiten blühen würden, dort an den gegenüberliegenden Lehnen zu gleicher Zeit ihre entfalteten Blüthenkätzchen den Bienen anbieten.

Geringer als in den Alpen Niederösterreichs ist die Verspätung bei gleicher Höhenlage in dem durch seine späte Vegetationsentwicklung mit Unrecht so sehr verrufenen böhmisch-mährischen Gebirgsplateau (dessen niederösterreichischer Antheil künftighin mit dem landesüblichen Ausdrucke „Waldviertel" bezeichnet werden soll), indem die Verspätung der Blüthenentwicklung dort bei 1000' Meereshöhe auf 6—8, bei 2000' auf 22 und bei 2500' auf 30—36 Tage sich beläuft.

Von den im Gebiete der Donau-Auen nicht vorkommenden und somit auch im obigen Verzeichnisse nicht aufgeführten Weiden-Stammarten beginnt *S. grandifolia* um 5—6 Tage später als *S. Caprea*, — die *S. glabra* um 2—3 Tage nach *S. incana*, — und *S. nigricans* und *S. aurita* fast gleichzeitig mit *S. cinerea* die ersten Blüthen zu öffnen.

Von den alpenbewohnenden Weiden ist die erste *S. myrsinites* 1) *Jacquiniana*, dann folgt *S. arbuscula*, *S. reticulata* und *S. retusa*. In einer Höhenlage von 5500' kommen diese zierlichen Weidenarten gewöhnlich Mitte Juni zur Blüthe,

werden aber auf den 6500' hohen Kuppen noch in der zweiten Hälfte des
Juli in Blüthe getroffen.

Die Blüthezeit derjenigen Weiden, welche wir für Bastarte halten, fällt in überraschend übereinstimmender Weise zwischen
jene der wahrscheinlichen Stammeltern, doch gewöhnlich so, dass die Blendlingsart in den einzelnen Entwicklungsphasen sich jener der Stammarten
mehr nähert, mit welcher sie auch durch ihren Gesammtausdruck mehr
übereinstimmt. So schliessen sich die Blendlingsarten, die mit *S. incana*,
S. viminalis und *S. purpurea* verwandt sind, auch in der Zeit ihrer Blüthenentwicklung an diese Stammarten zunächst an.

Geografische Verbreitung der Weiden.

Die meisten niederösterreichischen Weiden, welche wir als
Stammarten ansehen, besitzen einen ungemein grossen Verbreitungsbezirk,
der sich von der Mittelmeerzone bis hinauf in das nördliche Russland und von
der Westküste Europas bis über das Altaigebiet, ja bei einigen bis Kamtschatka und das nördlichste Amerika ausdehnt. — Nur von fünf niederösterreichischen Weiden, nämlich: *S. daphnoides*, *S. incana*, *S. glabra*, *S. grandifolia*,
S. retusa, verläuft die Hauptvegetationslinie innerhalb des niederösterreichischen Gebietes und soll bei den betreffenden Arten ihre Besprechung
finden. — Die nordische *S. myrtilloides*, deren südöstliche, aus der Schweiz
über die südbairische Hochebene in die Karpathen (Rox nordwestlich von
Kesmark) hinziehende Vegetationslinie Niederösterreich schneidet, ist demungeachtet auf den ihr zusagenden Standorten, nämlich den Hochmooren des
Waldviertels, bis jetzt noch nicht aufgefunden worden.

Für mehrere der im Nachfolgenden beschriebenen Weiden soll auch
der Verlauf örtlicher Vegetationslinien näher bezeichnet werden.
Wir **meinen damit Linien,** welche innerhalb des von der Hauptvegetationslinie umgrenzten Areales der Pflanze jene Bezirke näher bezeichnet und
begrenzt, in welchen die Pflanze in einer ununterbrochenen Reihe von Standorten
vorkommt, und jene, in welchen sie nicht gefunden wird. Diese örtlichen Vegetationslinien finden zum Theil in Aenderungen der Höhenlage innerhalb des Haupt-
areales und in der dadurch bedingten örtlichen Aenderung der klimatischen Verhältnisse, zum Theil in der Aenderung chemischer, beziehungsweise petrografischer
Verhältnisse ihre Erklärung, und fallen dann mit klimatischen oder petro-
grafischen Linien zusammen; manche von ihnen aber lassen sich weder aus
dem einen noch dem anderen Verhältnisse, sondern nur aus der Geschichte
der Erdoberfläche und ihrer Pflanzendecke erklären. — Solche örtliche
Vegetationslinien nehmen ein nicht geringeres Interesse als die Haupt-
vegetationslinien in Anspruch, stehen mit diesen natürlich auch im innigsten
ursächlichen Zusammenhange und werden uns, wenn sich einmal die Beobachtungen so sehr vervielfacht haben, dass dieselben für die Mehrzahl der Pflanzen
kartografisch dargestellt werden können, die wichtigsten Anhaltspunkte zur

Erkennung der Lebensbedingungen und der Geschichte der einzelnen Arten an die Hand geben.

Jene örtlichen Vegetationslinien, die mit klimatischen Linien zusammenfallen und vorzüglich von der Bodenplastik abhängen, erscheinen durch die Angabe der Höhengrenzen hinreichend bestimmt, und wir werden uns daher in Beziehung solcher Vegetationslinien bei den einzelnen Arten in dem speziellen Theile dieser Arbeit bloss auf die Angabe ihrer vertikalen Verbreitung beschränken; — jene örtlichen Vegetationslinien aber, welche sich aus klimatischen Linien allein nicht erklären lassen, sollen dort bei den betreffenden Arten eine ausführliche Erörterung erfahren.

Was die Verbreitung derjenigen niederösterreichischen Weiden anbelangt, welche wir für Bastarte halten, so steht dieselbe der Verbreitung der Stammarten wenig nach, wenn auch die einzelnen Fundorte in der Regel nur sehr zerstreut innerhalb des Verbreitungsbezirkes angetroffen werden. — So z. B. sind die Bastarte aus *S. alba* und *fragilis*, aus *S. pentandra* und *fragilis*, aus *S. purpurea* und *viminalis*, aus *S. aurita* und *repens* so weit verbreitet als ihre Stammarten. Die Bastarte, an welchen *S. incana*, *S. grandifolia* und die anderen Stammarten mit beschränkterem Areal betheiligt erscheinen, halten auch mit der Verbreitung dieser ihrer wahrscheinlichen Stammeltern in der Regel gleichen Schritt.

Gruppirung der Weiden.

Nicht ohne Grund bezeichnete Endlicher die vielgestaltigen Weiden als: „botanicorum crux et scandalum." — Wenn es schon schwierig ist, die Formen durch Beschreibungen festzuhalten, so ist die Schwierigkeit, sie in natürlich begrenzte Gruppen einzureihen gewiss noch bei weitem grösser. Bei der allseitigen Verknüpfung, welche insbesondere durch die grosse Zahl der Blendlingsarten hervorgebracht wird, verzagt man auch im ersten Augenblicke, dieses Heer von Weiden naturgemäss gruppiren zu können. — Dennoch sind gewisse Vorbilder nicht zu verkennen, an welche sich sowohl die unzweifelhaften Stammarten als auch die Blendlingsarten anschliessen. Sehr zu statten kommt dem Systematiker auch noch die Thatsache, dass die Weiden-Bastarte nur selten genau die Mitte zwischen ihren Stammältern halten, dass sie fast durchgehends als goneiklinische Blendlinge in Erscheinung treten, und dass es nur selten in Zweifel gezogen werden kann, an welche der Stammältern ein Bastart zunächst angereiht werden müsse.

Von den Schriftstellern, welche die Weiden besonders bearbeiteten, haben Koch und Fries *), welche die Möglichkeit des Vorkommens von Weidenblendlingen in der freien Natur noch bezweifelten, Zusammenstellungen sämmtlicher ihnen bekannten Weiden in natürliche Gruppen versucht, und

---

*) W. D. Koch: De salicibus europaeis commentatio, Erlang, 1829. — Fries. Novit. Fl. Suec. Mant. II. p. 21—76.

jene von Koch wurde als die gelungenste von allen späteren Floristen ungeändert oder mit unbedeutenden Abweichungen beibehalten.

Wimmer, der die Aufmerksamkeit der botanischen Welt durch eine Reihe von höchst wichtigen Abhandlungen in der Regensburger Flora und in den Schriften der schlesischen Gesellschaft für vaterl. Kultur auf die so schwierige Pflanzengattung neuerdings hinlenkte und sich die grössten Verdienste durch die Erkennung und Begrenzung der grossen Reihe von Blendlingen erworben hat, gab gleichfalls eine Eintheilung der Stammarten in der Flora 1849, Nr. 3, und ordnete entsprechend der in dieser Eintheilung befolgten Reihenfolge der Stammarten auch die 56 Weidenbastarte, welche er in der Denkschrift der schles. Gesellschaft f. vaterl. Kultur beschrieben hat.

Sämmtliche Eintheilungen legen ein grosses Gewicht auf den Wuchs und die Höhe der Weiden, so wie auf deren Standort, und gestützt auf diese Merkmale wurden Arten, welche sonst wesentlich von einander abweichen, in Gruppen zusammengefasst, die zum Theil als gezwungen und unnatürlich angesehen werden müssen. Wir dürfen bloss auf die Koch'sche Gruppirung erinnern, nach welcher die so nahe verwandten *S. phylicifolia* und *S. arbuscula* in zwei getrennte Rotten gebracht werden, so wie nach der Eintheilung von Fries die höchst ähnlichen *S. Myrsinites* und *S. polaris* in zwei verschiedene Abtheilungen gestellt worden sind, bloss auf das Merkmal hin, dass bei der ersteren die Achselknospen an den Aestchen, die durch Kätzchen abgeschlossen sind, nicht zur Entwicklung kommen, während sie bei *S. polaris* sich weiter entwickeln, ein Merkmal, dessen schwankenden Werth wir bereits in dem Früheren besprochen haben.

Die Bildung der grösseren Gruppen wird zwar immer eine mehr oder weniger gezwungene sein, die Feststellung von Rotten aber, unter welche sich Stammarten und Blendlinge, denen in ihrer Form ein gemeinschaftliches Vorbild vorschwebt, zusammenscharen, ergibt sich ziemlich ungezwungen, und wir haben im Nachstehenden eine solche Zusammenstellung versucht, die sich allerdings zunächst nur über die niederösterreichischen Weiden ausbreitet, in deren Abtheilungen jedoch auch alle bisher nicht in Niederösterreich gefundenen Formen passend untergebracht werden können.

Einen wichtigen Anhaltspunkt zur Ermittlung der grösseren oder geringeren Verwandtschaft gab uns das Vorhandensein oder Fehlen von Blendlingen zwischen den unzweifelhaften Stammarten. Wir gingen von der gewiss begründeten Annahme aus, dass diejenigen Arten die geringste Verwandtschaft besitzen, welche trotzdem dass die Bedingungen der Bastartirung für sie in der freien Natur vorhanden sind, dennoch keine Bastarte erzeugten — Die Purpurweide, so häufig und gewöhnlich sie auch mit den Bruch-, Mandel- und Silberweiden untermischt vorkommt, hat doch bisher mit diesen noch keine Bastarte erzeugt; ebenso wenig als sich die *S. repens* und ihre Parallelform *S. rosmarinifolia* mit ihnen verbunden haben. Diese Arten betrachten wir daher auch als die Endglieder der Kette von Weidenarten, und zwar schliessen sich die Bruchweiden durch den klebrigen Ueberzug der jungen Blätter, durch die Brüchigkeit ihrer Zweige und durch die grössere Zahl von Staubgefässen an die Pappeln an, und die klebrigste mit 5 bis 12 Staubgefässen, nämlich *S. peutandra* ist als das eine Grenzglied, welches die Brücke zu der Pappel-Rotte *Aigeiros* baut, anzusehen, so wie die *S. purpurea* mit zwei verwachsenen Staubgefässen das andere Endglied der Weidenreihe darstellt. Zwischen diese Grenztypen gruppiren sich die übrigen Weidenarten und bilden zwei in einander fliessende Gruppen: die eine mit verlängerten schmäleren Blättern, kürzer gestieltem Fruchtknoten und verlängertem Griffel, und eine zweite mit kürzeren breiteren Blättern, länger gestielten Fruchtknoten und kurzem oder fehlendem Griffel.

Dem entsprechend theilen wir die Weiden in folgende vier Gruppen:

A. *Chloriteae*.[*]) Kätzchenschuppen einfärbig gelbgrün. An den Einfügungsstellen der Staubgefässe in den Blüthenboden eine innere und äussere Drüse. Antheren nach dem Stäuben gelb. Fruchtknoten kahl, Griffel fehlend oder kurz: 0.5—1^{mm} lang.

B. *Macrostylae*. Kätzchenschuppen zweifärbig oder einfärbig gelbgrün. An der Einfügungsstelle der Staubgefässe in den Blüthenboden nur eine innere Drüse. Antheren nach dem Stäuben gelb oder schwarz. Fruchtknoten kahl oder behaart. **Griffel dünn fädlich verlängert:** 1—2^{mm} lang.

C. *Microstylae*. Kätzchenschuppen zweifärbig. An der Einfügungsstelle der Staubgefässe in den Blüthenboden nur eine innere Drüse. Antheren nach dem Stäuben gelb. Fruchtknoten behaart oder kahl. **Griffel sehr kurz oder fehlend.** Blätter im Verwelken braun werdend.

D. *Meliteae*.[**]) Kätzchenschuppen zweifärbig. An der Einfügungsstelle der Staubgefässe in den Blüthenboden nur eine innere Drüse. Antheren nach dem Stäuben schwarz oder gelb. Fruchtknoten behaart. Griffel sehr kurz oder fehlend. **Blätter im Verwelken schwarz werdend.**

Die Verwandtschaftsverhältnisse dieser vier Gruppen erhellen aus folgender Zusammenstellung, in welcher die Zahlen sämmtlicher zwischen den Stammarten von je zwei Gruppen bisher in der freien Natur aufgefundenen Bastartformen nebeneinandergestellt werden:

---

[*]) Aus χλωρός und ἰτέα.
[**]) Aus μέλας und ἰτέα.

A. Chloriteae.

Die gemeinschaftlichen Merkmale, welche den Arten, die in dieser Gruppe aufgeführt werden, zukommen, sind folgende: Die Blätter sind kahl oder mit anliegenden geraden, dem Mittelnerven des Blattes parallel laufenden langen Haaren bekleidet. Die untere Blattseite ist von einem vorspringenden starken Mittelnerven und von schlanken zarten, entweder gar nicht oder kaum über die Blattmasse sich erhebenden Seitennerven durchzogen, die obere meist glänzend grüne Blattseite ist an frischen Blättern glatt, an getrockneten Blättern von etwas vorspringenden zarten Nervchen geadert. Die Blätter werden im Verwelken lichter oder dunkler braun (niemals bläulich schwarz). — Die lockerblüthigen Kätzchen brechen zu gleicher Zeit mit den Blättern hervor, die kurzen kätzchentragenden Triebe sind mit 2—5 Blättern besetzt, welche in der Knospe das noch unentwickelte Kätzchen einschliessen. Die Achse des Kätzchens ist bei allen, selbst den sonst ganz kahlen Arten von abstehenden krausen Haaren flaumig. Die Kätzchenschuppen sind einfärbig gelbgrün, länglich, stumpf oder abgestutzt, meist sparsam behaart. Die Staubgefässe 2-12 an der Zahl; die Antheren sind vor, während und nach dem Stäuben gelb; die Staubfäden sind frei, an ihrem unteren Ende etwas flaumig und durch die ineinandergreifenden Härchen manchmal locker zusammenhängend. An der Basis der Staubfäden befinden sich zwei abgestutzte kurze honiggelbe Drüsen des Blüthenbodens, die eine an der Seite gegen die Kätzchenspindel, die zweite an der äusseren Seite angeschmiegt an den Grund der Schuppe. Die Fruchtknoten sind gestielt oder fast sitzend, kahl, zur Zeit der Blüthe kegelförmig, später sich an der Basis stark ausbauchend und birnförmig; Griffel fast fehlend oder kurz, 0.5—1^{mm}. lang;

Narben kurz, dicklich, abstehend, ausgerändet oder zweilappig, gelb, wachsartig glänzend. Die innere Drüse des Blüthenbodens an der Einfügungsstelle
des Fruchtknotenstieles jener der Staubblüthen gleich gestaltet, die äussere
Drüse bei der Mehrzahl der Weidenarten dieser Gruppe fehlend. Die Klappen
der aufgesprungenen Kapsel sichelförmig zurückgekrümmt.

Die Chloriteen zeichnen sich auf den ersten Blick durch ihre locker-
blüthigen blassen Kätzchen, welche bei den Fruchtblüthen tragenden Bäumen
und Sträuchern wegen grüner Farbe der Fruchtknoten und grünlicher Färbung der Kätzchenschuppen von dem zu gleicher Zeit mit den Blüthen
hervorbrechenden Laubwerk sich kaum herausheben, sehr aus. Aus der Reihe
der Weiden der nächstfolgenden Gruppe könnten nur zwei Arten, nämlich
S. glabra und S. incana durch ihren äusseren Eindruck verleiten, sie unter
die hier gekennzeichneten Chloriteen zu stellen. In der That ist auch erstere
von Neilreich, letztere von Grenier und Godron an die hier von uns
zusammengefassten Arten angereiht worden. S. gla'ra unterscheidet sich
jedoch selbst dann, wenn ihre Kätzchenschuppen an der Spitze nicht geröthet
sind, von den Chloriteen durch den Mangel der äusseren Drüse in den
Staubblüthen, durch längeren Griffel und schwarz werdende Blätter; S. incana
überdiess noch durch andere Blattnervatur und fällliche Narben.

Die Chloriteen zerfallen in vier Rotten:

I. Fragiles. Koch. **Bruchweiden** — Bäume oder Sträucher
mit schlanken, an den Abästungsstellen brüchigen und mit glatter glänzender
häutiger Rinde überzogenen Zweigen. Die lanzettlichen zugespitzten Blätter
in der Jugend klebrig, kahl, oberseits glänzend, am Blattstiel häufig
mit Drüschen besetzt. Staubgefässe 2—12. Die zilindrischen, oft bogenförmig
gekrümmten Kätzchen an beblätterten Aestchen. Kätzchenschuppen
noch vor der Fruchtreife abfallend. An den Fruchtblüthen
ebenso wie an den Staubblüthen sowohl eine innere wie äussere
Drüse. Fruchtknoten gestielt, Griffel 0.5—1^{mm} lang, ebenso wie die zweilappigen Narben wachsartig, dicklich, abstehend.

Niederöst. Arten: *S. pentandra*, ⚹ *S. cuspidata*, ⚹ *S. Pokornyi, S. fragilis*.

II. Albae. **Silberweiden.** — Bäume oder Sträucher mit schlanken,
an den Abästungsstellen wenig brüchigen und mit glatter häutiger Rinde
überzogenen Zweigen. Die lanzettlichen zugespitzten Blätter sind in der
Jugend mit geraden, dem Mittelnerven parallel anliegenden
Haaren mehr oder weniger bedeckt und seidig glänzend. nicht
klebrig. Blattstiele ohne Drüsen. Die zilindrischen, oft bogenförmig
gekrümmten Kätzchen an sehr kurzen beblätterten Aestchen. Kätzchenschuppen noch vor der Fruchtreife abfallend. Blüthenboden
der Staubblüthen zweidrüsig, jener der Fruchtblüthen eindrüsig.

Fruchtknoten sehr kurz gestielt. Griffel sehr kurz und die fast sitzenden zweilappigen wachsartigen Narben abstehend. Staubgefässe 2.

Niederöst. Arten: ✕ *S. excelsior*, ✕ *S. palustris*, *S. alba*.

III. Amygdalinae. Koch. Mandelweiden.

— Sträucher oder Bäumchen mit schlanken, zähen, kahlen, biegsamen, mit glatter Rinde überzogenen Zweigen. Die lanzettlichen zugespitzten Blätter sind kahl, in der Jugend nicht klebrig. Blattstiel ohne Drüsen, Nebenblätter halbnierenförmig. Die zilindrischen meist geraden reichblüthigen Kätzchen an kurzen beblätterten Aestchen. Kätzchenschuppen nicht abfallend. Blüthenboden der Staubblüthen zweidrüsig, jener der Fruchtblüthen eindrüsig. Fruchtknoten lang gestielt. Griffel sehr kurz, Narben gegen das Ende zu verdickt und unter rechtem Winkel von dem Griffel abstehend. Staubgefässe 2—3.

Niederöst. Arten : ✕ *S. subtriandra*, ✕ *S. Kovátsii*, *S. amygdalina*.

IV. Retusae. — Stumpfblättrige Weiden.

— Kleine an den Boden angedrückte Alpensträucher mit armknospigen, leicht abbrechbaren, glatten, kahlen Zweigen. Die stumpfen oder ausgerandeten Blätter sind kahl, in der Jugend nicht klebrig. Blattstiel ohne Drüsen. Die geraden armblüthigen Kätzchen an kurzen beblätterten Aestchen. Kätzchenschuppen nicht abfallend, meist abgestutzt. Blüthenboden der Staubblüthen zweidrüsig, jener der Fruchtblüthen eindrüsig. Fruchtknoten kurz gestielt. Griffel kurz. Die wachsartigen Narben zweilappig, abstehend. Staubgefässe 2.

Wir haben keinen Anstand genommen, an die hochstämmigen Felbern mit gelbgrünen Kätzchenschuppen auch die zierlichen Alpensträuchelchen *S. retusa* und *S. herbacea*, welche sich allein durch ihren zwergigen Wuchs und dadurch von den anderen Chloriteen unterscheiden, dass bei ihnen die Knospenanlagen in der Achsel der Kätzchenstielblätter gewöhnlich zur weiteren Entwicklung kommen, während sie bei den anderen in der Regel verkümmern, hieher zu ziehen, um so mehr, als das letztgenannte Merkmal für *S. retusa* nicht einmal als beständig angeführt werden kann. Auf keinen Fall würde dieses Merkmal die Trennung dieser zwei Alpenweiden von den anderen Chloriteen rechtfertigen, mit welchen sie in allen übrigen Merkmalen übereinkommen.

Niederöst. Arten: *S. retusa*, ✕ *S. Fenzliana*, *S. herbacea*.

B. Macrostylae.

Die Blätter sind in Zuschnitt, Nervatur und Bekleidung sehr mannigfaltig, doch spricht sich bei der Mehrzahl die lanzettliche Grundform aus, und meistens sind die Blätter überdiess sehr verlängert. Beim Verwelken werden dieselben braun oder schwarz; die Kätzchen der alpenbewohnenden

Arten brechen gleichzeitig mit den Blättern hervor und schliessen ein beblättertes verlängertes Aestchen mit verkümmernden Achselknospen ab Die Arten der Ebene oder jene, welche die Thäler bewohnen, haben hingegen sitzende vorläufige Kätzchen, deren sehr kurze Stiele mit schuppenförmigen kleinen Blättchen bekleidet sind. Die Kätzchenschuppen sind meistens zweifarbig, an der Spitze lichter oder dunkler roth gefärbt und lang behaart, jene der Fruchtblüthen von *S. glabra* und *S. incana* sind einfärbig gelbgrün und fast kahl, der Torus sowohl an den Frucht- wie an den Staubblüthen nur zu einer inneren Drüse ausgewachsen. Staubgefässe zwei. Staubfäden frei oder theilweise mit einander verwachsen, an der Basis kahl oder flaumig. Antheren nach dem Verblühen gelb oder schwarz. Fruchtknoten und Kapsel in Form und Behaarung bei den verschiedenen Arten sehr verschieden, die Griffel jedoch bei allen Arten fädlich, verlängert, 1—2ᵐᵐ. lang, und die Narben häufig bogenförmig abwärts gekrümmt.

Die hier zusammengefassten Weiden sind durch die eindrüsigen Staubblüthen und den verlängerten Griffel der Fruchtblüthen von den übrigen Gruppen unterschieden. Sie reihen sich in nachfolgende fünf Rotten:

I. Myrtosalix. Myrtweiden. — Die ausgewachsenen Blätter gleichfarbig, kahl, glänzend, schon im lebenden Zustande oberseits von vorspringenden Nerven durchzogen, im Verwelken schwarz werdend. Die Kätzchen kurz zilindrisch, am Ende von beblätterten Aestchen, deren Knospen regelmässig verkümmern. Kätzchenschuppen lanzettlich, lang behaart. Torus-Drüse fädlich purpurroth. Staubgefässe 2, frei. Antheren vor dem Aufblühen roth, dann gelb, später schwarz werdend. Fruchtknoten kurz gestielt, eiförmig, in den verlängerten fädlichen purpurrothen Griffel vorgezogen. Narben fädlich, purpurroth, abstehend. Kapselklappen sichelförmig auswärts gebogen.

Alpenbewohnende niedere, meistens auf den Boden hingestreckte Sträuchlein, deren Kätzchen zu gleicher Zeit mit den Blättern hervorbrechen und die durch verlängerte fädliche Griffel und Narben, so wie durch die Form des Fruchtknotens und der Torusdrüse sich mit den nächstfolgenden Rotten verbinden, aber durch die rothe Farbe des Griffels und der Narben, so wie durch die schwarz werdenden Antheren sich von ihnen unterscheiden. — Durch die der *S. Myrsinites* verwandte *S. polaris* einerseits und durch *S. herbacea* anderseits verknüpft sich die hier begrenzte Rotte mit den Chloriteen. Doch kommt die *S. polaris* nur durch das Merkmal der knospenreifenden Kätzchenstiele und die Form der Blätter mit *S. herbacea* überein, während sie sich durch purpurne verlängerte Torusdrüse und Griffel, so wie durch das Fehlen der äusseren Torusdrüse der Staubblüthen und die schwarz werdenden Antheren unmittelbar an *S. Myrsinites* anschliesst. — Durch das Merkmal der nach dem Verstäuben schwarz werdenden Antheren kommen die Myrtweiden noch mit den Purpurweiden überein,

mit denen sie aber in den übrigen wesentlichen Merkmalen keine Verwandtschaft zeigen.

Niederöst. Art: *S. Myrsinites* var. *Jacquiniana.*

II. *Arbusculae.* Buschweiden.

— Niedrige viel- und kurz-
ästige Alpensträucher mit zähen Zweigen, kahlen, seidigen oder graufilzigen,
im Verwelken braun werdenden Blättern, die sich zu gleicher Zeit
mit den dichtblüthigen, länglich zilindrischen, geraden, länger oder kürzer
gestielten Kätzchen entwickeln. Kätzchenschuppen länglich, geröthet, behaart.
Torusdrüse länglich, gelb. Staubfäden frei, Antheren nach dem
Verstäuben gelb. Fruchtknoten kurz gestielt oder sitzend,
eiförmig, seidig behaart. Die beiden bei den anderen Weiden zu
einem zusammengewachsenen Griffel sind bei den Arten dieser Rotte nicht
selten bis zum Fruchtknoten hinab getrennt und der Stempel in solchen
Fällen zweigriffelig. Griffel und Narben gelb. Kapselklappen sichelförmig zurückgekrümmt.

Der hier begrenzte Weidentypus bei uns nur durch *S. arbuscula* vertreten, ist durch diese Art in seiner äusseren Erscheinung mit dem früheren
verwandt, jedoch durch die gelbe Farbe der Narben, des Griffels und der
Torusdrüse, so wie durch nicht schwarz werdende Blätter und Antheren von
ihm unterschieden. Unsere *S. arbuscula* hat kahle Blätter. Von den nicht in
Niederöst rreich vorkommenden Arten dieser Rotte sind aber *S. glauca* und
viele Formen der *S. Lapponum* zum Theil mit langen geraden, dem Mittelnerv parallelen Haaren bedeckt, zum Theil haben sie die Behaarung der
nachfolgend beschriebenen Grauweiden, bald auch mahnt die Behaarung an
jene der *S. viminalis*. Letzteres ist namentlich an den behaartblättrigen
Formen der *S. phylicifolia* vom Brocken der Fall, deren Blätter an der
unteren Seite von geraden, zarten, anliegenden, der Richtung der Seitennerven folgenden Härchen bedeckt erscheinen und auch ganz ähnlich der
S. viminalis das eigenthümliche seidige Schillern zeigen.

Niederöst. Art : *S. arbuscula.*

III. *Viminales.* Korbweiden.

— Sträucher mit schlanken,
zähen, nicht bereiften Zweigen mit gelbgrüner Rinde und verlängert lanzettlichen, am Rande manchmal etwas welligen und umgerollten Blättern, die
oberseits dunkelgrün und gewöhnlich vertieft nervig, unterseits erhaben nervig,
blassgrün und kahl, oder von zarten, den Seitennerven parallelen Härchen bedeckt sind und dann meist ein eigenthümliches seidiges
Schillern wahrnehmen lassen. Die Blätter werden im Verwelken
braun. — Die Kätzchen sind sitzend, vorläufig, dichtblüthig, eiförmig oder
zilindrisch, gerade oder etwas gebogen. Die Kätzchenschuppen sind lanzettlich
spitz, gegen die Spitze dunkel geröthet, mit langen Haaren bekleidet.
Torusdrüse verlängert lineal. Staubgefässe 2, Staubfäden an der
Basis kahl, frei oder theilweise verwachsen. Antheren nach dem Stäuber

gelb. Die Fruchtknoten sitzend oder kurz gestielt, von anliegenden Härchen seidig filzig, eiförmig, in den fädlichen gelben
Griffel vorgezogen. Die ungetheilten oder zweispaltigen fädlichen gelben
Narben bogenförmig auseinanderlaufend. Kapselklappen sichelförmig auswärts
gekrümmt.

Die verlängerten eigenthümlich behaarten Blätter, die eigenthümliche Form des Stempels und der Torus-Drüse lassen die Stammform dieses
Weidentypus, nämlich *S. viminalis* in der Regel ziemlich leicht in den durch
sie gebildeten Blendlingen erkennen. — Nur diejenigen Bastarte, welche sie
mit den Chloriteen bildet (von denen bisher keiner in Niederösterreich aufgefunden wurde, die aber anderwärts ziemlich häufig zu sein scheinen),
schliessen sich in ihrer Form meistens den letzteren an; alle diejenigen
Blendlinge aber, bei welchen wir dafür halten, dass sie durch Verbindung
der *S. viminalis* mit den Arten der Gruppe *Rugosae* und *Meliteae* entstanden sind, nehmen den Typus der *S. viminalis* an.

Niederöst. Arten: *S. viminalis,* ✕ *S. Hostii,* ✕ *S. sericans,* ✕ *S. obscura,* ✕ *S. elaeagnifolia,* ✕ *S.*
rubra, ✕ *S. Forbyana,* ✕ *S. angustifolia.*

IV. Canae. Grauweiden.

— Sträucher oder Bäumchen mit
brüchigen, dunkelrindigen, in der Jugend graufilzigen Zweigen von trüb-
grünem Aussehen. Die lanzettlichen oder linealen Blätter sind in der Jugend
immer und oft auch im ausgewachsenen Zustande am Rande umgerollt, oberseits vertieft nervig, dunkel oder schmutzig grün, glanzlos und zur Zeit der Entwicklung mit grauem abwischbaren Flaume bedeckt, unterseits mit glanz-
losem, aus verworrenen langen Haaren gebildetem weissem
Filze überzogen. Der Mittelnerv der unteren Blattseite ist dick, stark vorspringend, meistens kahl; die Seitennerven dieser Blattseite, obschon vom weissen
Filze eingehüllt, sind dennoch vorspringend. Die sitzenden Kätzchen erscheinen
verlängert zilindrisch, lockerblüthig und bogenförmig gekrümmt, in der
Ebene vor, in den Alpen mit den Blättern sich entwickelnd. Die Kätzchenschuppen an der Stammform dieser Rotte länglich, stumpf oder abgestutzt,
kahl oder spärlich gewimpert, jene der Staubkätzchen gelb mit schwach
gerötheter oder brauner Spitze, jene der Fruchtkätzchen einfärbig gelbgrün;
die Kätzchenschuppen derjenigen Arten, die wir für Bastarte halten, behaart,
länglich, stumpf, an der Spitze bräunlichroth bis dunkelpurpurn. Torusdrüse kurz, linsenförmig, gelb. Staubfäden theilweise verwachsen,
an der Basis flaumig und durch die ineinandergreifenden Härchen häufig
lose zusammenhängend. Antheren nach dem Verstäuben gelb.
Fruchtknoten lang gestielt, zur Zeit der Blüthe aus eiförmiger Basis verlängert kegelförmig, später sich ausbauchend und
birnförmig, entweder kahl oder filzig, glanzlos. Griffel fädlich, die gelben
Narben tief zweispaltig und die fädlichen Lappen zurückgerollt.
Kapselklappen schneckenförmig zurückgerollt.

Die Weiden dieser Rotte sind schon von ferne durch ihr eigenthümliches Wachsthum kenntlich. Bei den anderen schmalblättrigen Weiden mit langen Ruthen (*S. alba*, *S. amygdalina*, *S. viminalis* etc.) entwickelt sich immer die oberste laterale Laubknospe, welche der abgestorbenen terminalen Laubknospe zunächst stand, am üppigsten und bildet einen auffallend verlängerten Spross, der die Seitenstämmchen, welche aus den anderen nach abwärts folgenden lateralen Laubknospen derselben gemeinschaftlichen Hauptachse kommen, weit überragt. Bei *S. incana* ist jedoch die Länge der Triebe, welche sich aus den zwei oder drei obersten lateralen Seitenknospen bilden, ziemlich gleich gross, und dieser Umstand bedingt namentlich dann, wenn die Laubknospen sehr genähert standen, eine ganz eigenthümliche, im ersten Augenblicke gabelig erscheinende Verästlung. — Diese Eigenthümlichkeit spricht sich auch in den Bastarten, an welchen wir *S. incana* betheiligt halten, immer aus und findet sich wiederholt in den früher beschriebenen, gleichfalls in die Gruppe der *Macrostylae* gehörigen Buschweiden, deren zierliches Ansehen vorzüglich auf dieser Art der Verzweigung beruht.

Die Grauweiden wurden von der Mehrzahl der Autoren in die Gruppe *Rugosae* oder *Capreae* gestellt, mit denen sie die Nervatur (nicht aber die Behaarung) der Blätter und die lang gestielten Fruchtknoten gemein haben. Von Grenier und Godron wird die Stammform *S. incana* den Mandel- und Bruchweiden, mit welchen die Fruchtkätzchen tragenden Stämme durch die kahlen Fruchtknoten und einfärbig gelbgrünen Kätzchenschuppen übereinstimmen, angereiht, und Wimmer, der die Stammform *S. incana* in der Flora 1849, Nr. 3, als selbstständigen Typus bezeichnet, welchem er unmittelbar den Typus der *S. viminalis* folgen lässt, vereinigt sie in der in Nr. 4 versuchten Eintheilung der Weiden geradezu mit *S. viminalis* in eine Gruppe. Mit dieser erscheint sie auch unstreitig am nächsten verwandt und schliesst sich namentlich in der Blattform und Nervatur, so wie in der Form der Griffel und Narben an dieselbe an, so wie sie ganz dieselbe Reihe von Bastarten mit den Arten der Gruppe *Rugosae* und der *S. purpurea* bildet. — Die Formen, welche wir durch Kreuzung der Stammart *S. incana* mit den Arten der Gruppe *Rugosae* hervorgegangen halten, schliessen sich (ähnlich so wie jene aus *S. viminalis* und den Arten der *Rugosae*) alle an *S. incana* an und erscheinen in dem oben begrenzten Typus der Grauweiden. — Dasselbe gilt von einem der Bastarte, an welchem sich nebst *S. incana* die *S. purpurea* betheiligt zu haben scheint. Ein zweiter Blendling aber aus *S. incana* und *purpurea* nähert sich mehr der letzteren Stammart, ebenso wie *S. Wimmeri*, die wir durch Verbindung der *S. incana* und *S. daphnoides* entstanden glauben, den Typus der letzteren annimmt. Blendlinge der *S. incana* mit den Arten der Gruppe *Chloriteae* sind, obschon die Bedingungen der Bastartirung bei dem häufigen Untereinanderwachsen sehr häufig gegeben sind, bisher nicht bekannt geworden.

Niederöst. Arten: ⚲ *S. Seringeana*, ⚲ *S. subalpina*, ⚲ *S. bifida*, *S. incana*.

V. *Pruinosae*. Schimmelweiden. — Bäume oder Sträucher
mit brüchigen, meist hechtblau bereiften Zweigen, lanzettlichen, im
Alter kahl werdenden, oberseits glänzenden, glatten, im getrockneten
Zustande von zarten, etwas erhabenen Nerven durchzogenen, unterseits bläulichen Blättern, die im Verwelken braun werden.
Die grossen dichtblüthigen, entweder eiförmigen oder zilindrischen, manchmal bogenförmig gekrümmten Kätzchen, die selbst zur Zeit der Fruchtreife
noch sitzend erscheinen, brechen vor der Entwicklung der Blätter heraus.
Die Kätzchenschuppen sind lanzettförmig spitz, gegen die Spitze dunkelpurpurn oder braunroth mit langen Haaren bekleidet. Die Torusdrüse
verlängert lineal, gelb. Staubfäden frei. Antheren nach dem
Stäuben gelb. Fruchtknoten sitzend oder kurz gestielt, kahl,
eiförmig in den dünnen gelben Griffel vorgezogen. Die fädlichen
gelben Narben spreizend, ungetheilt. Kapselklappen sichelförmig auswärts
gekrümmt.

Durch die vorläufigen, dichtblüthigen, grossen sitzenden Kätzchen, die
vor dem Aufblühen in einen dichten weissen Pelz gehüllt erscheinen, durch
die Form des Stempels und die verlängerte lineale Torusdrüse stimmen die
Schimmelweiden mit den Korbweiden überein, mit denen sie auch von
Grenier und Godron in eine Gruppe zusammengefasst wurden. Durch die
Blattform sind sie einigermassen mit den Chloriteen verwandt. Durch *S. Wimmeri*
erscheinen sie mit der Gruppe der Grauweiden verknüpft, mit deren Stammform sie auch noch die Kahlheit der Fruchtknoten gemein haben.

Niederöst. Arten: ✕ *S. Wimmeri, S. daphnoides.*

VI. *Nigricantes*. Schwarzweiden. — Vielverzweigte Sträucher
mit dicken kurzen Aesten. Die breiten kurzbespitzten Blätter sind
in der Jugend kahl oder mit kurzen etwas abstehenden Haaren bekleidet. Die obere Blattfläche der ausgewachsenen Blätter ist kahl, mehr
oder weniger glänzend, erhaben oder vertieft nervig, die untere gleichfalls
kahl werdend, bläulich bereift oder blassgrün, matt, glanzlos, von lichten,
etwas vorspringenden Nerven geadert. Die Blätter werden im Verwelken bläulich schwarz. — Die dichtblüthigen, eiförmigen oder kurz
zilindrischen Kätzchen brechen zu gleicher Zeit mit den Blättern hervor,
ihre Stiele sind mit 2—5 Blättchen besetzt, welche in der Knospe das noch
unentwickelte Kätzchen einschliessen. Die Kätzchenschuppen sind länglich,
stumpf, gelblichgrün, an der Spitze entweder nur röthlich angehaucht oder
dunkelpurpurroth, jene der Fruchtkätzchen von *S. glabra* und *S. subglabra*
einfärbig gelbgrün. Torusdrüse gelb, kurz, zilindrisch. Staubgefässe
zwei, Staubfäden frei, an der Basis flaumig, Antheren nach dem Stäuben
schmutzig gelb. Fruchtknoten gestielt, aus eiförmiger Basis
verlängert kegelförmig. Der 1—2^{mm} lange Griffel ist der Länge
nach häufig von zwei Furchen durchzogen, welche der Verwachsungs-

stelle der zwei Griffel entsprechen, deren jeder einem Fruchtblatte angehört; die Narben fleischig, dicklich, zweilappig, abstehend. Die Kapselklappen schneckenförmig zurückgerollt.

Die Arten dieser Rotte sind von den anderen in die Gruppe *Macrostylae* gehörigen Weiden durch die dicklichen, nicht fädlichen Narben, überdiess von den Myrt-, Busch-, Korb- und Schimmelweiden durch die kurze Torusdrüse, die länger gestielten, verlängert kegelförmigen Fruchtknoten und schneckenförmig zurückgerollten Kapselklappen, und von den Grauweiden durch andere Blattform und Bekleidung, so wie durch die kurzen dichterblüthigen Kätzchen unterschieden. — Von den Chloriteen grenzen sie sich durch die eiförmigen sitzenden Staubkätzchen, die meistens gerötheten Kätzchenschuppen, das Fehlen der äusseren Torusdrüse, die schneckenförmig zurückgerollten Kapselklappen und die im Verwelken schwarz werdenden Blätter ab. Die *S. glabra* bildet übrigens das Verbindungsglied mit der Gruppe *Chloriteae* und wurde auch, wie schon früher erwähnt, von Neilreich mit den Arten derselben verknüpft. Die fruchtblüthentragenden Sträucher dieser Art, deren Kätzchenschuppen einfärbig gelblichgrün erscheinen, besitzen in der That auch einige Aehnlichkeit mit *S. pentandra* und *S. fragilis*, namentlich wenn diese letzteren durch kurze Kätzchen und breite Blätter ausgezeichnet sind. — Der Mangel der äusseren Torusdrüse, so wie des klebrigen Ueberzuges der jungen Blätter geben aber immer sichere Anhaltspunkte für *S. glabra*, um sie von den Bruchweiden zu unterscheiden. — Von Koch wurden die Schwarzweiden mit den Sahlweiden vereinigt, und der Anschluss an diese wird auch durch *S. nigricans* vermittelt, welche sich namentlich in der Form, Nervatur und Bekleidung der Blätter den Sahlweiden nähert. Der verlängerte Griffel, die an der Basis flaumigen Staubgefässe und die schwarz werdenden Blätter ziehen jedoch die Grenze, durch welche die Schwarzweiden von den Arten der nächstfolgenden Gruppe sich absondern.

Niederöst. Arten: *S. glabra*, ✕ *S. subglabra*, *S. nigricans*.

C. Microstylae.

Bilden eine gut begrenzte Gruppe, die in Niederösterreich nur durch die **Rugosae**, Sahlweiden, vertreten erscheint. Die Arten dieser Rotte sind Sträucher oder kleine Bäume mit kurzen, dicken, ziemlich zähen Zweigen. Ihre Blätter sind breit oval, oder länglich verkehrt eiförmig, kurz zugespitzt, an der unteren Seite von vorspringenden Nerven geadert und meistens mit abstehenden, sich sammtig anfühlenden kurzen Haaren bekleidet, an der oberen Seite dunkel oder graugrün, wenig glänzend, von vertieften feinen Linien durchzogen und dadurch mehr oder weniger runzelig. Beim Verwelken werden die Blätter braun. — Die Kätzchen, der die Alpen bewohnenden Arten brechen zu gleicher Zeit, jene der in niederen Höhenlagen vorkommenden meistens vor den Blättern heraus. — Die sehr verkürzte Achse des Kätzchens ist mit schuppenförmigen Blättchen bekleidet und fällt nach dem Verstäuben oder Ausfliegen der Samen regelmässig ab. — Die Kätzchen sind vor dem Aufblühen in einen dichten weissen Pelz gehüllt, die Staubkätzchen eiförmig, dichtblüthig, die Fruchtkätzchen eiförmig oder zilindrisch, lockerblüthiger. Die Kätzchenschuppen lanzettlich zweifarbig, an der Spitze rostfarbig oder purpurn bis schwärzlich, mit langen geraden Haaren besetzt. Aeussere Torusdrüse fehlend; innere kurz abgestutzt. Staubgefässe zwei, Staubfäden frei, an der Basis kahl. Antheren nach dem Stäuben schmutziggelb, während und vor dem Stäuben hellgelb, vor dem Aufblühen manchmal auch etwas röthlich. Fruchtknoten lang gestielt, aus eiförmiger Basis verlängert kegelförmig, meist behaart, der Fruchtknotenstiel wenigstens 3 Mal so lang als die Torusdrüse. Griffel sehr kurz oder fehlend. Narben kurz, eiförmig, manchmal etwas ausgerandet, abstehend oder aneinanderliegend. Kapselklappen an der Spitze sich schneckenförmig zurückrollend.

Die Arten dieser Rotte unterscheiden sich von jenen der früheren Gruppe durch den fehlenden oder sehr kurzen Griffel, **von den nachfolgenden Me**liteen durch die im Verwelken braun werdenden Blätter und von den Chloriteen durch die zweifarbigen Kätzchenschuppen. — Durch *S. silesiaca*, welche unter allen Arten des hier umgrenzten Weidentypus noch den längsten Griffel besitzt, schliessen sie sich an die Macrostylae an; durch die Bastarte, welche sie mit *S. repens* und *S. purpurea* bilden, verknüpfen sie sich mit den Meliteen. Mit der letzteren Gruppe besitzen sie — der grossen Zahl der Bastarte nach zu schliessen — auch die grösste innere Verwandtschaft. Die geringste Verwandtschaft zeigen sie mit den Chloriteen und die Anzahl der Bastarte, welche sie mit diesen in der freien Natur bildeten, hat bisher: 2 nicht überschritten.

Niederöst. Arten: *S. grandifolia*, ✕ *S. macrophylla*, ✕ *S. attenuata*, *S. Caprea*, ✕ *S. Reichardtii*, *S. cinerea*, ✕ *S. lutescens*, *S. aurita*.

D. Meliteae.

Die lanzettlichen im oberen Drittheil gewöhnlich breitesten oder auch linealen und elliptischen Blätter sind kahl oder mit geraden den Mittelnerven parallel anliegenden seidigen Haaren bedeckt, seltener unterseits mit etwas abstehenden, kurzen, glanzlosen, sich sammtig anfühlenden Härchen bekleidet. Die obere Blattseite ist entweder glatt und im getrockneten Zustande von feinen etwas erhabenen Seitennervchen durchzogen oder sie erscheint von zarten etwas vertieften Linien durchfurcht. Die Nerven der unteren Blattseite sind bei jenen mit schwarz werdenden Antheren wenig, bei jenen mit nicht schwarzwerdenden Antheren stärker vorspringend. Die Blätter werden im Verwelken schwarz. Die Kätzchen sind vor dem Aufblühen meistens in einen weissen Pelz gehüllt und brechen kurze Zeit

vor, oder gleichzeitig mit den Blättern hervor. Die blühenden Kätzchen sind
sitzend und entweder eiförmig oder verlängert zilindrisch und dann häufig
bogenförmig gekrümmt. Die sehr verkürzte kätzchentragende Achse ist von
linealen schuppenförmigen um die Basis des Kätzchens herumstehenden Blättchen bekleidet und fällt nach dem Verstäuben oder Ausfliegen der Samen
regelmässig ab. Die zweifarbigen Kätzchenschuppen sind an der Basis blass,
aufwärts roth und gegen den freien Rand meistens schwärzlich. Aeussere
Torusdrüse fehlend, innere Torusdrüse sehr kurz, abgestutzt.
Staubgefässe zwei, Staubfäden frei oder theilweise oder der ganzen Länge
nach verwachsen, Antheren anfangs roth, zur Zeit des Stäubens gelb, später
schmutziggelb oder schwarz werdend. Fruchtknoten meistens behaart, gestielt
oder sitzend, so wie die Kapseln in der Form bei den verschiedenen Arten
verschieden. Der Griffel sehr kurz oder fehlend, die Narben
fast sitzend, rundlich oder eiförmig.

Die Meliteen zerfallen in drei Rotten:

I. Incubaceae. — Moorweiden. — Niedere Sträucher mit
kriechendem Stamme und bogig aufsteigenden, schlanken,
biegsamen Zweigen. Die lineal lanzettlichen oder länglich
elliptischen Blätter sind oberseits: kahl, glanzlos, dunkel oder graugrün, glatt und dann im getrockneten Zustande von erhabenen feinen Seitennervchen durchzogen oder vertieft nervig; unterseits: wenig geadert und dann
von geraden dem Mittelnerven parallel anliegenden Haaren seidig glänzend,
oder vorspringend aderig und von abstehenden glanzlosen Härchen flaumig,
im Alter häufig ganz kahl und dann bläulich. Die Staubkätzchen sitzend,
dichtblüthig, eiförmig; die Fruchtkätzchen kurz zilindrisch oder kugelförmig. — Die Kätzchenschuppen länglich, stumpf, purpurroth, gegen die
Spitze dunkler, von geraden Haaren zottig. Torusdrüse kurz, abgestutzt,
häufig purpurroth gefärbt. Die Staubfäden frei, die Antheren im Aufblühen purpurroth, während des Stäubens gelb und später schwarz oder
schmutzig gelb Die Fruchtknoten aus eiförmiger Basis verlängert kegelförmig, lang gestielt, das Stielchen 2—4mal so lang als die
Torusdrüse. Der Griffel fehlend oder sehr kurz, Narben eiförmig abstehend,
meistens purpurroth. Die Klappen der aufgesprungenen Kapsel an der
Spitze schneckenförmig zurückgerollt.

Die Stammart dieser Rotte *S. repens* kommt in der Form des langgestielten Fruchtknotens mit den Sahlweiden überein und wurde auch von
Koch mit diesen vereinigt. — Durch die Nervatur und die Bekleidung der
im Verwelken schwarz werdenden Blätter, so wie durch die schwarz werdenden Antheren ist sie jedoch von dem Typus der Sahlweiden wesentlich
verschieden und diese Merkmale berechtigen wohl sie von diesen zu trennen
und der *S. purpurea*, mit welcher sie in den genannten Merkmalen übereinstimmt, anzuschliessen. Bastarte der *S. repens* mit *S. aurita*, *S. Caprea* und

S. cinerea bilden übrigens den Uebergang der Moorweiden zu den Sahlweiden und schliessen sich bald diesem bald jenem Typus an. Der in Niederösterreich aufgefundene Blendling aus *S. repens* [2].) *rosmarinifolia* und *S. aurita* reiht sich in die Rotte der Moorweiden ein.

Niederöst. Arten: ⚥ *S. plicata, S. repens* [2].) *rosmarinifolia.*

II. Semipurpureae. — **Halbschlächtige Weiden.** — Kleine Bäume oder Sträucher mit aufrechtem Stamme und geraden, biegsamen Zweigen. Die lanzettlichen oder länglich verkehrteiförmigen im oberen Drittheil breitesten Blätter sind oberseits kahl, mehr oder weniger glänzend, glatt oder von feinen vertieften Linien durchzogen, unterseits bläulich, im Alter kahl oder mit kurzen abstehenden glanzlosen Härchen bekleidet, von blassen etwas vorspringenden Nerven geadert. Die Staubkätzchen sind dichtblüthig eiförmig, die Fruchtkätzchen zilindrisch. Die Kätzchenschuppen lanzettlich, zweifarbig, an der Spitze braun oder schwarzpurpurn, von geraden Haaren zottig. Torusdrüse kurz, abgestutzt, gelb. Die Staubfäden theilweise verwachsen, die Antheren vor dem Aufblühen roth, dann gelb und nach dem Stäuben schmutziggelb werdend. Fruchtknoten aus eiförmiger Basis kegelförmig, gestielt, der Stiel 1—2mal so lang als die Torusdrüse. Der Griffel fehlend oder sehr kurz, die Narben eiförmig, abstehend, gelb. Die Klappen der aufgesprungenen Kapsel an der Spitze sichelförmig oder schneckenförmig zurückgerollt.

Die hieher gehörigen Weiden, die sich alle in ihren Typus innig an *S. purpurea* anschliessen, halten wir für Bastarte aus diesen mit den Sahl- und Schwarzweiden. Sie sind wie alle Bastarte, an welchen *S. purpurea* betheiligt erscheint, durch monadelfische Staubgefässe ausgezeichnet, unterscheiden sich aber von jenen, welche *S. purpurea* mit *S. incana* und *S. viminalis* bildet, durch die Bekleidung der Blätter und den sehr kurzen oder fehlenden Griffel, — von den Bastarten aus *S. purpurea* mit *S. repens* aber, durch nicht schwarz werdende Antheren. Von der Gruppe der Sahlweiden unterscheiden sie sich durch schwarz werdende Blätter, kürzer gestielte Fruchtknoten und monadelfische Staubgefässe, durch diese beiden zuletzt genannten Merkmale sind sie überdiess von den Moorweiden geschieden.

Niederöst. Arten: ⚥ *S. auritoides,* ⚥ *S. sordida,* ⚥ *S. Neilreichii,* ⚥ *S. austriaca,* ⚥ *S. Maternensis,* ⚥ *S. Vandensis.*

III. Purpureae. — **Purpurweiden.** — Sträucher mit aufrechtem Stamme und geraden schlanken biegsamen Zweigen. Die Blätter sind lanzettlich oder länglich und im vordersten Drittheil am breitesten, oberseits kahl, dunkelgrün, etwas glänzend, glatt, im getrockneten Zustande von erhabenen feinen Seitennervchen durchzogen, unterseits in der Jugend manchmal etwas seidig, im Alter kahl, bläulich; die Nerven der unteren Blattseite nicht stärker als jene der oberen Blattseite vorspringend. Die Staubkätzchen sitzend, dichtblüthig, zilindrisch, zur Zeit der vollen

Blüthe meist bogenförmig gekrümmt. Die Fruchtkätzchen schmal, zilindrisch, dichtblüthig. Kätzchenschuppen stumpf, an der Basis blass, gegen die Ränder röthlich schwarz, mehr oder weniger behaart. Torusdrüse sehr kurz, abgestutzt, gelb. Die Staubfäden theilweise oder der ganzen Länge nach mit einander verwachsen. Antheren vor dem Aufblühen roth, während des Stäubens gelb und später schwarz werdend. Die Fruchtknoten eiförmig oder eikegelförmig, sitzend oder kurz gestielt, das Stielchen höchstens so lang als die Torusdrüse. Griffel fehlend oder sehr kurz. Narben rundlich oder eiförmig, gelb, selten röthlich. Die Kapsel zur Zeit der Fruchtreife klaffend, die Klappen kaum auswärtsgebogen oder etwas sichelförmig zurückgekrümmt.

Die Stammart dieses Weidentypus *S. purpurea* ist unter allen Weiden am meisten zur Bastartbildung geneigt. Die zahlreichen Bastarte, die sie mit den Arten der *Microstylae* und *Macrostylae* bildet, haben bereits an den betreffenden Orten ihre Besprechung gefunden. Die Bastarte mit *S. repens* fallen meist in den Typus der Purpurweiden und selbst diejenigen, welche in der Blattform sich mehr der *S. repens* nähern, reihen sich durch den kurz gestielten Fruchtknoten und die verwachsenen Staubfäden an die *S. purpurea* an. — Merkwürdig ist, dass bisher kein Blendling aus *S. purpurea* und einer der Chloriteen im Freien gefunden wurde, obschon gerade diese Arten ganz gewöhnlich unter einander wachsen und auch die Blüthezeit eine Kreuzung noch gestatten würde.

Niederöst. Arten: ✕ *S. parviflora, S. purpurea.*

An die *Salix purpurea* als das Schlussglied der Weidenreihe schliesst sich noch der von allen genannten Weiden so ganz abweichende Typus: *S. reticulata* an, deren Kranz drüsiger Verlängerungen des Torus einen fünf- bis sechstheiligen Perigonrudimente ähnlich, die Basis der Staubgefässe oder des Fruchtknotens umgibt und an den perigonartigen, einen schiefabgeschnittenen Becher darstellenden Torus der Pappeln erinnert, so wie anderseits auch die benervten Blätter durch die langen Stiele mit den Pappeln übereinkommen und einen auffallenden Gegensatz zu den kurz gestielten fiedernervigen Weidenblättern bilden. Der Umstand, dass von allen europäischen Stammarten der Weiden bereits wildwachsende Bastarte bekannt geworden sind und die einzige so ungemein weit verbreitete *S. reticulata* bisher in keinem Bastarte ausgesprochen erschien, trotz dem, dass bei ihr so gut wie bei andern Alpenweiden die Bedingungen zur Bastartirung gegeben sind, weist auch auf ihre geringe Verwandtschaft mit den andern Weiden hin und wir halten uns berechtigt den Typus der *S. reticulata* als selbstständige Gattung aufzufassen, die wir als *Chamitea* bezeichnen und deren Charakteristik den Schluss dieser Arbeit bilden soll.

Salicum Austriae inferioris species.

Divisio I. **Chloriteae.** Squamae amenti concolores. Torus in flosculis staminiferis biglandulosus. Stylus brevis, crassus.

Sect. I. **Fragiles** Koch. *Arbores vel frutices, ramis gracilibus ad insertionem fragilibus, foliis acutis, glaberrimis, adolescentibus viscidis. Amentorum squamae ante fructus maturitatem caducae. Torus flosculorum staminigerum et pistilligerum biglandulosus.*

1. S. pentandra L. sp. 1442. Amenta coaetanea, cylindrica, staminigera bis—quinquies, pistilligera ter—sexies, plerumque quater longiora quam latiora. Squamae **oblongae,** obtusae, flavae, *subglabrae vel in basi villo crispo praeditae.* Torus biglandulosus. Glandula interna plerumque bipartita. Germen ex ovata basi conicum, glabrum, brevissime pedicellatum, pedicello glandulam tori internam aequante vel vix superante, stylo brevi, stigmatibus patulis, bilobis, crassulis. *Stamina 5—12,* filamentis in basi villosis. *Folia ovato-elliptica, acuta, bis et semissi longiora quam latiora,* dense et minutissime glandulososerrata, *adolescentia glutinosa,* adulta subcoriacea, supra viridissima splendentia, subtus pallidiora et ut adolescentia glaberrima. Pedunculus foliorum **superne** glandulosus. *Folia amentis subjecta dense glanduloso-serrulata.* Stipulae **ovatooblongae.** Ramuli tenaces, ad insertionem tamen fragiles, glaberrimi, **juniores** visciduli nitidi.

Am. *) ♂ 25—55ᵐᵐ lg. 40—15ᵐᵐ lt.
Am. ♀ 20—65ᵐᵐ lg. 7—12ᵐᵐ lt.

---

* Die Maasse sind in Millimetern angegeben. — Bei den citirten Arten wurden die übereinstimmenden von Fries im Herb. normale von J. v. Kovats in der Fl. exsicc. Vindob., jene in Wimmers Herb. Salicum und meist auch die in Tausch pl. sel. ausgegebenen Weiden zitirt. In Beziehung der zitirten

Squamae 2--3^{mm} lg. Germ. 3.5—4^{mm} lg. Styl. 1^{mm} lg. Pedic. 1^{mm} lg.
Stam. 3— 6^{mm} lg.
Fol. 60—110^{mm} lg. 30—45^{mm} lt.

S. pentandra Host Salix tab. 1 u. 2. — Fries Nov. Fl. suec. M. l. p. 41, Neilr. Fl. v. N. Oest. p. 253.
— *S. pentandra* β *latifolia* Koch Syn. p. 556. — *S. pentandra* Fries Herb. norm.
Fasc. 9. Nr. 68, Wimmer Herb. Salic. Nr. 49 u. 50 und beigegebener Text zu Fasc. V.

Eine der schönsten Weiden, deren breite, glänzend grüne, lederige
Blätter einige Aehnlichkeit mit jenen des Lorbeerbaums besitzen und ihr den
Namen Lorbeerweide erworben haben. Die Zweige ebenso wie die Blätter
fühlen sich in der Jugend klebrig an und färben das Papier, in welches sie
gelegt werden, ähnlich der Schwarzpappel grünlich gelb. — Sie erscheint
auf den Hochmooren gewöhnlich strauchartig, unter günstigen Umständen
aber vermag sie sich zu einem bis 40 Fuss hohen Baum zu erheben. Das
Holz ist zähe, aber an den Abästungsstellen sind die Zweige brüchig. Unter
allen Weiden gleicher Höhenlage blüht die Lorbeerweide am spätesten. Ihre
Blüthen besitzen den intensivsten Honiggeruch. Sie gedeiht vorzüglich auf
Hochmooren und an den Rändern sumpfiger Wiesen auf kalklosem Untergrunde und wird entweder vereinzelt oder in kleinen Gruppen angetroffen.

Sie ist auf der nördlichen Halbkugel vom östlichen Amerika über
Britannien und Skandinavien ostwärts bis Kamtschatka verbreitet und findet
sich nördlich bis Island und Kola. Eine Linie, welche von den Pyrenäen entlang dem südlichen Fusse der Alpen und siebenbürgischen Karpathen, durch
die Moldau in den Kaukasus zieht, bildet in Europa ihre südliche Vegetationslinie. — Entlang dieser Linie fällt ihre untere Grenze mit der unteren Grenze
der Hochmoore zusammen, weiter nordwärts steigt die Lorbeerweide bis in die
baltische Niederung herab. Ihre obere Grenze fällt in den Südalpen auf 4000',
in den Sudeten auf 2600'. — Innerhalb ihres Areals fehlt *S. pentandra* jedoch
auf weiten Strecken, so in den Vogesen, in vielen Theilen der Alpen und
in den Donautiefländern.

In Niederösterreich wird dieselbe von Welwitsch an Teichrändern
zwischen Naglitz bei Weitra und dem Jägerhause Facule (Wien. Mus.) angegeben. In dem angrenzenden böhmischen und mährischen Theile des
„böhmisch-mährischen Gebirges" sind viele Standorte dieser Weide bekannt
und es ist zu vermuthen, dass auch innerhalb der Grenze Niederösterreichs
auf den Hochmooren des Waldviertels deren noch mehrere aufgefunden werden.
Im alpinen Gebiete fand sie Portenschlag bei Annaberg. (Wien. Mus.)

Beschreibungen beschränkten wir uns in der Regel auf jene, bei denen uns Gelegenheit geboten war, die
Originalexemplare einzusehen. Nebst den Beschreibungen von Fries und Wimmer wurden daher auch
noch die von Host, dessen Originalexemplare uns aus den Wiener Gärten vorlagen, so wie jene der ausgezeichneten „Flora von Niederösterreich", deren Autor, Herr A. Neilreich, so freundlich war, uns die
Einsicht in sein Weidenherbarium zu gestatten, angeführt. Nebst diesen glaubten wir auch noch Koch,
dessen vortreffliche Diagnosen nur selten einen Zweifel lassen, welche Formen der Autor gemeint, anführen
zu müssen. Alle Zitate beziehen sich auf die letzten von den genannten Autoren veröffentlichten betreffenden
Arbeiten.

2. ⚥ _S. cuspidata_ Schultz. Fl. starg. suppl. p. 47. _(pentandra-fragilis.)_ Amenta coaetanea, cylindrica, staminigera ter—quater longiora quam latiora. Squamae oblongae, flavae, _subglabrae vel in basi villo crispo praeditae._ Torus biglandulosus. Glandula interna obtusa, integra. _Stamina 3—5, plerumque 4,_ filamentis in basi villosis. Folia lanceolata, longe acuminata, _ter et semissi vel quater longiora quam latiora,_ glanduloso - serrata, adolescentia glutinosa, adulta supra viridissima, nitida, _subtus pallide viridia_ et ut adolescentia glaberrima. Pedunculus foliorum superne glandulosus. _Foliola amentis subjecta dense glanduloso-serrulata._ Ramuli ad insertionem fragilis, glaberrimi, juniores visiduli.

    Am. ♂ 30—45^{mm} lg. 10—12^{mm} lt.

    Squamae 2—3^{mm} lg. Stam. 5—6^{mm} lg.

    Folia 70—130^{mm} lg. 20—30^{mm} lt.

    S. tetrandra L. Oct. Resa in ind. sec. Fries. — _S. pentandra_ ♀ _tetrandra_ Fries Nov. Fl. suec. M. I. p. 41 und Herb. norm. Fasc. XI. — _S. cuspidata_ Koch Syn. p. 556. — _S. pentandra-fragilis_ Wimm. Denksch. p. 155 und Herb. Salic. Nr. 29.

Sowohl in der Tracht, so wie in ihrem Vorkommen schliesst sich diese Weide an _S. pentandra_ an und besitzt gleich dieser einen grossen Verbreitungsbezirk, der sich in Europa von den Südalpen und siebenbürgischen Karpathen nördlich bis Lappland ausdehnt. — In Lappland wird sie von Fries angegeben, obschon dort die eine der wahrscheinlichen Stammeltern, nämlich _S. fragilis,_ fehlt.

In Niederösterreich wurde diese Weide von Dolliner in der Brühl angegeben. (Vergl. dessen Enum. pl. ph. in Austria inf. cresc. p. 118.) Exemplare, welche Herr Dr. Dolliner mir von diesem Standorte zu senden so gütig war, stimmen auf das Vollständigste mit den von Wimmer in Herb. Salic. ausgegebenen überein. Im verflossenen Sommer wurde dieselbe Weide von meinem Bruder Josef an Bachrändern bei Heinreichs nächst Gross-Gehrungs am Plateau des böhm.-mähr. Gebirges auf granitischer Unterlage (2000') in mehreren Staubkätzchen tragenden Sträuchern aufgefunden.

3. ⚥ _S. Pokornyi_ _(subpentandra-fragilis)._ Amenta coaetanea, cylindrica, quater longiora quam latiora. Squamae oblongae, obtusae, _pilis longis_ et _rectis omni parte villosae._ Torus biglandulosus. Glandula interna obtusa, integra. _Stamina plerumque 2 vel 3, rarius 4 et 5._ Filamenta in basi villosa. Folia lanceolata, longe acuminata, _quater longiora quam latiora,_ glanduloso-serrata, adolescentia viscidula, adulta supra viridia nitida, _subtus glaucescentia_ et ut adolescentia glaberrima. Pedunculus foliorum superne glandulosus. _Folia amentis subjecta plerumque integra,_ rarius partim denticulata. Ramuli glaberrimi, ad insertionem fragilissimi cortice testaceo.

    Am. ♂ 30—40^{mm} lg. 8—12^{mm} lt.

    Squam. 2^{mm} lg. Stam. 5^{mm} lg.

    Fol. 60—105^{mm} lg. 18—26^{mm} lt.

S. *fragilis* Host Salix p. 5. (Die S. *fragilis* Host's gehört sowohl nach der in dem zitirten Werke, S. 5 u. 6 gegebenen Diagnose, so wie nach dem im Wiener botanischen Garten von Host gepflanzten Exemplare, das offenbar seiner Beschreibung als Basis gedient hat, hieher. Die Blüthen sind 2- und 3männig, die Blättchen des Kätzchenstiels entweder ganzrandig oder an einer Seite theilweise drüsig gesägt. Die Abbildung Host's, tab. 18 zeigt zwar nur eine 2männige Blüthe, in der Diagnose p. 5 heisst es aber ausdrücklich „floribus triandris diandrisve" und wird dieses Merkmal p. 6 mit den Worten: „Stamina in aliquibus flosculis tria, in multis duo" nochmals hervorgehoben.) S. *fragilis* γ *polyandra* Neilr. Fl. v. N. Oest. p. 253.

Ein männlicher Baum bei Zwettl, am Plateau des böhm.-mähr. Gebirges, auf Granitboden im verflossenen Sommer von meinem Bruder Josef aufgefunden. Ein gleichfalls männlicher Baum am Wienflusse bei Penzing nächst Schönbrunn. Herr F. Pokorny, welcher diese Weide an dem letzteren Standorte vor mehreren Jahren zuerst entdeckte, möge gestatten, dieselbe mit seinem Namen zu bezeichnen.

Da S. *pentandra* bisher nirgends in der Flora von Wien aufgefunden wurde, so ist das Vorkommen der hier beschriebenen für einen Bastart aus S. *fragilis* var. *a.* und S. *pentandra* von uns gehaltenen Weide bei Penzing, so wie der S. *cuspidata* in der Brühl sehr merkwürdig. Vielleicht liesse sich dasselbe durch die Annahme erklären, dass S. *pentandra* einst auch im Bereiche des Wienerwaldes vorgekommen sei, ja wir halten es selbst nicht für unmöglich, dass sie dort in den weniger besuchten abgelegenen Thälern noch jetzt gefunden werden könnte, um so mehr, als sie Portenschlag in den angrenzenden Voralpen bei Annaberg fand.

Den zwei hier als S. *cuspidata* und S. *Pokornyi* beschriebenen muthmasslichen Blendlingen aus S. *fragilis* und S. *pentandra* schliesst sich noch ein dritter Bastart an, welcher aber bisher in Niederösterreich nicht aufgefunden wurde. Während S. *Pokornyi* der S. *fragilis* näher steht und S. *cuspidata* zwischen den genannten wahrscheinlichen Stammältern genau die Mitte hält, nähert sich dieser dritte Blendling mehr der S. *pentandra*. Die Blätter desselben sind lanzettlich, lang zugespitzt 3½ mal so lang als breit und tragen den Typus der S. *fragilis*. Die Blättchen des Kätzchenstiels sind fein drüsig gesägt und die Blüthen sind 4—8männig. Die echte S. *pentandra* unterscheidet sich von ihm durch breitere kurz bespitzte Blätter, die nur 2½ mal so lang als breit sind, und besitzt vollere Staubkätzchen, deren Blüthen gewöhnlich 10—12männig sind und nur selten Blüthen mit weniger Staubgefässen (deren Zahl aber niemals geringer als 5 ist) beigemengt enthalten. *) — Er wird gewöhnlich als S. *pentandra* bestimmt und wir erhielten denselben unter diesem Namen von mehreren Standorten aus Norddeutschland. Koch scheint mit: S. *pentandra* var. *a.* Syn. p. 556 gleichfalls diese Weide zu meinen. Von Fries wurde dieselbe in Herb. norm. Fasc. XII mit der

---

*) Nach Wimmer ist jede echte S. *pentandra* 10- bis 12männig. Siehe: Text zu Herb. Salic. Fasc. V. bei Nr. 19 S. *pentandra* mas.

Bezeichnung „Salix quae *S. polyandra* **Bray.** arbor *S. fragilis* facie sed vulgo enneandra! cum *S. hexandra* **Ehrh.** ad *S. cuspidatam* pertinere apparet" ausgegeben. Die Blüthen derselben, von denen Fries sagt, dass sie gewöhnlich 9männig seien, sind an dem Exemplare des Herb. norm. 4—8männig.

Diese Weide, welche wir **S. Friesii** nennen, bildet ein Ergänzungsglied in der Reihe von Blendlingen welche *S. pentandra* und *S. fragilis* mit einander verbindet, und es würde sich diese Reihe in folgender Weise ordnen lassen:

S. pentandra. Blüthen 5—12 gewöhnlich 10 und 12männig. Blätter 2½mal so lang als breit, kurz bespitzt. Blättchen des Kätzchenstiels fein drüsig gesägt.

⋈ **S. Friesii** *(superpentandra-fragilis).* Blüthen 4—8 gewöhnlich 5 und 6männig. Blätter 3½mal so lang als breit, lang zugespitzt. Blättchen des Kätzchenstiels fein drüsig gesägt.

⋈ **S. cuspidata** *(pentandra-fragilis).* Blüthen 3—5 gewöhnlich 4männig. Blätter 3½—4mal so lang als breit, lang zugespitzt, Blättchen des Kätzchenstiels fein drüsig gesägt.

⋈ **S. Pokornyi** *(subpentandra-fragilis).* Blüthen 2—3 gewöhlich 2- und 3männig. Blätter 4mal so lang als breit, lang zugespitzt. Blättchen des Kätzchenstiels meistens ganzrandig, oder theilweise drüsig gesägt.

S. fragilis. Blüthen 2männig. Blätter 4—6mal so lang als breit, lang zugespitzt. Blättchen des Kätzchenstiels ganzrandig.

Die ♀ Weide der *S. cuspidata* wird von Koch von *S. pentandra* durch längere Fruchtknotenstiele und lang zugespitzte Blätter und von *S. fragilis* durch die fein drüsig gesägten Kätzchenstielblätter unterschieden. — Von Fries wurde dieselbe in Herb. norm. Fasc. XI als ♀ *S. pentandra* *tetrandra* ausgegeben.

Aus Böhmen liegt uns eine von W. Karl gesammelte ♀ Weide vor, welche wir für die der oben beschriebenen ♂ *S. Pokornyi* entsprechende ♀ Weide halten. Die Blätter sind lanzettlich, lang zugespitzt, viermal so lang als breit, die Kätzchenstielblätter theils ganzrandig, theils einerseits fein drüsig gesägt, die Fruchtknoten sind aus eiförmiger Basis kegelförmig, der Fruchtknotenstiel nochmal so lang als die abgestutzte ungetheilte innere Torusdrüse, der Griffel so wie die Narben sind dicklich und letztere abstehend und ausgerandet. In Niederösterreich ist dieselbe bis jetzt nicht aufgefunden worden.

1. S. fragilis L. Sp. 1443. Amenta coaetanea, cylindrica, stami-nigera ter — quinquies, pistilligera quater — sexies longiora quam latiora. Squamae obovatae, **flavae**, *pilis longis* et *rectis omni parte villosae*, caducae. Torus biglandulosus. Glandula interna obtusa, integra. Germen ex ovata basi conicum, glabrum, pedicellatum, *pedicello glandulam internam bis terve super-ante*, **stylo brevi**, stigmatibus patulis, bilobis. Stamina **duo**. Filamenta in basi villosa. **Folia lanceolata** vel oblongo-lanceolata, **acuminata**, quater-sexies longiora quam latiora, **serrata**, *adolescentia supra* et *subtus glabra et viridia*, *viscidula*, adulta subtus **vel pallide** viridia vel leviter glaucescentia, glabra. *Foliola amentis subjecta integerrima.* Pedunculus foliorum **superne** glandulosus. Stipulae semicordatae **vel semireniformes. Ramuli** glabberrimi, *fragilissimi*, cortice testaceo, nitido.

Am. ♂ 22—58ᵐᵐ lg. 8—12ᵐᵐ lt.

Am. ♀ 20—60ᵐᵐ lg. 6—10ᵐᵐ lt.

Squam. 2—4ᵐᵐ lg Germ. 3—4ᵐᵐ lg. Pedic. 1ᵐᵐ lg. Styl. 0.5—1ᵐᵐ lg.

Stam. 3—5ᵐᵐ lg.

Variat foliorum forma :

a. **discolor.** Folia ex ovata basi lanceolata, supra medium atte-nuata et in **acumen tenue producta, quater—quinquies** longiora quam latiora, adulta subtus **glaucescentia.**

Fol. 75—140ᵐᵐ lg. 20—35ᵐᵐ lt.

S. fragilis Host. Salix p. 6. u. tab. 20, 21. — *S. fragilissima* Host. S. t. 22. — *S. excelsa* Tausch pl. sel. — *S. fragilis* ♀ Fries herb. norm. Fasc. I. — *S. fragilis β. vulgaris* Koch Syn. p. 557. — *S. fragilis b. latifolia subtus glaucescentia* Wimm. Fl. 1849 p. 34 und Herb. Salic. Fasc. VIII. Nr. 89. — *S. fragilis β. discolor* Neilr. Fl. v. N. Oest. p. 253. pro parte.

b. **concolor.** Folia ex ovata basi oblongo-lanceolato acuminata quater—quinquies longiora quam latiora, adulta subtus **pallide viridia.** Stipulae semicordatae.

Fol. 70—90ᵐᵐ lg. 15—25ᵐᵐ lt.

S. fragilissima Host, nach dem von Host gepflanzten Exemplare. — *S. fragilis α. decipiens* Fries herb. norm. Fasc. IX (wahrscheinlich auch Koch Syn. p. 557. Das Merkmal „foliis ramulorum infimis lato-obovatis obtusissimis", welches Koch für die var. *decipiens* festhält, zeigt sich allerdings an den Fries'schen und den von Host gepflanzten Exem-plaren ausgesprochen, ist jedoch von sehr untergeordnetem Werthe da sich an ein und demselben Stamme Aestchen, deren untere Blätter breit verkehrt-eiförmig und stumpf sind, neben solchen finden, deren unterste Blätter lanzettlich zugespitzt erscheinen.) — *S. fragilis α. concolor* Neilr. Fl. v. N. Oest. p. 253.

c. **angustifolia.** Folia **longa**, quinquies—sexies longiora quam latiora, oblongo-lanceolata, in **petiolum contracta et longe** acuminata, adulta subtus pallide viridia. Stipulae **semireniformes.**

Fol. 85—170ᵐᵐ lg. 15—30ᵐᵐ lt.

S. fragilissima Host Salix tab. 23. — *S. fragilis c. angustifolia subtus viridia* Wimm. Flora 1849. p. 34.

Die *S. fragilis* erwächst zu einem Baume von 40 Fuss Höhe und vier Fuss Stammumfang und besitzt im unbehinderten Wuchse eine pyramidenförmige Gestalt. Ihres raschen Wuchses wegen wird sie in holzarmen Niederungen häufig als Kopfweide an den Wiesen und Teichrändern gezogen und dann gewöhnlich alle drei Jahre ihrer Aeste beraubt.

Sie findet sich in den mittleren und östlichen Gebieten von Nordamerika; ist in der alten Welt durch die Flussniederungen und Tiefländer von der Mittelmeerzone nordwärts bis in das mittlere Schweden und nördliche Russland, ostwärts bis in den Altai verbreitet. erreicht früher ihre Nordgrenze als *S. pentandra*, dehnt aber anderseits ihren Verbreitungsbezirk viel weiter nach Süden aus als diese. — Die Höhe von 1500' wird als ihre obere Grenze in Rumelien, die Höhe von 1600' als ihre obere Grenze in Südbaiern angegeben.

In Niederösterreich ist sie eine der häufigsten Weiden in der Ebene, insbesondere in der Donauniederung, wo sie einen wesentlichen Bestandtheil des Laubwaldes der Auen bildet. Entlang den alpinen Zuflüssen der Donau ist sie vereinzelt bis in die subalpinen Thäler verbreitet; im Ibbsthale bis Lunz, im Gebiete der Erlaf bis Gresden und Gaming, im Traisenthal bis Türnitz und Hohenberg, im Schwarzathal bis an den Fuss des Preiner Gscheides, wo sie im alpinen Gebiete bei 1900' ihre obere Grenze erreicht. Im Gebiete des böhmisch-mährischen Gebirgsplateaus hebt sich ihre obere Grenze um 500', und noch bei 2350' wurde von uns dort *S. fragilis* im urwüchsigen Zustande angetroffen. — Die Form mit breiteren, im Alter unterseits bläulichen Blättern (var. *a.*) ist auf die Donauniederungen beschränkt, in den subalpinen Thälern und auf den Höhen des Waldviertels finden sich nur die Formen mit unterseits blassgrünen Blättern (var. *b.* und *c.*).

Die Bruchweide liebt vorzüglich feuchten lehmigen Boden und meidet schotterige Unterlagen. Insbesondere sagt ihr feuchter Löss und der durch Verwitterung des Gneisses gebildete Lehmboden zu. Am gewöhnlichsten ist sie mit *Alnus glutinosa* und dem ihre Aeste umstrickenden Hopfen gesellschaftet.

Sect. II. **Albae.** *Arbores vel frutices ramis gracilibus, foliis acuminatis, adolescentibus sericeis. Amentorum squamae ante fructus maturitatem caducae.* **Torus** *flosculorum staminigerum* **biglandulosus,** *pistilligerum* **uniglandulosus.**

5. ⚥ *S. excelsior* Host Salix p. 8 *(superfragilis-alba).* Amenta coaetanea, gracilia, staminigera quinquies, pistilligera quinquies—sexies longiora quam latiora. Squamae oblongae, obtusae. flavae, *villis rectis sparsis pilosae,* caducae. Torus in flosculis staminigeris biglandulosus, in pistilligeris uniglandulosus. Glandulae truncatae. *Germen ex ovata basi conice attenuatum,* glabrum. pedicellatum, *pedicello glandulam aequante vel vix superante.* stylo

brevi, stigmatibus patulis, bilobis. Stamina duo, filamentis in basi pilosis.
Folia lanceolata, acuminata, quater -- sexies longiora quam latiora, serrata,
adolescentia sericea, adulta glabrata, supra subnitida, viridissima, subtus
pallide viridia vel glauca. Petiolus foliorum superne plerumque glandulosus.
Foliola amentis subjecta integerrima. Stipulae semicordatae. Ramuli glabri,
tenaces, ad insertionem tamen fragiles.

Am. ♂ 30—60ᵐᵐ lg. 6—12ᵐᵐ lt.

Am. ♀ 30—60ᵐᵐⁱ lg. 6—9ᵐᵐ lt.

Squam. 2 - 3.5ᵐᵐ lg. Germ. 3ᵐᵐ lg. Pedicell. 0.5ᵐᵐ lg. Styl. 0.5ᵐᵐ lg.
Stam. 3—5ᵐᵐ lg.

Variat foliorum forma:

✕ *a.* **discolor.** Folia ex ovata basi lanceolata, in acumen tenue
producta, juniora sericea. adulta subtus glaucescentia, glabra.
Verosimiliter hybrida ex *S. alba* et *S. fragilis* var. *a.*
Fol. 80—115ᵐᵐ lg. 18—30ᵐᵐ lt.

S. excelsior Host Salix p. 8. tab. 28, 29.

b. **viridis.** Folia longa, oblongo-lanceolata, in petiolum contracta et
longe acuminata, juniora subtus sericea, adulta subtus pallide viridia, glabra.
Verosimiliter hybrida ex *S. alba* et *S. fragilis* var. *b.* vel *c.*
Fol. 80—160ᵐᵐ lg. 15—25ᵐᵐ lt.

S. graet'cata Tausch pl. sel. — *S. viridis* Fries Nov. Fl. succ. M.l. p. 43 und Herb. norm. Fasc. I.

In der Tracht der *S. fragilis* sehr ähnlich, durch die seidige Bekleidung
der jungen nicht klebrigen Blätter, die sparsamere Behaarung der Kätzchenschuppen, die kürzer gestielten Fruchtknoten und die weniger brüchigen
Zweige von derselben verschieden.

Die Var. *b.* ist ein in Niederösterreich sehr verbreiteter Bastart, der
namentlich in den Donau-Auen der *S. fragilis* an Häufigkeit kaum nachsteht
und fast gleichzeitig mit ihr zur Blüthe kommt. Die Var. *a.* selten. Im Erlaf-
thale bei Scheibbs, im Traisenthale bei Lilienfeld.

6. ✕ **S. palustris** Host Salix p. 7. (*subfragilis-alba*). Amenta
coaetanea, gracilia, staminigera quinquies—sexies, pistilligera laxiflora, sexies
longiora quam latiora. Squamae oblongae, obtusae, concavae, flavae, *in basi
villo crispo praeditae, apice subglabrae,* caducae. Torus in flosculis staminigeris
biglandulosus, in pistilligeris uniglandulosus. Glandula truncata. *Germen ex
ovata basi conicum,* glabrum, *pedicellatum, pedicello glandulam internam
aequante,* stylo brevi, stigmatibus patulis, bilobis vel emarginatis. Stamina
duo, filamentis in basi pilosis. Folia oblongo-lanceolata, acuminata, in petiolum contracta, quater et semissi — quinquies longiora quam latiora, serrata,
adolescentia utrinque sericea, adulta glabrescentia, supra obscure viridia, subtus
glauca. Petiolus foliorum superne non glandulosus. Foliola amentis subjecta
integra vel rarius denticulata. Stipulae lanceolatae. Ramuli tenaces, glabri.

Am. ♂ 40—50ᵐᵐ lg. 8—9ᵐᵐ lt.

Am. ♀ 38—50ᵐᵐ lg. 6—8ᵐᵐ lt.

Squam. 2—3ᵐᵐ lg. Germ. 2—3ᵐᵐ lg. Styl. 0.5ᵐᵐ lg. Pedicell. 0.5ᵐᵐ lg.

Stam. 3—5ᵐᵐ lg.

Fol. 80—105ᵐᵐ lg. 16—24ᵐᵐ lt.

S. palustris Host Salix p. 7. tab. 24. 25. — *S. fragilis-alba* Wimm. Denksch. p. 136. — *S. fragilis* ♂ Fries Herb. norm. Fasc. I. (Fries verstand unter *S. fragilis* auch *S. palustris* sowie *S. excelsior* a. *discolor*. Wenigstens sind die uns im Herb. norm. Fasc. I. vorliegenden ♂ Exemplare der *S. fragilis*, der seidenhaarigen jungen Blätter wegen, als Bastarte aus *S. fragilis* und *S. alba* anzusehen und stimmen mit der oben beschriebenen *S. palustris* überein. Die *S. excelsior* b. *viridis* wurde von ihm als *S. viridis* (nach dem Exemplare im Herb. norm. Fasc. I.) von *S. fragilis* geschieden. Wahrscheinlich begriff er aber unter diesem Namen auch die der *S. excelsior* b. *viridis* höchst ähnliche langblättrige *S. fragilis* mit beiderseits grünen in den Blattstiel zusammengezogenen auch in der Jugend ganz kahlen Blättern, welche wir oben als *S. fragilis* var. c. *angustifolia* aufgeführt haben.)

Koch und Neilreich begriffen unter ihrer *S. fragilis* beide hier unter 5 und 6 beschriebenen Bastarte und bei Koch bilden sie die Var. γ. *Russeliana* Syn. p. 557, bei Neilreich zum Theil die var. β. *discolor* Fl. v. N. Oest. p. 253.

Von *S. excelsior* ist *S. palustris* durch oberseits trübgrüne Blätter, durch konkave Kätzchenschuppen, die an der Spitze fast kahl und nur an der Basis mit kurzen etwas krausen, fast wolligem Flaume bekleidet erscheinen und durch etwas kürzer gestielte Fruchtknoten, — von *S. alba* durch die im Alter kahl werdenden Blätter und durch gestielte Fruchtknoten verschieden.

In Niederösterreich ist *S. palustris* eine der häufigsten Weiden. Sie bewohnt mit ihren muthmasslichen Stammeltern *S. fragilis* und *S. alba* gleiche Lokalitäten und wird auch gleich diesen häufig gepflanzt und als Kopfweide benützt.

Beide unter 5 und 6 beschriebenen Bastarte scheinen überhaupt zu den verbreitetsten zu gehören, und die *S. Russeliana*, welcher Name auf die Autorität von Koch von den Autoren auf die Zwischenformen aus *S. alba* und *S. fragilis* bezogen wurde *), wird in den Floren von fast ganz Europa angegeben und kommt so wie *Salix alba* nördlich bis Petersburg und Kasan vor.

7. S. alba L. sp. 1449. Amenta coaetanea, gracilia, staminigera quinquies — sexies, pistilligera quinquies — septies longiora quam latiora Squamae oblongae, obtusae, concavae, flavae, *in basi villo brevi crispo praeditae* et cum rhachite sublanuginosae, *apice plerumque glabrae, caducae*. Torus in flosculis staminigeris biglandulosus, in pistilligeris uniglandulosus.

---

*) Koch fügt (Syn. p. 557) dem Citate: *S. Russeliana* Smith die Bemerkung bei: „secundum specimen ex horto Smithiano ♀. b. Mertensio mecum communicatum." — Wimmer bemerkt (Denksch. p. 136) bei *S. fragilis-alba*: „Ob die *S. Russeliana* Smith hieher gehört, darf bezweifelt werden. Koch hatte sie zwar aus England erhalten, allein wenn man Smiths Beschreibungen vergleicht, sieht man leicht, dass er die Arten nicht genau kannte und zum Theil nach einzelnen Exemplaren specialisirte."

Glandula truncata, brevissima, basin germinis attingens. Germen glabrum ex ovata basi conicum, *obtusum*, *sessile vel brevissime pedicellatum*, *pedicello breviori quam nectarium*, stylo brevissimo, stigmatibus patulis, bilobis vel emarginatis. Stamina duo, filamentis in basi pilosis. Folia oblongo-lanceolata acuminata, apicem et basin versus aequaliter contracta, quinquies — sexies longiora quam latiora, serrata, adolescentia sericea, **adulta** *supra obscure viridia, subtus glauca, subtus vel utrinque sericea.* Petiolus foliorum superne non glandulosus. Foliola amentis subjecta serrata vel integra. Stipulae lanceolatae. Ramuli tenaces, juniores sericei, adulti glaberrimi.

Am. ♂ 30—60ᵐᵐ lg. 5—10ᵐᵐ lt.

Am. ♀ 30—56ᵐᵐ lg. 5—8ᵐᵐ lt.

Squam. 2—3ᵐᵐ lg. Germ. 2ᵐᵐ lg. Styl. 0—0.5ᵐᵐ lg. Stam. 3—5ᵐᵐ lg.

Fol. 60—100ᵐᵐ lg. 12—18ᵐᵐ lt.

S. alba Host Salix p. 9. t. 32. 33. Fries Nov. Fl. suec. M. l. p. 14 und Herb. norm. Fasc. 1. Nr. 62. Koch Syn. p. 557. Wimm. Flora 1819 p. 34 und Herb. Salic. Fasc. VII. Nr 90. Neilr. Fl. v. N. Oest. p. 232. —, *S. vitellina* Host. Salix p. 9. tab. 30. 31. Koch Syn. p. 558. — *S. alba* var. d. *ramis bi-trimis vitellinis, saepe cernuis* Wimm. Flora 1849 p. 34. scheint eine durch Köpfen erzeugte Form mit sehr üppigen goldgelben oder mennigrothen Zweigen und weniger seidigen Blättern. (Die *S. vitellina* Linné's ist nach Fries: Form der *S. fragilis.*)

Im unbehinderten Wuchse wird *S. alba* zu einem bis 70 Fuss hohen Baume, dessen schmale Blätter vom leisesten Lufthauche bewegt, mit bläulich weissem Schimmer erglänzen und im Sonnenlichte ein anmuthiges Farbenspiel von Grün und Silberweiss darbieten. Durch dieses Farbenspiel ist die Silberweide schon von Weitem kenntlich und verleiht dem gemischten Laubwalde der Auen, in welchen sie mit dunkelblättrigen Eichen und Schwarzpappeln vorkommt, einen höchst eigenthümlichen Reiz. Die Silberweide ist überhaupt für die Landschaften der Niederung als charakteristisch anzusehen und ist der einzige Baum, welcher in dem baumlosen ungarischen Tieflande stellenweise die Flüsse besäumt und kleine Wäldchen an ihren Ufern zusammensetzt.

Sie ist von der Mittelmeerzone durch das ganze südliche und mittlere Europa bis zu einer nordöstlichen Vegetationslinie verbreitet, welche am Lerelv im westlichen Norwegen (60½° n. B.) über Petersburg (60° n. Br.) nach Kasan an die Wolga und Jekaterinenburg im Ural (56½° n. Br.) zieht und sich dann östlich in das Gebiet des Altai und in das baikalische Sibirien fortsetzt. Sie wird auch in den östlichen Gebieten der Vereinigten Staaten Nordamerikas angegeben, scheint jedoch dort ebenso wie *S. fragilis* aus Europa eingeführt worden zu sein.

In Niederösterreich ist sie die häufigste Weide der Niederungen und ein Hauptbestandtheil des hochstämmigen Laubwaldes der Donau-Auen. Ihre obere Grenze liegt in Niederösterreich tiefer als jene von *S. fragilis* und zwar im alpinen Gebiete um 200', im Gebiete des böhmisch-mährischen Gebirgsplateaus um 600'. In den subalpinen Thälern findet sie sich noch als vereinzelter Baum bei Ibbsitz im Ibbsthale, am Mitterauerbach im Gebiete der Erlaf, hinter Lilienfeld im Traisenthale und bei Reichenau und Edlach im Schwarzathale bei 1770'. Am Plateau des böhm.-mähr. Gebirges vereinzelt um Zwettel bei 1770'.

In Südbaiern wird von **Sendtner** die obere Grenze im Gegensatze zu dem oben angegebenen Verhältnisse um 900' höher als jene der *S. fragilis* angegeben (2515'). Im Kaukasus fällt ihre obere Grenze auf 3000'.

Die Silberweide liebt so wie *S. fragilis* vorzüglich tiefgründigen lehmigen oder lehmig-sandigen Boden. Wir fanden sie sowohl auf kalkreichem, so wie auf kalklosem Substrate.

Sect. III. **Amygdalinae** Koch. *Frutices trunco erecto et ramis elongatis, tenacibus et flexibilibus, foliis acuminatis, glabris, adolescentibus nec riscidis nec sericeis. Amentorum squamae persistentes. Torus flosculorum staminigerum biglandulosus, pistilligerum uniglandulosus.*

S. ⚥ S. subtriandra Neilr. Verh. d. zool.-bot. Ver. I. p. 119 *(superfragilis-amygdalina).* Amenta staminigera coaetanea, gracilia, *quinquies et semissi — septies longiora quam latiora.* Squamae obovatae, obtusae, concavae, flavae, *pilis longis rectis, flavescentibus pilosae* et cum rhachite in basi villo brevi, crispo lanuginosae. Torus in flosculis staminigeris biglandulosus. Glandulae ovoideae vel truncatae. *Stamina duo vel tria, filamentis 5—6ᵐᵐ longis,* in basi pilosis. Folia oblongo-lanceolata, in petiolum contracta et *in acumen tenue producta,* ter — quater longiora quam latiora, serrata, glaberrima, supra saturate viridia, subnitida, subtus pallidiora, opaca. *Foliola amentis subjecta integra.* Stipulae semicordatae, serratae.

Am. ♂ 55—85ᵐᵐ lg. 10—12ᵐᵐ lt.

Squam. 2ᵐᵐ lg. Stam. 5—6ᵐᵐ lg.

Fol. 50—90ᵐᵐ lg. 15—22ᵐᵐ lt.

Von **Neilreich** zwischen Mattersdorf und Forchtenau am Rosaliengebirge aufgefunden. (Uebereinstimmende Exemplare sahen wir im Herb. d. k. k. zool.-bot. Gesellschaft als *S. fragilissima* von **Hinterhuber**, mit der Angabe: „Mondsee Culta".)

In **Neilreich's** Fl. v. Nied. Oest. p. 254 wird die hier beschriebene Weide mit der folgenden Blendlingsart zusammengefasst, von der sie sich jedoch durch die langen Haare der Kätzchenschuppen, welche das noch unentwickelte Kätzchen wie bei *S. fragilis* in einen Pelz einhüllen, ferner durch längere Staubgefässe, relativ kürzere Kätzchen, langzugespitzte Blätter und ganzrandige Kätzchenstielblätter unterscheidet. — Durch eben diese Merkmale schliesst sie sich an die eine Stammart: *S fragilis* an, unterscheidet sich jedoch von dieser durch die meistentheils dreimännigen Blüthen und verlängerten Kätzchen, durch welche in *S. subtriandra* die zweite Stammart: *S. amygdalina* ausgesprochen erscheint.

Von der *S. Pokornyi* unterscheidet sie sich einmal dadurch, dass ihre Kätzchen niemals 4- und 5-männige Blüthen enthalten, vorzüglich aber durch die verlängerten schlanken Kätzchen und unterseits blassgrünen Blätter.

In einem Aufsatze über die hybriden Pflanzen der Wiener Flora in den Verh. d. zool.-bot. Ver. in Wien Bd. I. p. 119 wurde von Neilreich dieser und der folgende Bastart als *S. fragilis* γ. *subtriandra* aufgeführt und wir übertrugen den Namen *subtriandra* auf die hier beschriebene Blendlingsart, während wir den nachfolgenden sich an *S. amygdalina* mehr anschliessenden Bastart, welcher von J. v. Kováts in der Flora exsiccata Vindob. als *S. amygdalina concolor speciosa* ausgegeben wurde, der aber, wie im Nachfolgendem erörtert werden soll, sich von *S. speciosa* Host wesentlich unterscheidet, als *S. Kovátsii* bezeichnen.

9. ⚲ ***S. Kovátsii*** *(subfragilis-amygdalina).* Amenta staminigera coaetanea, gracilia, tenuia, *septies longiora quam latiora.* Squamae obovatae obtusae, concavae, flavae, *subglabrae*, in basi cum rhachite villo brevi, crispo sublanuginosae. Torus in flosculis staminigeris biglandulosus. Glandula interna ovoidea. *Stamina tria vel duo, filamentis 3—4ᵐᵐ longis* in basi pilosis. Folia ex rotundata basi oblongo-lanceolata, breviter acuminata, quater longiora quam latiora, glaberrima, supra viridissima, subtus pallide viridia, opaca. *Foliola amentis subjecta grosse serrata.*

Am. ♂ 50—60ᵐᵐ lg. 7—8ᵐᵐ lt.

Squam. 2ᵐᵐ lg. Stam. 3—4ᵐᵐ lg.

Fol. 45—90ᵐᵐ lg. 10—20ᵐᵐ lt.

S. amygd. L. var. *concolor speciosa* Kováts Fl. exsicc. Vindob. Nr. 1048. — *S. amygdalino-fragilis* Neilr. Fl. v. N. Oest. p. 254. pro parte.

Bei Gloggnitz in den Auen der Schwarza, dann am Bache im Thale von Kaltenleutgeben bei Wien; an beiden Standorten je ein ♂ Exemplar.

Sie ist der *S. amygdalina a. concolor* sehr ähnlich, aber durch theilweise zweimännige Blüthen von derselben unterschieden.

Den beiden hier unter 8 und 9 beschriebenen wahrscheinlichen Bastarten aus *S. amygdalina* und *S. fragilis* schliesst sich noch ein dritter an, der zuerst von Tausch auf der Hetzinsel bei Prag aufgefunden, von ihm im Ind. Hort. Canal. 1821 als **S. alopecuroides** aufgeführt und auch unter diesem Namen in seinen Pl. sel. ausgegeben wurde. Host, welcher diese Weide von Tausch erhielt, beschrieb sie später, 1828, als *S. speciosa* (Sal. p. 5 tb. 17) und pflanzte dieselbe in den Wiener botan. Garten, von wo sie dann in mehrere andere botanische Gärten übergegangen ist. — Von Wimmer wurde dieselbe Pflanze als *S. amygdalino-fragilis* Flora 1848 p. 333 und später als *S. fragilis-triandra* Denkschr. p. 156 beschrieben und im Herb. Salic. Fasc. VII. Nr. 77 ausgegeben. — Sie wurde bisher in Niederösterreich nicht beobachtet. — *S. alopecuroides* besitzt sehr verlängerte bis zu 10 Centim. lange und 12 Millim. breite Kätzchen, die s i e b e n M a l s o l a n g a l s b r e i t s i n d u n d d u r c h g e h e n d s d r e i m ä n n i g e B l ü t h e n z e i g e n. — Die *S. subtriandra* unterscheidet sich von ihr nur durch kürzere Kätzchen und theilweise zweimännige Blüthen. In der langen Behaarung der Kätzchenschuppen, so wie in der Länge der Staubgefässe stimmen *S. subtriandra* Neilr. und *S. alopecuroides* Tausch (*speciosa* Host) vollkommen mit einander überein und unterscheiden sich hierin von der *S. Kovátsii*, deren Kätzchenschuppen an der Spitze fast kahl und nur an der Basis von kurzen krausen Haaren etwas wollig sind.

Da alle drei Bastarte unterseits grüne Blätter besitzen, so ist es wahrscheinlich, dass sowohl von *S. amygdalina* als *S. fragilis* die Form: *concolor* sich an ihrer Erzeugung betheiligte. — Die Kette der Bastarte von der einen zu der anderen Stammart würde sich folgendermassen festhalten lassen:

1. S. fragilis. Staubkätzchen 3–5mal so lang als breit, bis 38ᵐᵐ lang und 12ᵐᵐ breit. Kätzchenschuppen mit langen geraden Haaren bekleidet, welche das herausbrechende Kätzchen in einen Pelz einhüllen. Blüthen 2männig. Staubfäden 4–6ᵐᵐ lang. Blätter lang zugespitzt. Kätzchenstielblätter ganzrandig.

2. ⚥ S. subtriandra (*superfragilis-amygdalina*). Staubkätzchen dick, 6mal so lang als breit, bis 85ᵐᵐ lang und 12ᵐᵐ breit. Kätzchenschuppen mit langen geraden Haaren bekleidet, welche das herausbrechende Kätzchen in einen Pelz einhüllen. Blüthen theils 3-, theils 2-männig. Staubfäden 5–6ᵐᵐ lang. Blätter langzugespitzt. Kätzchenstielblätter ganzrandig.

3. ⚥ S. alopecuroides (*amygdalino-fragilis*). Staubkätzchen dick, dabei aber sehr verlängert, 7mal so lang als breit, bis 100ᵐᵐ lang und 12ᵐᵐ breit. Kätzchenschuppen mit langen geraden Haaren bekleidet, welche das herausbrechende Kätzchen in einen Pelz einhüllen. Blüthen durchgehends dreimännig. Staubfäden 5–6ᵐᵐ lang. Blätter langzugespitzt, Kätzchenstielblätter theils ganzrandig, theils gesägt.

4. ⚥ S. Kovátsii (*subfragilis-amygdalina*). Staubkätzchen dünn, 7mal so lang als breit, bis 60ᵐᵐ lang und 8ᵐᵐ breit. Kätzchenschuppen fast kahl, nur an der Basis mit kurzem wolligem Flaume bekleidet; die herausbrechenden Kätzchen daher kahl erscheinend. Blüthen theils 3-, theils 2-männig. Staubfäden 3–4ᵐᵐ lang. Blätter kurz bespitzt, Kätzchenstielblätter gesägt.

5. S. amygdalina b. concolor. Staubkätzchen dünn, 7–12mal so lang als breit, bis 70ᵐᵐ lang und 8ᵐᵐ breit. Kätzchenschuppen fast kahl, nur an der Basis mit kurzem wolligem Flaume bekleidet und die herausbrechenden Kätzchen daher kahl erscheinend. Blüthen durchgehends 3männig. Staubfäden 3—4ᵐᵐ lang. Blätter kurz bespitzt. Kätzchenstielblätter meistens gesägt.

Die fruchtkätzchentragenden Weiden, welche den hier beschriebenen drei Bastarten entsprechen, sind bisher nicht bekannt geworden. Sie dürften in der Länge des Fruchtknotenstieles, in der Länge der Kätzchen, in der Behaarung der Schuppen und in der Form der Narben ganz gute Anhaltspunkte zur Erkennung darbieten. Vielleicht stellt die von Host in: Salix tab. 4 abgebildete weibliche Pflanze der *S. spectabilis*, deren Kätzchenschuppen mit langen geraden Haaren bedeckt sind und die auch in der Form der Narben ganz und gar von *S. amygdalina* abweicht, einen hieher gehörigen Blendling dar.

10. S. amygdalina Koch Syn. p. 558. Amenta coaëtanea, gracilia, quater — duodecies longiora quam latiora. Squamae obovatae, obtusae, concavae, flavae, *subglabrae*, solumodo in basi cum rhachite villo brevi, crispo praeditae et sublanuginosae. Torus in flosculis staminigeris biglandulosus, in pistilligeris uniglandulosus. Glandulae ovoideae, obtusae vel truncatae. Germen ex ovata basi conicum, obtusiusculum, glabrum, pedicellatum, *pedicello nectarium ter — quinquies, plerumque quater superante*, stylo nullo vel brevissimo, *stigmatibus per angulum rectum divergentibus*, emarginatis. *Stamina tria*, filamentis in basi pilosis. Folia lanceolata vel oblongo-lanceolata, ter — octies longiora quam latiora, serrata, glaberrima. Foliola amentis subjecta partim integra partim grosse serrata et plerumque stipulata. Stipulae semicordatae. Ramuli glaberrimi, flexibiles, ad insertionem fragiles. Cortex ramorum adultorum sponte secedens.

Variat:

a. discolor. Amenta staminigera quater — sexies, plerumque quater longiora quam latiora. Folia oblongo-lanceolata, acuminata, basin versus sursum attenuata, quater — octies longiora quam latiora, supra viridia, subnitida, subtus opaca, glauca.

Am. ♂ 25—60ᵐᵐ lg. 7—12ᵐᵐ lt. (serotina · 25—45ᵐᵐ lg. 8—10ᵐᵐ lt.)
Am. ♀ 18—35ᵐᵐ lg. 5—6ᵐᵐ lt.
Squam. 2—2.5ᵐᵐ lg. Germ. 2—3ᵐᵐ lg. Pedicell. 2—3ᵐᵐ lg. Stamin. 4—5ᵐᵐ lg.
Fol. 50—130ᵐᵐ lg. 8—28ᵐᵐ lt.

S. amygdalina L. Spec. 1443. (sec. Smith.) Host (sec. specim. in Hort. Host. Vindob) Fries Novit. Fl. succ. p. 42 u. Herb. norm. Fasc. III. Nr. 51. — *S. amygdalina a. discolor* Koch. Syn. p. 558, Kov. Fl. ex sicc. Vind. Nr. 1016. — *S. amygd. b. discolor* W. et Grab. Fl. silcs. u. Wimm. Her b. Sahc. Fasc. V. Nr. 51. Neilr. Fl. v. N. Oest. p. 254.

b. **concolor.** Amenta staminigera septies — duodecies, p stilligera plerumque sexies longiora quam latiora. Folia ex rotundata basi oblonga, breviter acuta vel abrupte acuminata, ter — quinquies longiora quam latiora, supra viridissima, subtus pallidiora, attamen viridia, utrinque subnitida.

Am. ♂ 45—70ᵐᵐ lg. 5—8ᵐᵐ lt.

Am. ♀ 24—45ᵐᵐ lg. 4—7ᵐᵐ lt.

Squam. 1.5—2ᵐᵐ lt. Germ. 2—3ᵐᵐ lg. Pedicell. 1—2ᵐᵐ lg. Stamin. 3—4ᵐᵐ lg.

Fol. 45—100ᵐᵐ lg. 15—25ᵐᵐ lt.

S. triandra L.. spec. 1442. (sec. Smith.) *S. ligustrina* Host Salix p. 4. tb. 15 — *S. amygdalina* β *concolor* Koch Syn. p. 558. Kov. Fl. exsicc. Vind. Nr. 1047 u. 1049. — *S. amygd. a. concolor* Wimm. u. Grab. Fl. siles. u. Wimm. Herb. Salic. Fasc. IV. Nr. 38. Neilr. Fl. v. N. Oest. p. 254.

Im Süden erwächst die Mandelweide nach Grisebach[*] zum Baume. Bei uns kommt sie nur als Strauch vor und vermag sich als solcher auf dem ihr vorzüglich zusagenden feuchten, tiefen, angeschlemmten Sande an den Ufern der Bäche und Flüsse im geschlossenen Buschwalde zu 20 Fuss Höhe zu erheben. Sie erreicht kein hohes Alter und verkümmert alsbald, wenn andere baumartige Weiden, wie *S. alba* und *S. fragilis* oder Erlen und Pappeln über sie emporwachsen. Gewöhnlich siedelt sie sich auf dem nach Ueberfluthungen abgelagerten Schlamme an den Ufern oder auf den Schotterbänken im Stromlaufe der Donau und ihrer grösseren Nebenflüsse mit *S. purpurea* und *S. incana* an. Im letzteren Falle sammelt ihr dichtes Buschwerk, so wie jenes der beiden andern genannten Weiden, den von den Hochwässern mitgebrachten Schlamm an und gibt Veranlassung zur Bildung einer über dem Schotter sich ablagernden oft sehr mächtigen Sandschichte, auf der dann erst andere Weiden, wie *S. fragilis*, und *S. alba* anfliegen und weiter wachsend die niederen Buschweiden unterdrücken.[**])

Die Rinde der Mandelweide löst sich selbstständig fetzenweise von den älteren Stämmen los. Die honigduftenden, schlanken, geraden, kahl aussehenden Kätzchen sind nächst jenen der früher beschriebenen *S. Kovátsii* und *S. alopecuroides*, die längsten unter allen Weiden. Am meisten verlängert erscheinen dieselben bei den in subalpinen Thälern an den Ufern der kalten Gebirgsbäche vorkommenden Sträuchern. Wir fanden an den Ufern der Erlaf bei Scheibbs und an der Traisen bei Türnitz männliche Sträucher, deren Kätzchen, 10—12mal so lang als breit, eine absolute Länge von 7 Centim. erreichten und wo die einzelnen Blüthen an der verlängerten Axe so sehr auseinandergerückt waren, dass dadurch die Kätzchenspindel theilweise ganz nackt erschien. Uebereinstimmende Exemplare liegen uns auch aus der Gegend von Laibach und von den Ufern der Enns vor, und die von Host an den

---

[*] Spicileg. Fl. rum. et bith. p. 344 „ad ripas pr. Brussa hinc inde arborea :“
[**]) Siehe hierüber: Reissek Tageblatt d. 32 Vers. deutsch. Natf. u. Aerzte in Wien. Nr. 7. p. 155.

Ufern der Salzach im Salzburgischen angegebene *S. tenuiflora* (Salix. p. 2 tb.
7 und 8) scheint gleichfalls auf diese Form bezogen werden zu müssen,
obschon die Host'sche Abbildung unterseits bläuliche Blätter zeigt, die
von uns erwähnten Weiden hingegen eine blassgrüne untere Blattfläche
aufweisen.

Regelmässig sind sowohl die Schuppen der Kätzchen, so wie die Fruchtknotenstiele und Staubfäden bei der Var. *concolor* absolut kürzer als jene
der Var. *discolor*. Da sich aber bei den ersteren nicht auch die Kätzchenspindel entsprechend verkürzt, sondern im Gegentheil mehr verlängert ist
als bei der Var. *discolor*, so erscheinen ihre Kätzchen immer schmäler und
schlanker als bei der letztgenannten.

Das grössere Ausmass, welches die Var. *discolor* in allen Organen zeigt,
weist darauf hin, dass sie das Erzeugniss eines der Mandelweide besonders
zusagenden Bodens und Klimas ist. *) — Nur bei der üppigen Spielart: Var.
discolor finden sich auch häufig proleptische nicht durch Verstümmlung pro-
vozirte Kätzchen, welche aus den Blüthenknospen in der Achsel der im
Frühlinge entwickelten Blätter schon im Laufe der darauf folgenden Sommer-
monate ihre Blüthen entfalten und Host Veranlassung gaben, solche Exemplare als *S. semperflorens* (Salix p. 2. tb. 5 u. 6. — *S. amyjd.* γ. *serotina*
Kov. Fl. exsicc. Vindob. Nr. 1050) zu beschreiben. Bemerkenswerth ist aber,
dass diese Kätzchen kürzer als die normalen Frühlingskätzchen erscheinen,
und dass auch die Stiele meistens sehr verkürzt sind, so dass dadurch die
Kätzchen fast sitzend erscheinen.

Die Blätter der Var. *concolor*, welche von Host als *S. ligustrina*
beschrieben wurde, sind an der oberen Seite dunkelgrün, an der unteren
Seite wohl blasser aber rein grün und gewöhnlich ebenso wie an der oberen
etwas glänzend. Sie kommen durch dieses letztere Merkmal mit den nachfolgenden Weiden: *S. retusa*, *S. herbacea*, *S. Myrsinites* und der nördlichen
S. polaris überein, welche gleichfalls unterseits etwas glänzende Blätter
besitzen und sich dadurch von den übrigen Arten auszeichnen. Die Blätter
der Var. *concolor* erscheinen ferner gewöhnlich länglich, in den Blattstiel
zugerundet und plötzlich kurz zugespitzt. — Die Blätter der Var. *discolor*
sind oberseits freudig grün, unterseits hechtblau oder fast weisslich bereift.
Sie erscheinen meistens länglich lanzettlich in den Blattstiel zusammengezogen
und gleichmässiger zugespitzt. Nur selten sind sie breit, fast elliptisch und
in den Blattstiel zugerundet, wie sie Host an seiner rothzweigigen *S. venusta*
(Salix. p. 3 tb. 9 u. 10) und an *S. varia* (Salix. p. 3 tb. 11 u. 12) abbildet.
An sehr üppigen Exemplaren der Var. *discolor* werden die Blätter am Rande
etwas wellig, die durch das Kätzchen abgeschlossenen Aestchen verlängern
sich und sind mit Blättern bekleidet, welche die Grösse der anderen Blätter

---

*) In Schweden findet sich nach Fries nur die Var. *discolor* mit unterseits blaugrünen Blättern.
Auch in Tirol kommt nach Hausmann nur diese Varietät vor.

erreichen, ebe..so wie diese gesägt und mit verhältnissmässig grossen Nebenblättern versehen sind. Die *S. spectabilis* H o s t (Salix. p. 1 tb. 3), welche
von dem Autor in Polen und in der Bukowina angegeben wird, stellt eine
solche sehr üppige Form dar, wie sie auch in den Donau-Auen Niederösterreichs nicht selten angetroffen wird.

Die Mandelweide ist in Europa von der Mittelmeerzone nordwärts zu
einer nordöstlichen Vegetationslinie verbreitet, die von den schwedisch-nord-
ländischen Flüssen und dem Uferlande des bottnischen Meerbusens durch das
mittlere europäische Russland in den Ural zieht, und wird ostwärts noch im
altaischen und baikalischen Sibirien angegeben. Fehlt in der neuen Welt
und wird dort durch die ähnliche *S. lucida* vertreten. — In den Südalpen findet
sie sich noch bei 4700', in den südbaierischen Alpen erreicht sie ihre obere
Grenze bei 3376', in den obersteirischen Alpen bei 2400'.

In Niederösterreich erscheint sie in dem Inundationsgebiete der Donau,
so wie in den anderen Niederungen als eine der häufigsten Weiden. Die Var.
discolor ist vorzüglich an der Donau zu Hause und fehlt auf den Höhen des
Waldviertels, so wie sie auch im alpinen Gebiete nur höchst selten und vereinzelt angetroffen wird und dort schon bei 1100' (höchster von uns beobachteter Standort an der Erlaf in der Nähe des Töperischen Hammerwerkes)
ihre obere Grenze erreicht. Die Var. *concolor* hingegen, ist in den Donauauen
selten, umsäumt dagegen vorzüglich die Ufer der kalten Bäche der südlichen
Bucht des Wiener Beckens und findet sich an den alpinen Zuflüssen der Donau
bis in die subalpinen Thäler zu 1800' verbreitet (höchster von uns beobachteter
Standort an dem Ufer der Schwarza zwischen Reichenau und Prein).

Am Plateau des böhm.-mähr. Gebirges wird die Var. *concolor* bis zu
Höhen von 1600' angetroffen, so z. B. an dem Ufer der Krems bis Hartenstein, am Kamp bei Zwettl, an dem Ufer der Lainsitz bei Weitra.

Sie findet sich an den zuletzt angeführten Standorten auf ganz kalk-
freier Unterlage in dem schlammigen Sande des verwitterten Granit- und
Gneissbodens — an den Wiesenmooren in der südlichen Bucht des Wiener
Beckens, so wie auf den Dilluvialterrassen, an den Ufern der Erlaf und Traisen
gedeiht sie aber eben so gut auf kalkreichem Substrate.

S e c t. IV. **Retusae.** *Fruticuli pygmaei trunco decumbente et ramulis
abbreviatis, ad insertionem fragilibus, foliis glaberrimis, emarginatis, obtusis vel acutis (nunquam acuminatis) Amentorum
squamae persistentes. Torus flosculorum staminigerum biglandulosus, pistilligerum uniglandulosus.*

11. ⚥ *S. Fenzliana* *(superretusa — glabra).* — Amenta coaetanea
in pedunculo foliato *non gemmifero*, gracilia, *20—30 flora*, bis longiora quam
latiora. Squamae obovatae, obtusae vel truncatae, primo ciliatae, postea
glabratae, e viridi flavae. Torus in flosculis staminigeris biglandulosus. Glandula

interna oblonga, sublinearis dupplo longior et crassior quam externa. Stamina duo, *filamentis in basi pilosis*. Folia obovata, obtusa vel emarginata, in petiolum brevissimum attenuata, bis longiora quam latiora, *toto ambitu serrata*, glaberrima, supra saturate viridia subnitida, *subtus opaca, leviter glaucescentia* penninervia. Nervi secundarii subtus vix elevati utrinque 4—6, a nervo medio sub angulis 20°—30° descendentes. — Fruticulus trunco decumbente, ramulis adscendentibus, fragilibus, glaberrimis.

Am ♂ 14—18ᵐᵐ lg. 6—8ᵐᵐ lt.

Squam. 2ᵐᵐ lg. Stam. 4—5ᵐᵐ lg. Gland. tori int. 0,5ᵐᵐ lg.

Fol. 15—25ᵐᵐ lg. 8—10ᵐᵐ lt.

In der Krummholzregion am westlichen Abfall des hohen Schneeberges bei 5500' auf kalkreichem felsigen Boden, ein ♂ Sträuchelchen.

Die hier beschriebene Blendlingsart, welche ich vor mehreren Jahren an dem angegebenen Standorte auffand und nach Herrn Prof. Fenzl. *S. Fenzliana* benannt habe, bringt beim ersten Anblick den Eindruck von *S. retusa* hervor und stimmt mit dieser namentlich im Zuschnitt und in der Nervatur der Blätter, so wie in den einfärbig grünlichgelben abgestutzten Kätzchenschuppen und den zweidrüsigen Torus überein. Die Blätter sind aber unterseits matt, etwas bläulich bereift und im ganzen Umfang gesägt, die Kätzchen sind reichblüthiger, die Blüthen stehen gedrängter und die Staubfäden sind an der Basis flaumig, welche Merkmale auf *S. glabra* hinweisen, die auch mit *S. retusa* zusammen häufig an dem Standorte des hier beschriebenen Blendlings angetroffen wurde.

Sie verknüpft die Rotte: *Retusae* mit der Rotte der Schwarzweiden, namentlich mit *S. glabra*, die ohnehin in der Bildung der Fruchtknoten und Narben, so wie in der Farbe der Kätzchenschuppen mit *S. retusa* eine grosse Uebereinstimmung zeigt, sich aber wesentlich durch den eindrüsigen Torus der Staubblüthen, und etwas mehr verlängerten Griffel unterscheidet.

12. *S. retusa* L. sp. 1445. Amenta coaetanea, laxiflora, staminigera bis, pistilligera ter longiora quam latiora, pedunculo bi — quadrifoliato *gemmifero*, rhachite pilosa vel glaberrima. Squamae obovatae, emarginatae vel truncatae, glaberrimae vel primo ciliatae et postea glabratae, e viridi flavae. Torus flosculorum pistilligerum uniglandulosus, staminigerum biglandulosus. Glandula interna oblonga, sublinearis, dupplo longior et crassior quam externa. Germen ex ovata basi conicum, obtusiusculum, glabrum, pedicellatum, *pedicello glandulam internam aequante vel paululum superante*, stylo brevissimo, stigmatibus bipartitis, laciniis patulis, crassis. Stamina duo, *filamentis glabris*, antheris post anthesin sordide flavis. Folia *obovata vel oblongo-obovata*, obtusa vel emarginata *in petiolum brevissimum attenuata*, bis longiora quam latiora, plerumque *integerrima*, rarissime basin versus dente uno alterove instructa, glaberrima, *supra et subtus viridia, subnitentia, penninervia. Nervi secundarii subtus vix elevati* utroque latere 4—6, a nervo medio sub angulis 20°—30° descendentes. Truncus humifusus. Ramuli decumbentes. radicantes, glaberrimi, fragiles, juniores cortice rufescente, nitido, testaceo tecti.

Variat in solo calcareo alpium Austriae inferioris foliorum forma:

a) Folia obtusa, oblongo-obovata, bis et semissi longiora quam latiora.

b) Folia emarginata, obovata, bis longiora quam latiora.

Am. ♂ 6—15^{mm} lg. 4—8^{mm} lt. Am. ♀ 8—20^{mm} lg. 3—7^{mm} lt.
Squam. 2—2.5^{mm} lg. Gland. tori int. 1^{mm} lg. Germ. 3—4^{mm} lg. Styl. et stigm. 1^{mm} lg. Pedicell. 1^{mm} lg. Stam. 5^{mm} lg
Fol. 8—20^{mm} lg. 5—8^{mm} lt.

S. retusa Host. Salix tb. 103. — Koch Syn. p. 570 (var. α.) — Neilr. Fl. v. N. Oest. p. 266. — Wimm. Hb. Salic. Fasc. VII. Nr. 82.

Der hier beschriebenen auf dem Kalkboden der Nord- und Südalpen sich entwickelnden *S. retusa* mit ganzrandigen, bald verkehrteiförmigen ausgerandeten, bald länglichen stumpfen Blättern schliessen sich die Formen an, welche vorzüglich in den Centralalpen, am häufigsten auf Glimmerschiefersubstrat vorkommen und mit Blättern bedeckt sind, die vom Blattstiel bis beiläufig gegen die Mitte gesägt erscheinen. Die Blätter dieser *S. retusa 2.) denticulata* sind so wie bei der Form des Kalkbodens: *S. retusa 1.) integrifolia* bald ausgerandet, bald stumpf oder etwas spitz, und überdiess tritt sowohl die ausgerandetblättrige wie die stumpfblättrige *S. retusa 2.) denticulata* in einer der Hochalpenregion angehörigen Form mit kleinerem Ausmasse der Organe und einer in der tieferen Alpenregion vorkommenden Form mit grösseren Dimensionen der Blätter und Blüthentheile auf. Diese Formen der *S. retusa 2.) denticulata* liessen sich folgendermassen an die zwei obenangegebenen Spielarten unserer *S. ret. 1.) integrifolia*: a) und b) anreihen:

c) Folia oblongo-cuneata 4—10^{mm} longa, semel et semissi — bis longiora quam latiora, emarginata, in basi denticulata. Amenta ad 6^{mm} longa, pauciflora, 3—6 imo uniflora. Rhachis et squamae glaberrimae. Stamina 3^{mm} longa. Germen 2—3^{mm} longum.

d) Folia oblonga 4—10^{mm} longa, semel et semissi — bis longiora quam latiora, acuta, coriacea, in basi denticulata. Amenta ad 6^{mm} longa. pauciflora 3—6, imo uniflora. Rhachis et squamae glaberrimae. Stamina 3^{mm} longa. Germen 2—3^{mm} longum.

e) Folio obovato-cuneata 8—20^{mm} longa, bis longiora quam latiora, emarginata, in basi denticulata. Amenta ad 15^{mm} longa, 6—10 flora. Rhachis pilosa Squamae truncatae apice ciliatae. Stamina 4—5^{mm} longa. Germen 2.5—4^{mm} longum.

f) Folia oblonga, 8—20^{mm} longa, bis — ter longiora quam latiora, obtusa vel acuta, in basi denticulata. Amenta ad 18^{mm} longa, 6—15 flora. Rhachis pilosa. Squamae truncatae, apice ciliatae. Stamina 4—5^{mm} longa. Germen 3—4^{mm} longum.

Die mit c) bezeichnete Spielart scheint die Hochalpenform von e) zu sein, so wie die mit d) bezeichnete Varietät wahrscheinlich die Hochalpenform von f) darstellt.

Die beiden Formen c) und d) wurden von den Autoren gewöhnlich unter dem Namen S. serpyllifolia, (zuerst von Scopoli Fl. carn. II. p. 255., t. 61 als Art aufgestellt) zusammengefasst und von Koch (Syn. p. 570) als var. γ. der *S. retusa* aufgeführt. Sie stellen äusserst zierliche Zwergweiden dar, deren am Boden angedrückte Aeste gewöhnlich ineinandergeflochten sind, so dass die Sträuchelchen ein fast rasiges Ansehen erhalten. Ihre kleinen steifen Blättchen sind gegen die Basis zu beiderseits mit ein paar drüsigen Zähnen versehen und von 3—5 Fiedernervenpaaren durchzogen. Die armblüthigen Kätzchen sind vollkommen kahl, die Staubfäden und Fruchtknoten absolut kleiner als bei den anderen Formen der *S. retusa*, die Kätzchenschuppen und die Torusdrüsen jedoch verhältnissmässig gross und die innere Torusdrüse ein Drittel so lang als die Staubfäden. Die Form c) mit ausgerandeten Blättchen ist ziemlich selten, häufig hingegen die Var. d) mit stumpfen oder etwas spitzen Blättchen.

Die Formen e) und f) entsprechen im Zuschnitt der Blätter und in dem Grössenverhältnisse aller Organe den beiden in Niederösterreich vorkommenden Spielarten der ganzrandigblättrigen Kalkform und unterscheiden sich von diesen überhaupt nur durch die gegen die Basis gesägten Blätter. Unter allen in den Alpen vorkommenden Varietäten der *S. retusa* ist übrigens die unter f) angeführte die üppigste und stellt die *S retusa β.* Koch Syn. p. 570 und die *S. Kitaibeliana* der meisten Autoren dar. Sie wird jedoch an Grösse und Ueppigkeit von der in den Karpathen vorkommenden Parallelform der alpinen *S. retusa*, nämlich: S. Kitaibeliana Willd. sp. pl. 4. p. 683 = *S. retusa γ.* Wahlb. Fl. Carp. princ. p. 314 noch bei weitem übertroffen.

Der Vollständigkeit der Formenreihe halber möge hier die Diagnose dieser üppigsten aller Formen von *S. retusa* Platz finden:

g) Folia oblonga vel oblongo-obovata obtusa vel acuta, basin versus attenuata, et serrata, bis — ter et semissi longiora quam latiora (15—32^{mm} lg. 5—16^{mm} lt.). Amenta staminigera ter, pistilligera quater longiora quam latiora ad 30^{mm} longa, rhachite lanuginosa. Squamae 2—3^{mm} longae truncatae ante anthesin pilis longis albidis subcrinitae. Stamina 4—5^{mm} longa.

In der Form. und Grösse der Fruchtknoten, sowie der Griffel und Narben stimmt die *S. Kitaibeliana* der Karpathen auf das vollständigste mit üppigen Formen der alpinen *S. retusa* überein und sie kann, so verschiedenartig auch ihr Habitus ist, von dieser ebensowenig getrennt werden, als *S. serpyllifolia*. Sämmtliche hier umgrenzte Formen bilden eben eine Kette, deren eines Grenzglied *S. serpyllifolia*, deren anderes Grenzglied die karpathische *S. Kitaibeliana* ist. — Sendtner, welcher der *S. serpyllifolia* die Artrechte wahren will, behauptet zwar (Veg. Verh. Süd-Baierns. p. 863), dass diese nie in einer Mittelform mit *S. retusa* beobachtet wurde. Wir haben jedoch die Formen der *S. retusa* in den Alpen und Karpathen mit besonderer Aufmerksamkeit verfolgt und sind zu der Ueberzeugung gelangt, dass die Natur weder zwischen *S. retusa* und *S. serpyllifolia*, noch zwischen *S. retusa* und *S. Kitaibeliana* eine scharfe Grenze zieht. Sendtner selbst gibt auch für *S. serpyllifolia* eine höhere Region an, als für *S. retusa* und wir wiederholen, dass wir die erstere als die hochalpine Form der letzteren ansehen.

Der Stamm der auf den niederösterreichischen Kalkalpen vorkommenden *S. retusa* erreicht den Durchmesser von 1 Ctm. und zeigt dann gegen 30 Jahresringe, die einseitig meistens viel stärker entwickelt erscheinen. Das Holz ist zähe, die Zweige aber nichts destoweniger an den Abästungsstellen brüchig. Die glänzendbraune Rinde der 2—4jährigen Aeste ist ähnlich jener der *S. fragilis* häutig und hebt sich im Trocknen faltenwerfend von dem Holzkörper los, später wird sie glanzlos, von kreisförmig um den Stamm laufenden Sprüngen rissig und zierliche Flechten, vorzüglich die hellgelbe *Cetraria nivalis* siedeln sich an der borkigen schwärzlichen Rinde an. Die *S. retusa* liebt in unseren Alpen vorzüglich die steinigen Kuppen, findet sich dort meist gruppenweise in Gesellschaft von *S. Myrsinites* und bildet mit ihrer treuesten Begleiterin der *Armeria alpina*, so wie mit *Cherleria sedoides*, *Carex firma*, *Silene acaulis*, *Potentilla Clusiana*, *Primula Clusiana*, *Dryas octopetala* und rasenbildenden Saxifragen eine sehr charakteristische Pflanzenformation. — An solchen sonnigen Kuppen erscheint sie mit Blüthenkätzchen bedeckt, ihre Blätter sind ausgerandet, ihr Stamm sowie ihre Aeste sind kurz, knorrig, sparrig verzweigt und liegen oft in einander verschlungen ohne Adventivwurzeln zu treiben dem felsigen Boden auf. Zwischen dem Knieholz hingegen, nimmt sie einen wesentlich anderen Habitus an. Die im Laubmoose und Humus eingebetteten Stämme sind dort fast schlangenförmig gewunden, langgestreckt. nicht selten bis ½ Meter lang, und senden nach beiden Seiten üppige, reichlich mit Adventivwurzeln versehene Aeste ab. Die Blätter sind dann länglich, stumpf, bis 20ᵐᵐ lang, aber die Blüthenkätzchen nur sehr sparsam an den Zweigen vertheilt.

Noch mehr abweichend erscheint die *S. Kitaibeliana* im Krummholze der Karpathen. Wer das Bild der alpinen Kalkform festhält, der erkennt dort auf den ersten Eindruck kaum noch diese Weide als *S. retusa*, denn sie erscheint ihm als ein bis zu 2 Decim. hohes buschiges Sträuchelchen mit weichen bis über 3 Centim. langen gesägten Blättern und anfänglich weisshaarigen schlanken Kätzchen. Ihre kätzchentragenden Aestchen sterben und fallen an solchen üppigen Exemplaren auch nicht selten gleich jenen der anderen Chloriteen ab, ohne dass die Knospenanlagen in den Achseln ihrer Blätter zur Entwicklung kamen. Wenn nicht schon die schlanken locker-blüthigen Kätzchen, die gelblichgrünen einfärbigen Kätzchenschuppen, der zweidrüsige Torus der Staubblüthen, die kahlen Blätter und Fruchtknoten der kurze Griffel und die zweitheiligen dicklichen fleischigen Narben der *Retusae* mit Entschiedenheit ihre innige Verwandtschaft mit den anderen Chloriteen beurkunden würden, so zeigten solche Exemplare der *S. Kitaibeliana* auf das unzweideutigste, dass die zwergigen Alpenweiden *S. retusa* und *S. herbacea* von den anderen strauchartigen und baumartigen Chloriteen nicht getrennt werden können, da durch sie der Unterschied der endständigen und seitenständigen Kätzchen als unhaltbar erscheint und endlich nur mehr den Zuschnitt der Blätter und die Höhe des Strauches übrig bleibt um die *S. retusa* und *herbacea* von den im Habitus wohl sehr abweichenden, sonst aber in allen Merkmalen innig verwandten Mandelweiden abzugrenzen.

Die *S. retusa* ist in Europa auf die Hochgebirge des südlichen und mittleren Theiles beschränkt. Ihre nordwestliche Vegetationslinie verläuft von den Pyrenäen durch die Alpen der Dauphiné und den Jura, entlang der Kette der Nordalpen in die nordungarischen und galizischen Karpathen.

In Ledebours Fl. ross. wird *S. retusa* im Altai, im östlichen und arktischen Sibirien und im arktischen Amerika am Kotzebue's-Sund angegeben, und es würde sich demnach die nordwestliche Vegetationslinie nach grossen Unterbrechungen dahin fortsetzen. — Im sudetisch-herzynischen Gebirgs-systeme fehlt *S. retusa*, ebenso auf den skandinavischen und schottischen Gebirgen und in der europäischen arktischen Zone. *)

In Nordtirol wird sie in dem Höhengürtel von 5000 — 7000', in den südbaierischen Alpen zwichen 5100—7600' angegeben.

In Niederösterreich erreicht sie ihre untere Grenze bei 4750' und findet sich von da an, an Häufigkeit zunehmend, bis zu den höchsten Erhebungen am Hochkar, am Oetscher, am Göller, auf den Kuppen der Raxalpe und des Schneeberges: 6566' — obschon letztere Höhe nicht als ihre absolute obere Grenze in den östlichen Nordalpen anzusehen ist, da sie noch auf der Spitze des benachbarten Hochschwabs bei 7243' angetroffen wird. Niemals steigt *S. retusa* in unseren Alpen gleich den Rhododendron-, Primula- und Soldanella-Arten und anderen Alpenpflanzen in die Thäler unterhalb die untere Grenze der Krummföhre herab.

---

*) Die *S. retusa* ᵃ *sarmentacea* Fries. Nov. Fl. suec. p. 75, welche der Autor als eine „Forma maxime vegeta luxurians *S. retusae* L." bezeichnet und welcher er „folia subtus primo longe pilosa, demum glabrata, opaca; antherae purpurascentes" zuschreibt, und sie weiters mit „capsulis longe pedicellatis sub-pilosis, stylo elongato" diagnostizirt, ist offenbar nicht *S. retusa* L. und scheint zu *S. Myrsinites* zu gehören, welche Ansicht auch Blytt (Bot. Not. 1845. p. 41) ausspricht. — Vielleicht ist dieselbe ein Bastart aus *S. Myrsinites* und *herbacea* oder aus *S. Myrsinites* und *S. arbuscula*; auf keinen Fall ist sie unsere *S. retusa*. — Auch die Angabe von Fries, dass Exemplare von Breadalbane in Schottland im Herbar Hornemann's zu *S. retusa* gehören, dürfte demnach zu bezweifeln sein und von den englischen Floristen wird auch *S. retusa* nicht aufgeführt.

13. S. herbacea (L. sp. 1445.) Amenta coaetanea, semel — bis longiora quam latiora, laxiflora et pauciflora, brevissime pedunculata, pedunculo bifoliato, *gemifero.* Rhachis glaberrima vel longe villosa. Squamae concavae, oblongae, obtusae, e viridi flavae, pilosae vel glaberrimae. Torus flosculorum pistilligerum uniglandulosus, staminigerum biglandulosus. Glandula externa oblonga, obtusa, integra; interna plerumque bipartita, *laciniis divergentibus. basin germinis superantibus.* Germen ex ovata basi conicum. glabrum. brevissime pedicellatum, stylo brevissimo, stigmatibus bifidis, laciniis patulis crassiusculis. Stamina duo, *filamentis glabris.* Folia brevissime pedicellata, *ovalia vel orbiculata,* obtusa vel emarginata, rarissime acuta, *in basi rotundata, majora etiam eximie cordata, omnia toto* ambitu crenato-serrata, glaberima, *utrinque nitida et unicoloria viridia, subnervigera et venis utrinque prominentibus eleganter reticulata.* Ramuli decumbentes, radicantes, fragiles, juniores nonunquam pilosi, adulti glaberrimi.

Am. ♂ 4—8ᵐᵐ lg. 4—6ᵐᵐ lt. Am. ♀ 4—10ᵐᵐ lg. 4—5ᵐᵐ lt.

Squam. 2ᵐᵐ lg. Gland. tori int. 1ᵐᵐ lg. Germ. 2ᵐᵐ lg. Styl. et stigm.

1ᵐᵐ lg. Stam. 2.5—3ᵐᵐ lg.

Fol. 8—20ᵐᵐ lg. 7—20ᵐᵐ lt.

S. herbacea Host. Salix p. 32 tb. 104, Fries Nov. Fl. suec. Mant. I. p. 76. Herb. norm. Fasc. V. Nr. 67, Koch Syn. p. 570, Wimm. Flora 1849 p. 38, Herb. Salic. Fasc. IV. Nr 44, Neilr. Fl. v. N. Oest. p. 267.

Die *S. herbacea*, welche **Linné** als „minima inter omnes arbores" bezeichnet, entfaltet in den Alpen erst im Hochsommer ihre winzigen 3—12-blüthigen Kätzchen, die anfänglich in die zwei verhältnissmässig grossen Kätzchenstielblätter eingewickelt erscheinen und selbst noch zur Zeit der vollen Blüthe von diesen überragt werden. Die Narben, Fruchtknoten und Kätzchenschuppen sind manchmal an der dem Lichte ausgesetzten Seite etwas röthlich überlaufen. Die steifen rundlichen beiderseits gleichfarbig hellgrünen glänzenden, fast benervten und zierlich geaderten Blätter stehen zu zwei oder drei am Ende der kurzen brüchigen Zweige. Die dünnen Zweige werden erst im dritten Jahre holzig und sind dann mit einer braunen glänzenden Rinde überzogen, die sich im Trocknen. ähnlich jener der *S. retusa*, faltenbildend vom Holzkörper emporhebt. Im 6. Jahre verliert die Rinde ihren Ganz, wird bräunlich-grau und die Stämmchen besitzen in diesem Alter gewöhnlich einen Durchmesser von 2—3ᵐᵐ. Nach etwa 12 Jahren, wo der älteste Theil des Stammes eine Dicke von 4ᵐᵐ erreicht hat. oder auch schon früher, stirbt derselbe ab und vermodert; die durch Adventivwurzeln an den Boden befestigten Seitenstämmchen entwickeln sich aber als getrennte Individuen weiter und bilden zusammen eine Gruppe von Sträuchelchen. — Die Entwicklung von Adventivwurzeln findet insbesonders an den 2—4jährigen Zweigen statt und ist bei solchen Exemplaren, welche in Moospolster eingebettet liegen, sehr reichlich. An den moosbewachsenen Standorten erscheinen die Zweige manchmal fast peitschenförmig hingestreckt, bis zu 3 Decimeter lang, und die einjährigen Triebe bis zu 5 Centim. verlängert. Im festen Thonboden sind die Stämmchen dagegen sehr verkürzt, das ganze Sträuchelchen zwergig, die Stämmchen nur 3—4 Centim. und die jährigen Triebe oft kaum einige Millim. lang.

Die Veränderlichkeit der Merkmale beschränkt sich ganz vorzüglich auf die Blattform, auf die Behaarung der Kätzchenspindel und Kätzchenschuppen. Die Blätter sind nämlich entweder ellyptisch, an der Basis zugerundet und fast zweimal so lang als breit — oder sie sind breit, kreisrund, manchmal sogar breiter als lang, an der Basis herzförmig und gewöhnlich gleichzeitig etwas ausgerandet. — Bei der ersteren Form sind die jährigen Triebe, die Kätzchenspindeln und die Kätzchenschuppen vollständig kahl, bei der letzteren meistens von geraden weissen zerstreuten Haaren etwas zottig. Manchmal erscheint dann selbst die untere Fläche der sich entwickelnden Blätter von solchen zerstreuten, aber bald abfallenden Haaren bekleidet.

Die *S. herbacea* findet sich fast auf allen mit Krummholz bewachsenen Hochgebirgen Europa's und ist anderwärts bis über den Polarkreis auf Kola, und Lappland und bis Spitzbergen verbreitet. Ebenso findet sie sich in Asien auf den Hochgebirgen des Altai, des baikalischen Sibiriens und Dauriens; im arktischen Sibirien und im arktischen Amerika bis Grönland. — In den südlichen und Centralalpen wird sie in dem Höhengürtel von 7000—9300' gefunden. In der nördlichen Alpenkette erscheint sie: Südbaiern 5300—7200, Nordtirol 5500—7000', Oberösterreich 5800—7500'. In den Karpathen zwischen 5900—7200'. In dem sudetischen Gebirgssystem 4400—4700', im schottischen Hochgebirge 1800—4000', in Lappland 1800-2700', in Grönland im Meeresniveau.

Sie liebt thonreichen Boden, kommt aber ebensowohl auf kalkreichem Lehm in den Kalkalpen wie auf kalklosem Untergrunde über granitischen Gesteinen und kristallinischen Schiefern vor. Letztere Substrate scheint sie allerdings vorzuziehen.

In Niederösterreich wurde dieselbe auf den letzten Erhebungen des Schneeberges von Jaquin und Diesing gefunden. Gegenwärtig ist jedoch der nähere Standort unbekannt, doch dürfte sie am ehesten in Gesellschaft von *Azalea procumbens* und *Arctostaphylos alpina*, welche anderwärts mit ihr an gleichen Standorten vorzukommen pflegen, wieder aufgefunden werden.

Divisio II. **Macrostylae.** Squamae discolores vel concolores. Torus uniglandulosus. Stylus elongatus, tenuis et filiformis, stigmatibus filiformibus, vel crassus, stigmatibus crassiusculis.

Sect. V. **Myrtosalix.** — *Fruticuli pygmaei, ramulis humifusis. Folia elliptica vel lanceolata, adulta utrinque glabra, viridia et nitida, dum marcescunt nigricantia Amenta coaetanea, pedunculata, recta. Squamae discolores. Glandula tori oblongolinearis purpurea. Antherae post anthesin nigricantes. Germen brevissime pedicellatum. Stylus tenuis. Stigmata brevia biloba, lobis linearibus, erecto-patulis, purpureis. Valvae capsulae post dehiscentiam extrorsum arcuatae, falcatae.*

14. S. Myrsinites. 1. **Jaquiniana.** (Koch Syn. ed. 2. p. 758). Amenta coaetanea, cylindrica, densiflora, staminigera et pistilligera semel et semissi — bis longiora quam latiora, pedunculo longo *quadri — sexfoliato, non gemmifero.* Squamae obovatae, obtusae vel lanceolatae, acutae, purpureae, versus apicem nigricantes, longe villosae. Glandula tori oblongo-linearis, *purpurascens,* basin germinis superans. Germen brevissime pedicellatum, ex ovata basi conicum, compressum, in stylum tenuem, productum, *ante anthesin pilosum, postea glabratum. Stigmata brevia, erecto-patula, biloba, lobis filiformibus purpureis.* Valvae capsulae atropurpureae, post maturitatem falciformes, extrorsum arcuatae. Stamina duo, filamentis glabris, apicem versus purpurascentes. *Antherae ante anthesin purpureae, demum violaceae et post anthesin nigricantes.* Folia elliptica vel obovata, bis longiora quam latiora, acuta, in basi rotundata, *integerrima,* adolescentia longe pilosa, adulta glaberrima, *supra et subtus laete viridia, nitida et nervis elevatis reticulata, dum marcescunt nigricantia.* Nervi secundarii ad marginem decurrentes utroque latere 6—8. Ramuli decumbentes, radicantes, glaberrimi, flexibiles et tenaces.

Am. ♂ 12—20ᵐᵐ lg. 8—10ᵐᵐ lt. Am. ♀ 10 - 20ᵐᵐ lg. 6—8ᵐᵐ lt. Squam. 1.5 - 2ᵐᵐ lg. Gland. tori 0.5 - 1ᵐᵐ lg Germ. 1.5—2.5ᵐᵐ lg. Styl. 1.5—2ᵐᵐ lg. Stam. 4ᵐᵐ lg. Folia 12—35ᵐᵐ lg. 6—18ᵐᵐ lt.

S. *Jacquiniana* Host. Syn. p. 329 Salix p. 31. tb. 102. — S. *Myrsinites* γ. *Jacquiniana* Koch Syn. ed. IV. p. 570. — Wimm. Herb. Sal. Fasc. VIII. Nr. 92. — S. *Myrs.* α. *integrifolia* Neilr. Fl. v. N. Oest. p. 266.

Der dem Boden aufliegende Stamm ist vielfach verzweigt und verkrümmt, seine Aeste niedergestreckt, sparsame Adventivwurzeln treibend. Die jüngeren

Zweige sind mit häutiger, brauner, glänzender Rinde bedeckt die ältesten
20 bis 30 Jahresringe zeigenden knorrigen 1 Decim. dicken Stämme sind
ähnlich jenen der *S. retusa* schwärzlich und die wulstige Rinde ist von kreisförmig um den Stamm laufenden Sprüngen durchfurcht. Die Blätter, Zweige,
Fruchtknoten und Kätzchenschuppen sind in der ersten Zeit ihrer Entwicklung
von langen unendlich dünnen und weichen seidigen Haaren zottig und die
verhältnissmässig grossen Kätzchen vor dem Aufblühen in einen dichten Pelz
eingehüllt, durch welchen wie durch einen Schleier die dunkelpurpurnen
Kätzchenschuppen durchschimmern. Zur Zeit der Blüthe wo die rothen langen
Griffel oder Staubgefässe aus den weissen Seidenhaaren der Schuppen her-
vorragen gewähren die zwischen den glänzendgrünen Blättern vertheilten
Kätzchen ein besonders zierliches Ansehen. Alsbald schwindet aber die seidige
Bekleidung und zur Zeit der Fruchtreife ist die ganze Weide vollständig kahl.
An der dem Lichte ausgesetzten Seite färben sich dann die kahl gewordenen
Fruchtknoten gewöhnlich purpurn. Die Blätter werden im Verwelken schwarz
und färben auch feuchtes Papier, auf welchen sie liegen nach einiger Zeit mit
schwärzlichen Flecken.

Die *S. Myrs. 1.) Jacquiniana* findet sich in Europa in den östlichen
Nord- und Südalpen, in den ungarischen und siebenbürgischen Karpathen; in
Asien auf den Alpen des Altai, des baikalischen Sibiriens und Dauriens.

Eine Linie, welche in nordöstlicher Richtung von der Etsch an die
Quellen der Enns, dann entlang der Kalkalpen des Ennsthales an den Dürenstein und Schneeberg und weiter in die Tatra zieht, dann aber nach Süden
umbeugt und von dem südlichen siebenbürgischen Hochgebirge in westlicher
Richtung längs dem Südrande der julischen und karnischen Alpen sich bis
Südtirol verfolgen lässt, umgrenzt in Europa das Areal dieser Pflanze. — Innerhalb
dieses Areals ist *S. Myrs 1.) Jacquiniana* nur auf die Kalkalpen, welche sich über
5000' erheben beschränkt und fehlt daher in den Centralalpen, so wie sie
auch in den ungarischen Karpathen nur auf die Kalkberge beschränkt ist,
welche den östlichen und westlichen Flügel der Tatra bilden. Sie wächst auf den
Karpathen in dem Höhengürtel von 5000—6400'. In den niederösterreichischen
Kalkalpen findet sie sich auf dem Dürrenstein, Oetscher, Göller der Raxalpe
und dem Schneeberge. Ihre untere Grenze fällt daselbst auf 4750', und von
dieser Höhe an ist sie bis zu den höchsten Kuppen 6566' als gewöhnliche Begleiterin der *S. retusa* verbreitet. In den obersteirischen Kalkalpen wie am
Hochschwab, Griming, Buchstein erreicht sie ihre obere Grenze bei 7200'.

Viel weiter verbreitet ist die durch feindrüsig gesägte Blätter sich
unterscheidende **S. Myrsinites 2.) serrata** Neilr., welche auf den Apenninen,
Pyrenäen, den Alpen der Dauphiné und der ganzen Centralkette der Alpen,
auf dem schottischen und skandinav. Hochgebirge und im ganzen arktischen
Europa vorkommt und ebenso im altaischen Sibirien, auf Kamtschatka und der
Tschucktschen Halbinsel, auf Labrador, Grönland, Island angetroffen wird

Die nördliche *S. polaris* Wahlbg. und Fries schliesst sich durch die ganzrandigen kahlen beiderseits glänzend grünen Blätter, zweifarbige Kätzchenschuppen sparsam behaarte Fruchtknoten, purpurne verlängerte Griffel und purpurne lineale Torusdrüse an *S. Myrsinites* 1.) Jacquiniana an. unterscheidet sich jedoch durch die stumpfe elliptische oder fast krei-runde Blattform und stehen bleibende kürzere. nur mit 2 Blättern bekleidete Kätzchenstiele. Mit *S. herbacea* mit der sie von den Autoren gewöhnlich verglichen wird, stimmt sie nur in dem letzten Merkmal und im Zuschnitt des Blattes. überein, gehört aber durch die Bildung ihrer Blüthen in die Rotte *Myrtosalix*.

An die Rotte *Myrtosalix* schliesst sich der in Niederösterreich nicht vertretene Weidentypus der *S. caesia* an, welche wir als eigene Rotte *Caesiae* auffassen und folgendermassen charakterisiren:

Sect. Caesiae. *Fruticuli ramosissimi ramis brevibus, erectis vel adscendentibus, senioribus torulosis. Folia elliptica, brevissime acuminata, integra, margine reflexa, utrinque opaca et subtus glauca, glabra vel sericea, dum marcescunt, rufescentia. Squamae e viridi flavae unicolores vel apice rubescentes Glandula tori oblonga, flava. Antherae post anthesin flavae. Germen sessile vel brevissime pedicellatum, tomentosum. Stylus elongatus, purpurascens. stigmatibus purpureis ovatis brevibus, integris vel emarginatis capitatus. Valvae capsulae post dehiscentiam extrosum arcuatae, falcatae, purpurascentes.*

Hieher gehört von europäischen Weiden. *S. caesia*. — Sie mahnt in der Blattform an die *S. myrtilloides*, in der Form der fast kopfförmigen Narben an die *S. purpurea*, stimmt aber in der Verästlung, in der Form des Fruchtknotens und des Torus, so wie in der Farbe des Griffels und der Narben mit den Myrtweiden, durch erstere zwei Merkmale auch mit den Buschweiden überein, dem entsprechend sie auch am richtigsten zwischen diese beiden Rotten eingeschoben wird.

Sect. VI. Arbusculae. *Fruticuli ramosissimi, ramis brevibus, erectis vel humifusis, senioribus torulosis. Folia lanceolata, oblonga vel elliptica, acuta, margine plana, supra viridia nitida, subtus glauca, glabra vel rarie pubescentia, dum marcescunt, rufescentia. Amenta coactanea, pedunculata vel sessilia, recta. Squamae discolores. Glandula tori oblonga, flava. Antherae post anthesin flavae. Germen brevissime pedicellatum tomen-*

11*

tosum. Stylus elongatus tenuis. Stigmata biloba vel bipartita, laciniis filiformibus, patentibus vel extrorsum arcuatis, flavis. Valvae capsulae post dehiscentiam extrorsum arcuatae, falcatae.

15. S. arbuscula 1.) Waldsteiniana (Koch. Syn. ed. 2. p. 576.)

— Amenta coaetanea, gracilia, staminigera bis-ter, pistilligera ter-quater longiora quam latiora, pedunculata. Pedunculus foliatus, post anthesin cum rhachite amenti fructiferi elongatus, caducus. Squamae oblongae, acutae vel obtusae, versus apicem rubiginosae vel purpurascentes, longe villosae. Glandula tori oblonga, truncata, flava, basin germinis superans. Germen ovato-conicum, *albido-tomentosum, brevissime pedicellatum, stylo elongato, stigmatibus bifidis, lobis filiformibus, patentibus vel extrorsum arcuatis, flavis.* Valvae capsulae post maturitatem falciformes, extrorsum arcuatae. Stamina duo, filamentis glabris, *antheris flavis.* Folia elliptica, bis longiora quam latiora, acuta, apicem et basin versus aequaliter attenuata (rarius obovata et obtusa) integra vel paucis dentibus remotis serrata, adolescentia subtus **sericea, adulta glaberrima**, supra saturate viridia, nitida, laevigata, *subtus glauca opaca*. Nervus medius flavescenti-rubiginosus, elevatus. Nervi secundi ordinis utroque latere 10—14, **minus elevati**, tenuissimi. Folia dum marcescunt rufescentia. Rami breves, **erecti vel** adscendentes, subfurcato-ramosi, cicatricibus torulosi.

Am. ♂ 15—26^{mm} lg. 8—12^{mm} lt. Am. ♀ 15—30^{mm} lg. 5—8^{mm} lt. Squam. 1.5—2^{mm} lg. Germ. 2—3^{mm} lg. Styl. et stigm. 1—1.5 lg. Stam. 5—6^{mm} lg.

Fol. 18—40^{mm} lg. 8—20^{mm} lt.

Wir haben den Linné'schen Namen *S. arbuscula* für unsere Pflanze beibehalten. Nach der einstimmigen Ansicht der schwedischen Botaniker verstand Linné unter seiner *S. arbuscula* allerdings die gegenwärtig von den meisten Autoren so benannte Weide, aber auch noch mehrere verwandte Weidenformen in deren Erklärung die genannten Botaniker wesentlich abweichen. — Die *S. phylicifolia* Linné's soll nach Fries mit der *S. bicolor* Ehrh. identisch sein. Es ist jedoch höchst unwahrscheinlich, dass Linné eine mit *S. arbuscula*
[1]) *Waldsteiniana* Koch so sehr verwandte Pflanze wie die *S. bicolor* Ehrh. von seiner *S. arbuscula* sollte getrennt und anderseits eine so ausgezeichnete häufige Weide wie die *S. nigricans* Sm. u. Fries ist, nicht als Art sollte beschrieben haben. Wir schliessen uns daher Wahlenberg's Ansicht an, welcher unter *S. arbuscula* nebst der hier beschriebenen Weide (= *S. Waldsteiniana* Willd. Koch com.) auch die *S. bicolor* Ehr. (= *S. Weigeliana* Willd., *S. arbuscula* Koch com.) die auf die Autorität von Fries in der 2. Auflage von Koch Syn. unrichtig mit der Linné'schen *S. phylicifolia* identificirt wurde, begreift, — und halten mit Wahlenberg die *S. nigricans* Smith, Fries und der späteren Autoren für die Linné'sche *S. phylicifolia*. Da jedoch der Name *S. phylicifolia* vieldeutig geworden, so wollen wir im Folgenden den jetzt von den meisten Autoren für die Linné'sche *S. phylicifolia* gebrauchten Namen *S. nigricans* adoptiren.

S. pulchella, alpestris, flavescens Host Sal. p. 30—31. tb. 98—101. — *S. coruscans* Host Sal. p. 28 tb. 95 plant. fem. fig. 4—6. — *S. arbuscula* Fries Nov. Fl. suec. M. 4. p. 49. Herb. norm. V. Nr. 61. Wimm. Herb. Salic. Nr. 75 u. 76. Neilr. Fl. v. N. Oest. p. 265.

Nur auf den höheren felsigen Kuppen erscheint *S. arbuscula* in unseren **Alpen** mit liegendem Stamme und aufsteigenden Aesten. Gewöhnlich erwächst sie zu einem 2—3 Schuh hohen aufrechten, vielästigen, buschigen Strauch, dessen kurze zähe biegsame Aeste fast gabelig verzweigt und von den stark vorspringenden Narben der abgefallenen Kätzchenstiele knorrig erscheinen. Die Rinde der 1—3jährigen Zweige ist braun, glatt, wenig glänzend und wird im vierten bis fünften Jahre von zarten dichtgedrängten Längsrunzeln durchzogen und glanzlos. Selten erscheint die Rinde jüngerer Zweige gelblich, wie sie Host an der von ihm auf den niederösterr. Dürenstein angegebenen *S. flavescens* (Host Sal. p. 31 tb. 101) beschreibt und abbildet. — Die obere Blattseite ist glatt glänzend dunkelgrün, im getrockneten Zustande von etwas vorspringenden feinen Seitennervchen geadert, die untere Seite ist bläulich, der Mittelnerv gelb oder röthlichgelb stark vorspringend, die Seitennerven der unteren Seite hingegen mit der Blattfläche gleichfarbig wenig vorspringend. Fiedernerven 10—14 Paare. Die gewöhnlichste Form der niederösterreichischen Kalkalpen die mit Exemplaren aus den bairischen, salzburgischen, tirolischen, karnischen und julischen Alpen so wie mit Exemplaren aus den siebenbürgischen Karpathen vollkommen übereinstimmt, besitzt ellyptische, spitze, gegen den Blattstiel und die Spitze gleichmässig verschmälerte Blätter, die nochmal so lang als breit, im Alter beiderseits kahl und entweder vollständig ganzrandig oder dort wo sie am breitesten sind mit einigen entfernt stehenden Sägezähnen versehen erscheinen. Seltener ist der verkehrteiförmige Blattypus ausgesprochen und eben so selten werden auf der Raxalpe schmalblätterige Formen angetroffen, deren Blätter dreimal so lang als breit und fast lanzettlich sind und dann den Blättern der Exemplare gleichen, die von Fries im Herb. norm. Fasc. V. Nr. 64 ausgegeben worden sind. Auf den westlich angrenzenden steirischen und oberösterreichischen **Kalkalpen**, namentlich auf dem Dachsteingebirge wo *S. arbuscula* ungemein häufig auftritt, finden sich Formen, deren Blätter von entfernt stehenden Sägezähnen im ganzen Umkreise gesägt sind, häufiger als bei uns, und auf kalkfreien Substrate in den Centralalpen, so wie auf dem skandinavischen Hochgebirge erscheinen die Blätter der *S. arbuscula* mit dicht nebeneinander stehenden grossdrüsigen Sägezähnen berandet und stellen die **S. arbuscula** *β.* **foetida** Koch (Syn. p 569) dar.

Die Kätzchen unserer Pflanze sind schlank und nach dem Blühen sehr verlängert. Es liegen uns Exemplare vor, deren fruchttragende Kätzchen bis 7 Centim. lang sind. — Auf die manchmal bis zum Fruchtknoten getrennten Griffel dieser Art wurde schon im Eingange (Seite 35) aufmerksam gemacht.

S. arbuscula ist eine weit verbreitete Gebirgsweide, die in Europa nur den Hochgebirgen auf den südlichen Halbinseln fehlt. Sie findet sich in den Pyrenäen, in dem ganzen Alpensysteme, in den Karpathen, auf dem schottischen und norwegischen Hochgebirge und in der arktischen Zone in

Lappland; in Asien am Kaukasus, Altai, auf den Hochgebirgen Dauriens und des baikalischen **Sibiriens**.

In der **montanen Region Skandinaviens**, auf der finnischen Seenplatte, auf dem baltisch - uralischen Landrücken und dem herzinisch - sudetischen Gebirgswalle (vorzüglich also in den Uferländern der Ostsee, welche dieser ihr Wasser zusenden) ist die *S. arbuscula 1) Waldsteiniana* durch die Parallelform *S. arbuscula 2) Weigeliana* vertreten und letztere findet sich im Riesengebirge bei 4000' und am Harze in dem Höhengürtel von 3000—3500'.

Im Gebiete der Nordalpen erscheint *S. arbuscula 1) Waldsteiniana* in Baiern zwischen 4300—6640', in Niederösterreich im Höhengürtel von 4500' bis 6300'. Innerhalb dieser angegebenen Grenzen wächst sie auf den niederösterreichischen Kalkalpen: auf der Esslingalpe, dem Dürenstein, dem grossen Zellerhut, dem Göller, der Raxalpe und dem Schneeberge. Sie liebt vorzüglich westliche mit Krummföhren bewachsene Lehnen und bildet mit Vaccinien und Rhododendren eine buschige Strauchformation.

Die **S. arbuscula 2) Weigeliana** *) (*S. Weigeliana* Willd. Sp. pl. IV. p. 678 — *S. bicolor* Ehrh. Beitr. V. p. 162. Koch. Syn. ed. 1. p. 653) verhält sich zu der alpinen *S. arbuscula 1) Waldsteiniana* ganz ähnlich wie *S. retusa* **var.** *Kitaibeliana* zu *S. retusa* **var.** *serpyllifolia* und wie die Thalformen der *S. nigricans* und *S. glabra* zu ihren alpinen Formen. Sie stimmt in der **Form** der Blätter der Torusdrüse, der Fruchtknoten, der Staubfäden und Kätzchenschuppen nach Exemplaren aus dem Riesengebirge, vom Brocken und aus Dalecarlien vollkommen mit *S. arbuscula 1) Waldsteiniana* überein und stellt nur eine in allen Theilen grössere üppigere Parallelform tieferer Höhenlagen dar. Ihre Blätter sind bis zu 5 Centim. lang und 3 Centm. breit, die Aeste sind weniger knorrig, die Kätzchenschuppen Staubfäden und Griffel von grösserem Ausmasse und die Fruchtknoten etwas länger gestielt als bei unserer *S. arbuscula 1.) Waldsteiniana*. Bei diesem grösserem Ausmass der Blüthentheile ist aber die Kätzchenspindel der *S. arbuscula 2) Weigeliana* nicht entsprechend verlängert und darum erscheinen ihre Kätzchen kürzer gestielt und sind, wenn sie auch in Beziehung ihrer absoluten Länge jenen der *S. arbuscula 1.) Waldsteiniana* gleichen, völler und dicker **als jene der** letztgenannten Weide und **zwar die** ♂ **nur** 1½ bis **2 mal, die** ♀ **nur 2—3 mal so lang als breit.** Die Verlängerung der kätzchentragenden Aestchen und das dadurch bedingte etwas abweichende Aussehen **kommt aber in ganz ähnlicher** Weise auch den alpenbewohnenden Formen der *S. nigricans* und *S. glabra* **zu**, so wie auch schon bei *S. amygdalina*

---

*) Wir wählten hier den Namen *S. Weigeliana*, weil der Name *S. bicolor* den Gedanken involviren könnte, dass nur diese Form der *S. arbuscula* zweifarbige Blätter besitze, während doch beide Parallelformen hierin ganz mit einander übereinkommen. Ueberdiess wird durch diese der sudetisch-herzinischen Parallelform reservirte Benennung der Name eines um die Flora der Sudeten verdienten Mannes, der die nach ihm bezeichnete Weide zuerst im Riesengrunde auffand, erhalten, während die alpinisch-karpathische Parellelform den Namen eines um die Flora der östlichen Alpen und Karpathen hochverdienten Mannes trägt.

erwähnt wurde, dass die in subalpinen Gegenden heimischen Sträucher bei kleinem Ausmass der Blüthen eine sehr verlängerte Kätzchenspindel zeigen. Vergleicht man die *S. nigricans* aus der Ebene von Wien und jene aus der Krummholzregion der Alpen, stellt man endlich die *S. glabra* aus den subalpinen Thälern und jene der höchsten Kuppen unserer Alpen neben einander, so findet man, dass bei der einen wie bei der anderen die der tieferen Höhenlage angehörige Form bei grösserem Ausmasse aller Organe fast sitzende an der Basis nur mit wenigen schuppenförmigen Blättern umgebene Kätzchen besitzt, während die gleiche Art aus höheren Regionen lang gestielte Kätzchen zeigt deren Kätzchenstiele mit Blättern bekleidet sind die denen der anderen Zweige vollkommen in Form und Grösse gleichen. Ja selbst an ein und demselben Strauche kann man beobachten, dass sich in jenen Jahren wo nach langem Winter die warmen Tage des Frühlings erst spät aber plötzlich eintreten, die kätzchentragenden Aestchen mehr verlängern und die Blätter der Kätzchenstiele mehr entwickeln. — Die *S. arbuscula 1.) Waldsteiniana* findet sich in den Alpen und Karpathen nirgends unterhalb der unt. Grenze des Knieholzes. Sie liebt vorzüglich feuchte westlich exponirte Lehnen und ihre untere Grenze wird wie die so vieler anderer Alpenpflanzen durch die abnehmende Feuchtigkeit gegen unsere continentalen Ebenen bedingt. In dem Bergwalle, welcher die baltische Ebene im Südosten abschliesst, auf welchen sich daher der Einfluss des Meeres entschieden geltend macht, ist die untere Höhengrenze der *S. arbuscula* (ebenso wie jene der *S. herbacea*) auffallend deprimirt und wenn wir noch näher gegen die Meeresküste zum baltisch-uralischen Landrücken hinabsteigen, so finden wir dort dieselbe Weidenart in der Ebene wieder. Ganz in demselben Verhältnisse aber wie sich an vielen anderen Weiden bei rasch eintretender Wärme das Laub der kätzchentragenden Aestchen mächtiger entwickelt und die Kätzchenspindel mehr in die Länge streckt, bei langsam zunehmender Wärme jedoch die Kätzchen in ihrer Entwicklung den Blättern mehr vorauseilen aber kurz gestielt bleiben, — finden wir auch in unserem continentalen Alpenbezirke und in den Karpathen, wo nach Schmelzen des Schnees den Pflanzen plötzlich eine grosse Wärmemenge zugeführt wird, das Laub der verlängerten Kätzchen mehr entwickelt, auf den niederen Landrücken längs der Küste, wo durch

---

*) Wir stellen hier die Extreme der Maasse von *S. arbuscula 1.) Waldsteiniana* und *2.) Weigeliana* neben einander:

S. arb. 1.) Waldsteiniana.	*S. arb. 2.) Weigeliana.*
Am. ♂ 15—26^{mm} lg. 8—12^{mm} lt.	Am. ♂ 20—26^{mm} lg. 12—15^{mm} lt.
Am. ♀ 15—30^{mm} lg. 5—8^{mm} lt.	Am. ♀ 15—35^{mm} lg. 8—12^{mm} lt.
Squam. 1.5—2^{mm} lg.	Squam. 2—4^{mm} lg.
Styl. et stigm. 1—1.5^{mm} lg.	Styl. et stigm. 1.5—2^{mm} lg.
Stam. 5—6^{mm} lg.	Stam. 6—7^{mm} lg.
Fol. 18—40^{mm} lg. 8—20^{mm} lt.	Fol. 28—52^{mm} lg. 10—30^{mm} lt.

den Einfluss des Meeres die klimatischen Extreme mehr eliminirt werden, die
Kätzchen fast vorläufig, sitzend und an der Basis nur mit kleinen Blättchen
bekleidet.

Die **S. pyrenaica Gouan.** der Pyrenäen vermögen wir nach Exemplaren vom Pic d. Midi im Herb. Jordan von *S. arbuscula* gleichfalls nicht
zu scheiden. Sie kommt in der Form aller Organe vollkommen mit *S. arbuscula* überein und weicht nur wie die südlichen Parallelformen vieler anderer
Pflanzen durch die Behaarung ab. Die Fruchtknoten sind nemlich von abstehenden Haaren etwas mehr zottig, die Blätter in der Jugend flaumig und
selbst im Alter noch an den Nerven der unteren Blattseite, so wie an den
Rändern von abstehenden etwas krausen Haaren gewimpert.

Die *S. pyrenica * norvegica* Fries (Nov. Fl. suec. M. I. p. 74. Herb. norm.
Fasc. VII.) halten wir nach dem Original-Exemplar im Herbarium normale
für einen Bastart aus *S. herbacea* und *S. arbuscula*, welchen wir nach dem
Entdecker Prof M. Blytt, **S. Blyttii** nennen. Sie stimmt durch die nicht
abfallenden Kätzchenstiele („amentis ramulo subterminali foliato *persistente*
pedunculatis.- Fries), die einfarbigen abgestutzten gelblichen Kätzchenschuppen und die armblüthigen zwischen zwei verhältnissmässig grossen
Blätter steckenden Kätzchen, so wie durch die stumpfen am Rande fein
gekerbten. fast benervten, netzig-adrigen Blätter mit *S. herbacea*, — durch
die Behaarung der kurzgestielten Fruchtknoten und den verlängerten fädlichen
Griffel mit *S. arbuscula* überein.

S. glauca L., welche in der nördlichen arktischen Zonne der alten
und neuen Welt und von den Pyrenäen durch den westlichen Theil der Alpen
bis zum Oetzthalerstock vorkommt. dann *S. Lapponum* L., die in den Sudeten,
in der europäisch-arktischen Zonne und von den skandinavischen Gebirgen
und den Uferländern der Ostsee über den baltisch-uralischen Landrücken ostwärts bis Kamtschatka und in das nördliche Amerika verbreitet ist und in
dem Alpensysteme durch die Parallelform *S. helvetica* Vill. vertreten erscheint,
fehlen in Niederösterreich, so wie in der ganzen Kette der nördlichen
Kalkalpen

Sect. VII. **Viminales** Koch. — *Frutices. ramis longissimis, erectis,
non pruinosis. Folia lanceolata vel sublinearia, elongata, acuminata, subtus vel sericeo-micantia vel glabra, dum marcescunt
rufescentia. Amenta praecocia, sessilia, recta. Squamae discolores. Glandula tori linearis, flava. Antherae post anthesin
luteae vel sordide flavae. Germen sessile vel breviter pedicellatum, cano-tomentosum. Stylus tenuis. Stigmata linearia et
patula, vel filiformia et extrorsum arcuata, flava. Valvae
capsulae post dehiscentiam extrorsum arcuatae, falcatae.*

16. S. viminalis L. Sp. 1448. — Amenta praecocia, sessilia, densiflora, oblonga, staminigera et pistilligera bis — ter longiora quam latiora. Squamae discolores ovatae vel oblongae, acutiusculae, longe villosae. Glandula tori linearis, incurva, basin germinis superans, flava. Germen sessile, sericeo-tomentosum ovatum, in stylum elongatum productum, *stigmatibus elongatis stylum aequantibus*, indivisis, extrorsum arcuatis, flavis. Valvae capsulae post maturitatem falciformes, extrorsum arcuatae. Stamina duo, filamentis liberis, glabris, antheris luteis. Folia linearia vel lineari-lanceolata elongata, acuminata, decies longiora quam latiora, margine undulata et subrevoluta, *integra* vel subrepanda, supra glabra, obscure viridia, subtus agenteo-sericea, micantia. Stipulae lineari-lanceolatae. Rami elongati, tenaces, juniores pubescentes, adulti glabrati, e viridi flavescentes. Cortex interior virescens.

Am. ♂ 20—40ᵐᵐ lg. 12—16ᵐᵐ lt. Am. ♀ 15—30ᵐᵐ lg. 8—10 ᵐᵐ lt. Squam. 1.5—2ᵐᵐ lg. Gland. tori 0.5—1ᵐᵐ lg. Germ. 1.5—3ᵐᵐ lg. Styl. 1—1.5ᵐᵐ lg. Stigm. 1ᵐᵐ lg. Stam. 8—10ᵐᵐ lg.

Variat foliorum forma:

a. vulgaris. Folia elongato-lanceolata, decies longiora quam latiora.

Fol. 80—120ᵐᵐ lg. 8—12ᵐᵐ lt.

S. viminalis Host Salix p. 16. tb. 54. pl. maar. — Fries Nov. Fl. suec. p. 61. Herb. norm. Fasc. I. Nr. 61. Koch Syn. p. 561 Wimm. Flora 1849 p. 35. Kov. Fl. exs. Vind. Nr. 1055, 1056. Neilr. Fl. v. N. Oest. p. 259.

b. tenuifolia. Folia linearia, longissima, duodecis — octodecies longiora quam latiora.

Fol. 100—150ᵐᵐ lg. 5—10ᵐᵐ lt.

S. viminalis b. foliis angustissimis Wimm. Flora 1849. p. 35.

Durch die reichbeblätterten langen Ruthen und das beim geringsten Lufthauche atlasartig schillernde Laubwerk fällt diese Weide schon von Weitem auf und bildet in kräftigem Wuchse einen prächtigen Anblick. Ihre jährigen Triebe sind unter allen Arten der Abtheilung *Macrostylae* am meisten verlängert. Demungeachtet ist der järliche Zuwachs an Höhe bei diesem Strauche nur sehr gering, da die am oberen Ende der Zweige sitzenden Laubknospen nach dem Abfallen der Kätzchen gewöhnlich verkümmern und die neuen aus den unteren Laubknospen sich entwickelnden Sprossen sich nur wenig mehr erheben als die vorjährigen. So kommt es, dass man nach einem Zeitraum von 10 Jahren, in welchem benachbarte junge Weidenanflüge zu einem Weidenwald herangewachsen sind, die S. viminalis immer noch als Strauch von fast gleicher Grösse sieht, der auch niemals eine bedeutende Höhe erreicht und bei uns sich nur selten zu 2 Klaftern erhebt. — Die Blätter sind bei der Var. a. verlängert lanzettlich und der grösste Breitendurchmesser fällt auf das untere Drittheil derselben; bei der sehr seltenen Var. b. sind sie vollständig lineal. Sie sind etwas wellig und fast zurückgerollt und manchmal lassen sich drüsige Verdickungen, wie sie bei den gesägtblättrigen Weiden an den Sägezähnen aufsitzen, an einzelnen Stellen des geschweiften Randes wahrnehmen, ohne dass eigentliche Sägezähne vorhanden wären. Der Mittelnerv so wie die Seitennervchen sind an der oberen schmutzig-dunkelgrünen Blattseite etwas eingedrückt und dadurch diese Fläche von einem sehr feinen vertieften Linien-Netze durchzogen. Die Nerven der unteren Blattseite sind vorspringend. Der Mittelnerv ist röthlich-gelb; die bogig gegen den Rand verlaufenden Fiedernerven sind abwechselnd länger und kürzer, so zwar, dass zwischen je zwei bis zum Rand deutlich sichtbar vorspringenden Nerven 1—3 kürzere nur bis zur Mitte der entsprechenden Blatthälfte deutlich vorspringende Nerven zu stehen kommen. Von den längeren Fiedernerven sind an einem Blatte gewöhnlich 20—30 vorhanden. — Der aus unendlich zarten kurzen parallel den Fiedernerven anliegenden Härchen gebildete atlasartig glänzende Ueberzug der unteren Blattseite ist an sonnigen Standorten silberweiss, an schattigen Plätzen wird derselbe dünner und die Blattfläche erscheint grünlich schimmernd. Sonst ist der Kreis der Abänderungen bei dieser Weide ein sehr beschränkter.

Erwähnenswerth ist nur noch eine am Brückendamm bei Mautern an der Donau und in der Aue zwischen Penzing und Hütteldorf vorkommende Form, die sonst mit *S. viminalis* a. *vulgaris* übereinstimmt, aber tief zwei-spaltige Narben mit fädlichen Lappen besitzt. Host hat dieselbe Pflanze (und merkwürdiger Weise nicht die gewöhnliche verbreitete *S. viminalis* mit ungetheilten fädlichen Narben) als *Salix viminalis* ♀ tab. 55. abgebildet und sagt auch in der Beschreibung pag. 16 „Stigmata bifida". Ob diese Weide nur eine Spielart der *S. viminalis* darstellt oder als ein der *S. viminalis* sehr nahe stehender Bastart anzusehen sei, wage ich nicht zu entscheiden. Weder die Blätter noch die Blüthen geben irgend einen Anhaltspunkt um auf eine zweite Stammart schliessen zu können. Da von den bisher bekannt gewordenen Blendlingen, an welchen man *S. viminalis* betheiligt hält, jene mit *S. amygdalina* durch zwei-spaltige Narben sich auszeichnen, so könnte sie vielleicht noch am ehesten diesen Blendlingen *(S. hyppophaeifolia, undulata, mollissina)* angereiht werden. Mit *S. mollissima* Ehrh., welche als eine *S. superviminalis-amygdalina* anzusehen ist, kommt übrigens unsere Pflanze nicht überein, unterscheidet sich von ihr durch spitze braunpurpurne gegen die Spitze schwärzliche Kätzchenschuppen, dichtere silberweisse Bekleidung der unteren Blattseite und ist, wie gesagt, nur durch die zweispaltigen Narben von der *S. viminalis* a. zu unterscheiden.

Die Korbweide ist durch die Niederländer von fast ganz Europa, vom Polarkreis südwärts bis in die südrussischen Steppen, Rumelien und das südliche Frankreich verbreitet und scheint nur südlich der Alpenkette zu fehlen. [*)] In Asien wird sie gleichfalls an den Ufern des Irtisch, an der

---

*) Nach Bertoloni südlich der Alpen nur gepflanzt. — Auch in Ostindien und Nordamerika ist sie nicht ursprünglich einheimisch, sondern aus Europa eingeführt.

Tunguska und in Daurien angegeben. Doch scheint die asiatische Form nach Exemplaren aus der Hand Ledebours im Wiener Museum von der europäischen specifisch verschieden.

Die Korbweide ist bei uns recht eigentlich eine Weide der Niederungen und dringt aus den Donau-Ebenen weder in die subalpinen Thäler der Alpen noch der Karpathen vor, so wie sie sich auch nirgends auf das Plateau des böhmisch-mährischen Gebirges zu erheben vermag.*) In Baiern fällt ihre obere Grenze auf 1450', in Niederösterreich schon auf 1000'. Unter dieser Höhe findet sie sich in Niederösterreich vereinzelt oder in kleinen Gruppen zwischen anderen Weiden im ganzen Donauthal und im Bereiche des Unterlaufes aller in die Donau mündender Flüsse; am häufigsten in den Donau-Auen bei Thallern, an der Wien bei Schönbrunn und an der Pielach bei Haunoldstein. Wir beobachteten sie nur im Inundations-Terrain der Flüsse und Bäche und am besten gedeiht sie dort auf angeschlemmten tiefgründigen Boden an den versumpfenden Seitenarmen. Sie verkümmert sobald sie von höheren schattengebenden Bäumen überwachsen wird. — Die Var. b. bisher nur am Donauufer nächst Rossatz.

17. ⚥ **S. Hostii** (*superviminalis - Caprea*). — Amenta praecocia, sessilia, densiflora. staminigera ovata bis —, pistilligera oblongo-cylindrica ter—quater longiora quam latiora. Squamae discolores. oblongae, acutiusculae, longe villosae. Glandula tori linearis, incurva, flava, *basin germinis superans*. Germen *brevissime pedicellatum*, sericeo-tomentosum. ex ovata basi conicum et in stylum elongatum productum. *Stigmata stylo breviora*, filiformia, indivisa, extrorsum arcuata. flava. Valvae capsulae post maturitatem falciformes, extrorsum arcuatae. Stamina duo, filamentis liberis, glabris, antheris luteis. Folia *lineari-lanceolata*, *elongata*, *acuminata*, *septies—octies longiora quam latiora*, margine undulata et subrepanda, *supra glabra*, obscure viridia, subtus sericea et *micantia*. Stipulae lanceolatae. Rami elongati, tenaces. juniores saepe pilis adpressis pubescentes, *adulti glaberrimi*, e viridi flavescentes.

Am. ♂ 30—40ᵐᵐ lg. 18—24ᵐᵐ lt. Am. ♀ 35—55ᵐᵐ lg. 10—12ᵐᵐ lt.
Squam. 2.5—3ᵐᵐ lg. Gland. tori 1ᵐᵐ lg. Germ. 2.5—4ᵐᵐ lg. Styl. 1.5—2ᵐᵐ lg. Stigm. 1ᵐᵐ lg. Stam. 10—12ᵐᵐ lg.
Fol. 100—150ᵐᵐ lg 15—22ᵐᵐ lt.

S. longifolia Host Salix. tb. 63. — Host verstand unter seiner S. longifolia drei verschiedene Bastarte, nämlich: 1. die hier beschriebene der S. viminalis sehr nahe stehende Form (nach d. ♀ Exemplare im Host'schen Garten), 2. einen Bastart aus S. viminalis und S. Caprea, welcher so ziemlich die Mitte zwischen den beiden Stammeltern hält und sich auf Taf. 62 von Host Salix abgebildet findet (nach d. ♂ Exemplare im Wien. bot. Gart.) und 3. einen Blendling aus S. viminalis und S. cinerea (nach ♀ Exemplaren im Wien. bot. Garten). — Koch erhielt die erste und zweite Weide aus dem Wiener Garten und zählte die zweite unter seiner S. acuminata Hoppe ... specios Hortulanorum dub.* Syn. p. 562, die erste aber unter S. stipularis Smith. — Die Smith'sche S.

*) Ein verkümmerter Strauch bei Gross-Gerungs im Waldviertel bei 1600' — entwundelbar aber dort nicht einheimisch., sondern gepflanzt.

stipularis aber, welche Koch von der Insel Nordeney und aus England erhalten hatte, ist wohl der ♀ *S. longifolia* des Host'schen Gartens sehr ähnlich, unterscheidet sich aber von ihr durch die oberseits etwas flaumigen Blätter und starke sammtige Behaarung der ein- und zweijährigen Zweige. Sie ist diesen Merkmalen nach zu schliessen ein Bastart aus *S. viminalis* und *S. cinerea* und nimmt in der Reihe von Blendlingen, durch welche *S. viminalis* mit *S. cinerea* verknüpft erscheint, ganz den analogen Platz ein, welchen *S. Hostii* in der Bastartreihe von *S. viminalis* zu *S. Caprea* behauptet. — Wimmer begreift unter *S. viminalis - Caprea* f. *stipularis* Flora 1849. p. 42 = *S. vim.-Caprea* b. *angustifolia* Denkschr. p. 160 nach dem Citate „*S. stipularis* Host" [*]) erstens den hier beschriebenen Blendling, dann aber noch eine bei Breslau von ihm gefundene Weide, die wohl in der schmalen langen Blattform mit *S. Hostii* übereinstimmt, sich aber durch längere Fruchtknotenstiele (welche der Torusdrüse an Länge gleich kommen) unterscheidet. In nachfolgender Uebersicht der Bastartreihen von *S. viminalis* zu *S. cinerea* und *S. Caprea* wird diese letztere nach dem Fundorte Breslau als *S. Vratislaviana* aufgeführt werden.

Die *S. Hostii* unterscheidet sich von *S. viminalis* durch weniger lang zugespitzte, verhältnissmässig breitere Blätter, längere Staubfäden und daher dickere Staubkätzchen, doppelt so grosse ♀ Kätzchen, etwas gestielte Fruchtknoten, verhältnissmässig kürzere Narben und durch ein grösseres Ausmass fast aller Organe.

Der Typus der *S. viminalis* ist in dieser Pflanze so vorwiegend, dass es ohne Ueberblick über alle die Reihen von Blendlingsarten, welche die *S. viminalis* mit anderen Stammarten bildet, unmöglich wäre die zweite Stammart auch nur annähernd zu errathen. Vergleicht man aber die vorliegende Pflanze mit allen bisher von *S. viminalis* bekannt gewordenen Bastarten, so findet man, dass dieselbe unter ihnen das letzte an *S. viminalis* sich unmittelbar anschliessende Glied einer reichhaltigen Kette von Blendlingsarten ist, welche die *S. viminalis* und *S. Caprea* verknüpfen und dass sich an sie die von Wimmer in der Flora 1849 p. 42 charakterisirten Blendlinge aus *S. viminalis* und *Caprea* in der Weise anreihen, dass var. f. *stipularis* zunächst auf die hier beschriebene Form folgt, während b. *acuminata* und a. *intermedia* die weiteren Glieder bilden und endlich c. *capraeformis* das Schlussglied der Bastartreihe darstellt, das sich schon mehr dem Typus der *S. Caprea* nähert. Die hier als *S. Hostii* bezeichnete Blendlingsart ist mit der im Hostischen Garten von Host gepflanzten ♀ *S. longifolia* übereinstimmend.

Sie wurde von uns in mehreren Sträuchern in Gesellschaft von *S. viminalis* nächst dem Brückendamme bei Mautern an der Donau (600') neuerdings aufgefunden.

18. ⚥ **S. sericans** Tausch pl. sel. (*viminalis - Caprea*). Amenta praecocia, sessilia, densiflora, ovato-oblonga, staminigera semel et semissi pistilligera bis — ter longiora quam latiora. Squamae discolores, lanceolatae,

---

[*]) Host hat keine *S. stipularis* beschrieben und auch die von uns so genannte *S. Hostii* befand sich als *S. longifolia* im Host'schen Garten. Es ist jedoch unzweifelhaft, dass Wimmer unter *S. stipularis* Host diese *S. longifolia* des Host'schen Gartens meint, dieselbe, welche Koch aus Wien erhalten und zu seiner *S. stipularis* gezogen hat.

acutiusculae, supra medium purpureo-nigricantes, villosae. Glandula tori linearis, flava. Germen ex ovata basi conicum, sericeo-tomentosum. in stylum elongatum productum. *pedicellatum, pedicello glandulam tori aequante.* Stigmata *lin-aria, stylum aequantia*, indivisa. extrorsum arcuata, post anthesin conniventia. Stamina duo, filamentis glabris, liberis, antheris flavis. Folia *oblongo-lanceolata*, acuminata, *quater — quinquies longiora quam latiora*, margine repanda et subundulata, adolescentia subtus cana, subsericeo-tomentosa. *adulta subtus opace tomentosa, supra glabra*, obscure viridia. Stipulae semicordatae. acutae. Ramuli juniores pubescentes, *adulti glaberrimi*.

Am. ♂ 25—35^{mm} lg. 16—25^{mm} lt. Am. ♀ 20—30^{mm} lg. **8—10^{mm} lt**.

Squam. 3^{mm} lg. Germ. 3—3.5^{mm} lg. Styl. 1^{mm} lg. Stigm. 1^{mm} **lg. Pedicell.** 1^{mm} lg.

Folia 80—130^{mm} lg. 15—25^{mm} lt.

S. longifolia Host **Salix tb. 62** (specim. masc. hort. bot. Vindob. Vide Syn. *S. Hostii* — *S. lanceolata* Fries Nov. Fl. suec. M. I. p. 61 pro parte. Fries hat unter dem Namen *S. lanceolata* sehr verschiedene Bastarte aus *S. viminalis* und *S. Caprea*, so wie auch aus *S. viminalis* und *S. cinerea* verstanden. Es geht diess sowohl aus seiner Beschreibung so wie aus den im Herb. normale ausgegebenen Exemplaren hervor. So ist z. B. die im **Herb. norm.** Fasc. II. als *S. lanceolata* ausgegebene Form die *S.* **viminalis-Caprea** var. *capraeformis* Wimm., während die *S. lanceolata* in Fasc. I. Nr. **63** einen Blendling aus *S. viminalis* und *S. cinerea* darstellt.) — *S. acuminata* Koch Syn. p. 561. (Die oben beschriebene Pflanze wird von Koch bei *S.* **acuminata** Sm. zitirt. Die Smith'sche *S. acuminata* ist aber nach der Ansicht von Patze gleich der *S. dasyclados* Wimm. [siehe Wimm. Denksch. **p. 161**] und wurde von Koch mit dem ihr etwas ähnlichen oben beschriebenen Blendling verwechselt oder zusammengefasst. Da der Name *S. acuminata* überdiess von Hoffmann auf die *S. cinerea* L., von Host auf die *S.* **daphnoïdes** Vill. und von Roth auf eine Pflanze übertragen wurde, welche Wimmer als *S. Caprea-dasyclados* beschrieben hat, somit der Name *S. acuminata* sehr vieldeutig geworden ist und sich ursprünglich [bei Sm.] auf eine andere Pflanze bezog, als die beschriebene *, so wählten wir den Tausch'schen Namen *S. sericans*, um so mehr, als die in Tausch pl. sel. ausgegebenen Exemplare vollständig mit der hier beschriebenen Blendlingsart übereinstimmen.) — *S.* **viminalis-Caprea** b. *acuminata* Wimmer Flora 1848 p. 321 und Flora 1849 p. 42. Herb. Salic. Fasc. III. Nr. 32. — *S. viminalis-Caprea* α. *latifolia* Wimm. **Denksch. p. 160**. — *S. viminalis-Caprea* Neilr. Fl. v. N. Oest. p. 259 pro parte.

Ein Strauch mit Stempelblüthen im Thale der Wien bei Hacking.

Der Standort, an welchem Host seine *S. longifolia* gefunden hatte **und von** welchem auch **jenes ehemals im Wiener** botan. Garten kultivirte ♂ **Exemplar herstammte, das Koch mit seiner** *S. acuminata* identificirte, ist von **der Donau weggerissen. Auch der** Strauch im botanischen Garten ist eingegangen.

Nebst den hier beschriebenen zwei Pflanzen, welche Host unter seiner *S. longifolia* zusammengefasst hatte, fand sich noch **ein** Strauch mit Stempelblüthen im botanischen Garten **als** *S. longifolia* Host bezeichnet, welchen der

---

*) Der Host'sche Name *S. longifolia* kam, abgesehen davon, dass er mehrere Weiden begreift, **schon vor** Host einer nordamerikanischen **Weide zu**.

Autor gleichfalls in Niederösterreich gefunden zu haben scheint, der sich von den beiden früheren vorzüglich durch die oberseits flaumigen ausgewachsenen Blätter unterscheidet und auf das vollständigste mit *S. viminalis-cinerea* var. a. Wimm., von der uns durch die Güte des Autors Originalexemplare mit dem Standorte Zedlitz in Schlesien vorliegen, übereinstimmt. — Es wird dieser Blendling von Wimmer als eine genaue Mittelform zwischen *S. viminalis* und *S. cinerea* bezeichnet. Er mahnt im Zuschnitt der Blätter noch an *S. viminalis*, während die zwei von Wimmer im Herb. Salic. unter Nr. 23 und Nr. 24 ausgegebenen Formen durch die im oberen Drittel breitesten Blätter sich mehr dem Typus der *S. cinerea* anschliessen. — Die *S. dasyclados* Wimm., so wie die *S. dasyclados-viminalis* stellen nach unserer Ansicht zwei näher gegen *S. viminalis* hinneigende Blendlinge aus *S. viminalis* und *S. cinerea* dar. — Die grosse Aehnlichkeit der zwei von Koch unter seiner *S. stipularis* zusammengefassten Formen: *S. Hostii (superviminalis-Caprea)* und *S. stipularis* Smith *(superviminalis-cinerea)*, findet auf diese Weise ihre naturgemässe Erklärung und die Blendlinge aus *S. viminalis* und *Caprea* würden sich demnach mit jenen aus *S. viminalis* und *S. cinerea* in folgende zwei parallel laufende Reihen ordnen:

A. Bastartreihe von S. viminalis zu S. Caprea.

S. viminalis L. — Folia lineari-lanceolata, elongata, decies longiora quam latiora, subtus sericeo-micantia, supra glabra. Germen sessile. Glandula tori basin germinis superans.

⤬ **S. Hostii** *(superviminalis-Caprea)*. — Folia lineari-lanceolata, elongata, septies — octies longiora quam latiora, subtus sericeo-micantia, supra glabra. Germen brevissime pedicellatum. Glandula tori basin germinis superans.

    (*S. longifolia* Host Salix tb. 63 et specim. ♀ in Hort. Hostii.)

⤬ **S. Vratislaviana** *(superviminalis-Caprea)*. — Folia lineari-lanceolata, elongata, quinquies — septies longiora quam latiora, subtus subsericeo-tomentosa, supra glabra. Germen pedicellatum, pedicello glandulum tori aequante.

    (*S. viminalis-Caprea* f. *stipularis* Wimm. Flora 1849 p. 42. — b. *angusti-folia* Wimm. Denksch. p. 160. — Die var. *argentata* Wimm. Flora 1849 p. 42. Herb. Salic. Fasc. VII. Nr. 74 stellt eine Spielart dieser Weidenform mit mehr silbern schimmernder Bekleidung der unteren Blattfläche dar.)

⤬ **S. sericans** Tausch pl. sel. *(viminalis-Caprea)*. — Folia oblongolanceolata ter — quinquies longiora quam latiora, adolescentia subtus subsericea, adulta subtus opace tomentosa, supra glabra. Germen pedicellatum, pedicello nectarium aequante.

    (*S. longifolia* Host tb. 62. — *S. viminalis-Caprea* b. *acuminata* Wimm. Flora 1849 p. 42. Herb. Salic. Nr. 32.)

⚦ **S. Neisseana** *(viminalis-Caprea)*. — Folia ovato-lanceolata, ter — quater longiora quam latiora, subtus tomento laxo opaco tecta, supra glabra. Germen pedicellatum, pedicello glandulam tori vix superante.

(*S. intermedia* Wimm. Flora 1849 p. 42. Der Name *S. intermedia* bezieht sich bei Host auf einen Blendling aus *S. incana* und *S. cinerea* — oder vielleicht aus *S. incana* u. *S. grandifolia*. Wir benannten daher diese so wie zwei in der nachfolgenden Bastartreihe vorkommende Blendlinge nach den Standorten, an welchen sie Herr Director Wimmer zuerst auffand.)

⚦ **S. capraeformis Wimm.** Flora 1849. p. 42 *(subviminalis-Caprea)*. — Folia ovato-lanceolata, ter et semissi longiora quam latiora, subtus tomento **albido** laxo tecta, supra glabra. Germen pedicellatum, pedicello glandulam tori bis superante.

(*S. vim.-Caprea a. latifolia* Wimm. Denksch. p. 160. — *S. lanceolata* Fries Herb. norm. Fasc. II.)

S. Caprea L. — Folia **ellyptica** vel lanceolata-ellyptica, bis longiora quam latiora, subtus tomento albido laxo tecta, **supra glabra**. Germen pedicellatum, pedicello glandulam tori quater — **sexies** superante.

B. Bastartreihe von S. viminalis zu S. cinerea.

S. viminalis L. — Folia lineari-lanceolata, elongata, decies longiora quam latiora, subtus sericeo-micantia, supra glabra. Germen **sessile**. Glandula tori basin germinis superans.

⚦ **S. stipularis** Smith *(superviminalis-cinerea)*. — Folia lineari-lanceolata, elongata, **subtus tomento** subargenteo **adpresso tecta**, supra levissime **puberula**. **Germen** brevissime pedicellatum. Glandula tori basin **germinis** superans.

(*S. viminalis-dasyclados* Wimm. Denksch. p. 160.)

⚦ **S. dasyclados** Wimm. Flora 1849. p. 35 *(viminalis-cinerea)*. — Folia late lanceolata, elongata, longe acuminata, quater — sexies longiora quam latiora, subtus glauca, puberula, opaca, supra levissime puberula. Germen brevissime pedicellatum. Glandula **tori basin germinis** superans.

(Wimm. Herb. Salic. Nr. 7. — *S. acuminata* Smith.)

⚦ **S. Zedlitziana** *(viminalis-cinerea)*. — Folia oblongo-lanceolata **ter** — **quinquies longiora** quam latiora, subtus cana, subsericeo-tomentosa, **supra puberula**. Germen pedicellatum, pedicello glandulam tori **aequante vel vix** superante.

(*S. vim.-cinerea a.* Wimm. Denksch. p. 161.)

⚦ **S. nitens** Gr. e. Godr. Fl. d. Fr. p. 131 *(viminalis-cinerea)*. — Folia lanceolata, sub apice latiora, ter — quinquies longiora quam

latiora, subtus subsericea, cano-tomentosa supra puberula. Germen pedicellatum, pedicello glandulam tori aequente vel vix superante.
(*S. vim.-cinerea* b. Wimm. Denksch. p. 161. Herb. Salic. Nr. 23.)

⚥ **S. Canthiana** *(subviminalis - cinerea).* — Folia obovato -lanceolata , **ter longiora quam latiora, subtus** cinereo-tomentosa, supra puberula. Germen pedicellatum, pedicello glandulam tori bis superante.
(*S. vim.-cinerea* c. Wimm. Denksch. p. 161. Herb. Salic. Nr. 24.)

S. cinerea L. — Folia obovato-lanceolata vel oblongo-obovata, ter longiora quam latiora, subtus cinereo-tomentosa, supra puberula. Germen pedicellatum, pedicello glandulam tori ter — quinquies superante.

Nebst den angegebenen Merkmalen liesse sich für **die hier nur skizzenhaft** berührten Weiden **auch** noch die Form der Fruchtknoten, so wie das relative Längenverhältniss **der** Narben und Griffel zur Unterscheidung festhalten. Im Allgemeinen **lässt** sich sagen, **dass** jene Blendlingsarten, welche sich mehr zu *S. Caprea* oder *S. cinerea* hinneigen , in dem Grade als sie kürzere und breitere Blätter zeigen auch kürzere Torusdrüse, kürzeren Griffel und kürzere weniger gebogene Narben aufweisen. — Die Blendlinge aus *S. viminalis* und *cinerea* unterscheiden **sich von jenen aus** *S. viminalis* und *Caprea* **zunächst** durch die oberseits behaarten Blätter und die **abstehende** sammtige Behaarung der jungen Zweige. — An sehr kräftigen Exemplaren ist diese **abstehende** sammtige Behaarung sehr auffallend. Sie kommt übrigens in dieser starken Entwicklung nicht bloss den zu *S. viminalis* hinneigenden zwei Blendlingen *(S. stipularis* Sm., *S. dasyclados* Wimm.), sondern auch den an *S. cinerea* sich anschliessenden Formen zu, wie uns denn auch ein zu **S.** *Canthiana* gehöriger **Blendling vorliegt , dessen** üppige Zweige in ihrer Bekleidung ganz mit *S. dasyclados* Wimm. und *S. stipularis* Sm. übereinstimmen.

19. ⚥ *S. angustifolia* Fries Nov. Fl. suec. M. I p. 65. — *(viminalis-repens).* — Amenta pistilligera ovato-cylindrica, bis — ter longiora quam latiora. Squamae discolores , obovatae , obtusae , **villosae.** Glandula tori oblongo-linearis. Germen ovatum, sericeum, pedicellatum. *pedicello glandulam tori bis terve superante.* **Stylus tenuis filiformis. Stigmata linearia.** stylo aequilonga , **patentia , flava.** Folia *lineari-lanceolata , margine subundulata et* **repanda** *septies — decies longiora quam latiora ,* adolescentia utrinque sericea, **adulta supra glabra, subtus sericea,** *argenteo-micantia.*

Am. ♀ 15—25ᵐᵐ lg. 8—10ᵐᵐ lt.

Squam. 2ᵐᵐ lg. Germ. 3ᵐᵐ lg. Styl. et stigm. 1ᵐᵐ lg. Pedic. 2ᵐᵐ lg.

Fol. 35—68ᵐᵐ lg. 5—9ᵐᵐ lt.

S. rosmarinifolia L. sec. Wimmer (conf. Flora 1859 p. 52). [*)] *S. angustifolia* Fries l. c. et Herb. norm. Fasc. II. Koch Syn. p. 567 (nicht Wulfen, dessen *S. angustifolia* nach

---

[*)] Obschon **wir** die Ansicht Wimmer's vollständig theilen, dass Linné unter seiner *S. rosmarinifolia* wahrscheinlich jene Pflanze gemeint habe, welche Fries uud Koch: *S. angustifolia* nannten, und dass Linné unter seiner *S. Helix* die *S. rubra* der späteren Autoren verstanden, so glaubten wir doch die üblich gewordenen Namen der *S. angustifolia* und *S. rubra* beibehalten zu müssen. "

den Exemplaren seines Herbariums im Wiener k. bot. Hofkabinete, die *S. repens* 2) *rosmarinifolia* darstellt). — *S. viminalis-repens* Wimm. Denksch. p. 162. (Die von uns beschriebene Pflanze stimmt nicht vollständig mit der dort gegebenen Diagnose überein, ist aber wahrscheinlich identisch mit dem im bot. Garten zu Breslau befindlichem Exemplare, von welchem Wimmer bemerkt, dass dessen Blüthen einen zwar kurzen aber deutlichen Griffel und längere Narben zeigen.)

Der ganze Strauch macht den Eindruck einer Miniatur-Auflage von *S. viminalis*. Die Blätter sind nur halb so gross als jene der Korbweide und der ganze Strauch erreicht nur die Höhe von 2—3', seine Zweige sind aber schlank, aufrecht und reich beblättert. Im Zuschnitt, in der fast welligen Berandung, in der Nervatur und in dem silberweissen Ueberzug der unteren Fläche, tragen die Blätter ganz den Typus der einen Stammart *S. viminalis*. Sie sind lang zugespitzt, die Fiedernerven an der obern Blattfläche sind etwas eingesenkt, und treten unter Winkeln von 45—60° vom Mittelnerven ab, die Haare an der unteren Blattfläche sind sehr kurz und liegen theils der Richtung der Fiedernerven, theils der Richtung des Mittelnerven parallel an — während bei *S. repens* 2) *rosmarinifolia*, welche die zweite Stammart zu sein scheint, die Blätter kurz zugespitzt erscheinen, die Fiedernerven, welche unter spitzen Winkeln von 30—40° sich vom Mittelnerven abzweigen, an der oberen Blattfläche vorspringen (namentlich im getrockneten Zustande), und die verlängerten Haare an der unteren Blattfläche alle parallel dem Mittelnerven aufliegen. Ausserdem ist *S. angustifolia* von *S. repens* 2) *rosmarinifolia* durch den südlichen wohl kurzen aber deutlichen Griffel und die linealen längeren Narben geschieden, während anderseits der lange Fruchtknotenstiel die *S. angustifolia* von *S. viminalis*, den Bastarten aus *S. viminalis* und *S. purpurea* und den schmalblätterigen Bastarten aus *S. viminalis* und *S. Caprea* oder *S. cinerea* unterscheidet.

Wurde von Neilreich auf Moorwiesen bei Moosbrunn (600') in Niederösterreich aufgefunden.

Vollständig damit übereinstimmende Exemplare sahen wir unter den von J. Ch. Neumann gesammelten Pflanzen mit dem Standorte Friedersdorf in der sächsischen Lausitz, so wie wir dieselbe Weide im verflossenen Jahre am Rákos bei Pest beobachteten. Sie scheint übrigens verhältnissmässig selten zu sein und die meisten unter dem Namen *S. angustifolia* in den Herbarien liegenden Pflanzen stellen die *S. repens* 2.) *rosmarinifolia* dar.

20. ⚥ *S. elaeagnifolia* Tausch pl. sel. (*superviminalispurpurea*). — Amenta praecocia, sessilia, densiflora, stamnigera oblonga, ter, pistilligera quater — quinquies longiora quam latiora. Squamae discolores, ovatae, obtusae vel acutiusculae, villosae. Glandula tori oblonga, basin germinis superans. Germen ovatum, sericeum, *sessile*. Stylus filiformis, tenuis. Stigmata oblongo-lineari, patentia vel extrorsum arcuata, stylum subaequantia. Valvae capsulae post maturitatem extrorsum arcuatae. *Stamina in basi vel usque ad medium connata*. Antherae ante et post anthesin flavae. *Folia lineari-lanceolata, breviter acuminata, sexies — octies longiora quam latiora, crenato-serrata,* adolescentia utrinque sericea, adulta supra glabrescentia, obscure viridia, *subtus cana, subsericeo-tomentosa.* Stipulae lineari-lanceolatae. Rami elongati flexibiles et tenaces, juniores pubescentes, annotini glabrescentes.

Am. ♂ 20—40^{mm} lg. 12—15^{mm} lt. Am. ♀ 20—38^{mm} lg. 5—8^{mm} lt. Squam. 2—3^{mm} lg. Gl. tori 0.5^{mm} lg. Germ. 1.5—2^{mm} lg. Styl. 0.5—1^{mm} lg. Stigm. 0.5^{mm} lg. Stam. 5—6^{mm} lg. Fol. 76—115^{mm} lg. 10—18^{mm} lt.

S. elaeagnifolia Tausch pl. sel. (Originalexemplare vom Moldauufer bei Prag mit der vorliegenden Pflanze vollkommen übereinstimmend). — *S. rubra* α. *sericea* Koch Syn. p. 560. — *S. purpurea-viminalis c. sericea* Wimm. Denksch. p. 151. — *S. rubra* β. *viminaloides* Gr. c. Godr. Fl. d. Fr. p. 129.

Von *S. viminalis* durch schmächtigere **Kätzchen**, kürzeren Griffel, kürzere und kürzer zugespitzte, unterseits weniger schimmernde, gesägte Blätter, von den Bastarten aus *S. viminalis* mit *S. Caprea, S. cinerea* und *S. repens* durch sitzende Fruchtknoten und von den beiden folgenden Bastarten durch die im Alter unterseits dicht seidig-filzigen Blätter und etwas mehr fädliche Narben verschieden.

Am Ufer der Wien bei Penzing ein Strauch mit Stempelblüthen; beim Hütteldorfer Bahnhof ein Strauch mit Staubblüthen.

21. ⚥ *S. rubra* Huds. Fl. angl. p. 423 *(viminalis-purpurea)*. — Amenta praecocia, sessilia, densiflora, staminigera bis — ter, pistilligera quater — quinquies longiora quam latiora. Squamae discolores ovatae, acutiusculae villosae. Glandula tori oblonga, basin germinis superans. Germen ovatum, sericeum, *sessile.* Stylus tenuis, filiformis. Stigmata lineari-oblonga, patentia vel extrorsum arcuata, stylum aequantia. Valvae capsulae post maturitatem extrorsum arcuatae. *Stamina ad medium usque connata.* Antherae flavae post anthesin sordidae. *Folia lanceolata vel lineari-lanceolata, acuminata, crenato-serrata, septies longiora quam latiora,* adolescentia sericea, adulta supra glabra, obscure viridia, subnitentia, *subtus pallidiora, opaca, attamen viridia, pilis sparsis adpressis minimis tecta vel glabrata.* Rami elongati, flexibiles et tenaces, glabrescentes.

Am. ♂ 24—36^{mm} lg. 12—14^{mm} lt. Am. ♀ 15—21^{mm} lg. 4—6^{mm} lt. Squam. 2^{mm} lg. Gl. tori 0.5^{mm} lg. Germ. 2^{mm} lg. Styl. 0.5—1^{mm} lg. Stigm 0.5^{mm} lg. Stam. 5—6^{mm} lg.

Variat foliorum forma:

α. vulgaris. Folia elongato-lanceolata sexies — novies longiora quam latiora.

Fol. 45—135^{mm} lg. 8—18^{mm} lt.

S. Helix L. sec. Wimm. (conf. Flora 1849 p. 52). — *S. concolor* Host. Salix pl. ♀ tb. 35 et sec. specim. hort. bot. Vindob. — *S. rubra* et *Hoffmanniana* Tausch pl. sel. — *S. rubra* Fries Herb. norm. Fasc. X. Nr. 60. — Koch Syn. p. 560 (excl. var.). Kor.

Fl. exsic. Vindob. Nr. 1653 et 1654. — *S. purpurea-viminalis* a. *rubra latifolia* Wimm. Flora 1848 p. 312. — *S. rubra* (excl. variet.) Wimm. Flora 1849 p. 40, Denksch. p. 151. Herb. Salie. Fasc. VIII. Nr. 86. Neilr. Fl. v. N. Oest. p. 257.

b. angustifolia. Folia lineari-lanceolata, sexies — novies longiora quam latiora.

Fol. 45—70ᵐᵐ lg. 4—7ᵐᵐ lt.

S. rubra γ. angustifolia Tausch pl. sel. — *S. viminalis-purpurea* a. *rubra angustifolia* Wimm. Flora 1848 p. 312. — *S. rubra* e. *angustifolia* Wimm. Denksch. p. 151.

Die *S. rubra* ist einer der verbreitetsten Bastarte, der mit *S. viminalis* dasselbe Areal besitzt und dessen Blendlingsnatur am Frühesten erkannt worden ist. Unter den aus *S. purpurea* und *S. viminalis* entstandenen Bastarten hält derselbe genau die Mitte und ist auch weit häufiger als die beiden andern goneiklinischen unter 20 und 22 beschriebenen Formen. — Die beiden Varietäten a. und b. entsprechen den analogen Formen der *S. viminalis.* — Die untere blassgrüne Blattfläche ist bei beiden Spielarten nur selten ganz kahl. Gewöhnlich ist dieselbe mit unendlich kleinen den Fiedernerven parallel anliegenden Härchen bekleidet, die aber so dünn gesäet sind, dass der blassgrüne Grundton des Blattes dadurch nicht geändert wird. — Die Staubfäden sind genau bis zur Mitte verwachsen, während sie bei *S. elaeagnifolia* gewöhnlich nur bis zum unteren Dritttheil und bei der folgenden Weide bis zu zwei Drittheilen und oft sogar noch weiter hinauf verbunden erscheinen.

In Niederösterreich findet sich die Spielart a. in Staub- und Fruchtblüthen tragenden Sträuchern an den Ufern des Wienflusses von Penzing aufwärts bis Hacking; die Spielart b. wurde von Neilreich im Marchfelde bei Marchegg gefunden.

22. ⚭ ***S. Forbyana*** Smith brit. 1041 *(su'viminalis-purpurea).* — Amenta praecocia, sessilia, densiflora, staminigera oblonga, ter, pistilligera cylindrica quater — quinquies longiora qnam latiora. Squamae discolores, ovatae, acutiusculae, villosae. Glandula tori oblonga, basin germinis superans. Germen ovatum sericeum *sessile.* Stylus tenuis, filiformis. Stigmata lineari-oblonga, patentia, stylum aequantia. Valvae capsulae post maturitatem hiantes, non extrorsum arcuatae. *Stamina ad duo trientes conna'a. Antherae ante anthesin pupurascentes, postea flavae et post anthesin nigricantes.* Folia lanceolata, *supra medium latiora,* breviter acuminata octies longiora quam latiora , crenato-serrata, supra obscure viridia , subnitentia, *subtus pallide viridia,* utrinque glabra vel subtus pilis adpressis minimis levissime puberula. Rami glaberrini flexibiles.

Am. ♂ 30—35ᵐᵐ lg. 11—13ᵐᵐ lt. Am. ♀ 22—36ᵐᵐ lg. 5—7ᵐᵐ lt. Squam. 2ᵐᵐ lg. Germ. 2—2.5ᵐᵐ lg. Styl. et stigm. 1ᵐᵐ lg. Stam. 5—6ᵐᵐ lg. Fol. 70—90ᵐᵐ lg. 8—12ᵐᵐ lt.

S. *concolor* Host pl. ♂ sec. specim. in hort. bot. Vindob. (Die Abbildung in Host Salix tb. 34 kommt zwar mit der Pflanze des bot. Gartens darin überein, dass die Antheren vor dem Aufblühen roth und nach dem Verstäuben schwärzlich dargestellt werden, — die beiden Staubfäden sind aber Fig. 3 kaum bis zur Mitte verwachsen und die Blätter an Fig. 1 lineal-lanzettlich, während an Exemplaren aus dem botanischen Garten die Staubfäden bis zu zwei Dritttheilen verwachsen und die Blätter im obersten Drittel am breitesten erscheinen.) — *S. heliciflora* ♀ Tausch pl. sel. — *S. rubra* Koch Syn. p. 560 (pro parte). — *S. viminalis-purpurea* c. *Forbyana* ♀ Wimm. Flora 1848 p. 312. — b. *Forbyana* Flora 1849 p. 40. Denksch. p. 151. Herb. Salic. Nr. 15. — *S. rubra* β. *purpureoides* Gr. e. Godr. Fl. d. Fr. p. 129.

Die *S. Forbyana* bildet das Verbindungsglied, welches die Korbweiden mit den Purpurweiden verknüpft. Sie nähert sich durch die im oberen Drittheil breitesten, unterseits gewöhnlich kahlen, manchmal etwas bläulich angehauchten Blätter, so wie durch die vor dem Stäuben rothen, nach dem Stäuben schwärzlichen Antheren der *S. purpurea* und macht auch auf den ersten Anblick den Eindruck derselben. Der fädliche dünne Griffel, die spreizenden länglich-linealen Narben weisen sie jedoch in die Rotte der Korbweiden, in welche wir sie auch hier gereiht haben.

Die ♀ Pflanze findet sich in Niederösterreich in den Traisenauen bei Herzogenburg und an der Salamilake im Prater bei Wien. Die männliche Pflanze in einem Strauche am Ufer des Wienflusses vor dem kaiserl. Schlosse in Schönbrunn.

Alle drei hier aufgeführten Bastarte aus *S. viminalis* und *S. purpurea* sind in Niederösterreich immer nur in der Nähe der zwei muthmasslichen Stammeltern aufgefunden worden, und lieben wie *S. viminalis* angeschlemmten tiefgründigen Boden. Ihre obere Grenze fällt mit jener der *S. viminalis* (1000') zusammen.

Sect. VIII. **Canae.** — *Frutices rel arbores minores ramosissimi, ramis erectis subfurcatis, non pruinosis. Folia lanceolata rel linearia et elongato-acuminata, adolescentia margine recoluta, subtus tomento albo opaco subarachnoideo tecta. Amenta praecocia rel coaetanea arcuata, breriter pedunculata rel subsessilia. Squamae discolores rel concolores. Glandula tori lenticularis, flava. Stamina duo, in variis distantiis connata. Germen pedicellatum, glabrum rel tomentosum. Stylus tenuis elongatus. Stigmata bipartita, laciniis filiformibus extrorsum arcuatis rel recurris. Valrae capsulae post dehiscentiam extrorsum arcuatae, falcatae rel circinatae.*

23. ⪤ **S. Seringiana** Gaudin in Seringe Saul. de la Suisse p. 37 (*incano-Caprea*). — Amenta praecocia et subsessilia vel subcoaetanea et pedunculata, pedunculo foliato, arcuata, pistilligera ter longiora quam latiora. Squamae *oblongae vel sublineares, obtusae*, pilosae, *discolores, in basi flavo-*

scentes et versus apicem purpureo-fuscae. Glandula tori lenticularis, flava. Germen ovato-conicum *opace albo-tomentosum, pedicellatum, pedicello glandulam tori ter superante.* Stylus tenuis filiformis. Stigmata bipartita, laciniis flavis, filiformibus **extrorsum arcuatis vel recurvis.** Valvae capsulae post dehiscentiam circinatae. Folia *lanceolata vel oblongo-lanceolata, ter longiora quam latiora*, acuta, apicem et basin versus aequaliter cotracta, in basi nonnunquam et rotundata, adolescentia revoluta, utrinque albo-tomentosa, *adulta margine plana*, denticulata, supra glabrescentia, obscure viridia, subtus opace albo-tomentosa. Stipulae semicordatae. Ramuli juniores albido-tomentosi, adulti glabrescentes atro-sanquinei.

Am. ♀ 20—30ᵐᵐ lg. 8—10ᵐᵐ lt.

Squam. 3—4ᵐᵐ lg. Germ. 3—4ᵐᵐ lg. Styl. et Stigm. 1ᵐᵐ lg. Pedic. 1—2ᵐᵐ lg.

Folia 55—110ᵐᵐ lg. 20—40ᵐᵐ lt.

S. lanceolata Seringe Essai d'une Monographie des Saules de la Suisse p. 37. (Seringe vereinigt in der zitirten Monographie unter dem Namen *S. lanceolata*, die in seinen Sal. exsicc. ausgegebenen: *S. Kauderiana* und *S. holosericea* und zitirt den Namen *S. Seringiana*, von welchem er sagt, dass er vom Pastor Gaudin der Pflanze gegeben worden sei. Seringe unterscheidet von seiner *S. lanceolata* die Varietäten B. *macrophylla*, C. *angustifolia*, D. *gemmata*, E. *coaetanea*. — Die seiner Monographie beigegebene Abbildung 1b. 1 stimmt im Ganzen gut mit der von uns beschriebenen Weide überein, nur ist das abgebildete Blatt schmäler, 4½ mal so lang als breit, während die Blätter der von uns in Niederösterreich gefundenen Weide nur 3mal so lang als breit sind. Wahrscheinlich ist daher die von uns oben aufgeführte Form mit der Var. B. *macrophylla* von Seringe identisch, von welcher der Autor sagt: „les feuilles acquièrent jusqu'à 4—5 pouces de longueur et 1 pouce et demi de largeur". Die Var. C. *angustifolia* [Sal. exsicc. Nr. 72], die auch schwächer bekleidete Blätter besitzt, ist vielleicht ein Bastart der *S. incana* mit *S. grandifolia* oder *S. cinerea.*) — *S. Seringeana* Koch Syn. p. 562 pro parte (Koch hat nach dem Zitate „*S. intermedia* Host" unter seiner *S. Seringiana* gleichfalls zweierlei Weiden begriffen. — Obschon sich demnach der Name *S. Seringiana* Gaud. bei Seringe und Koch wahrscheinlich auf verschiedene Bastarte aus *S. incana* mit *S. Caprea, S. cinerea, S. grandifolia* bezieht, so haben wir doch für den oben beschriebenen muthmasslichen Bastart aus *S. incana* und *S. Caprea* den Namen *S. Seringiana* beibehalten, weil derselbe in der Nomenklatur bei den neueren Botanikern [v. Hausmann, Neilreich, dann in Löhr Enum.] bereits als synonym mit *S. incana-Caprea* angeführt ist.) — *S. cinereo-incana* Wimm. Flora 1848 p. 333. — *S. incana-Caprea* Wimm. Flora 1849 p. 46. Denkschr. p. 159. Neilr. Fl. v. N. Oest. p. 260. (Die unter Nr. 64 in Wimm. Herb. Salic. ausgegebene Weide aus dem Valée du lac de Joux in der Schweiz von Dr. Lagger ist etwas schwächer bekleidet, als die hier von uns beschriebene Weidenblendling. Ihre Blätter zeigen 16—18 Federnervenpaare, sind 4mal so lang als breit, gegen die Basis keilförmig zulaufend und über der Mitte breiter, verkehrteiförmig-lanzettlich und sie scheint mit einer von uns bisher nur in Blättern gefundenen Weide, die wir für einen Bastart aus *S. incana* und *grandifolia* halten, identisch.)

Erwächst zu einem drei bis vier Klafter hohen Baum der mit Recht von Wimmer seines schönen zweifärbigen Laubes wegen zur Kultur in Parkanlagen anempfohlen wird. Die Blätter sind rein lanzettlich oder länglichlanzettförmig, an beiden Seiten fast gleichmässig zusammengezogen, an der Basis manchmal auch zugerundet, niemals über der Mitte verbreitert. Der

Rand ist nur in der Jugend zurückgerollt, an den ausgewachsenen Blättern ist er flach und unregelmässig ausgebissen gezähnelt. Die obere Blattseite ist dunkelgrün, wenig glänzend, von vertieften Nervenlinien durchzogen, Die Fiedernerven der unteren Blattseite, obschon von dichtem weissen glanzlosen Filze überdeckt, sind dennoch deutlich vorspringend, etwas winkelig gebogen und verbinden sich nahe dem Rande noch durch ziemlich kräftige Anastomosen miteinander. Zwischen je zwei und zwei solcher bis zum Rand verlaufender Fiedernerven, deren Zahl zwischen 12 und 15 schwankt, finden sich immer 1—2 kleinere, nur bis zur Mitte der Blatthälfte deutlich vorspringende Fiedernerven. — Die Kätzchenschuppen sind lang und schmal, in der Regel an der unteren Hälfte gelb, an der oberen braunpurpurn; manchmal findet man aber auch an demselben Kätzchen einzelne fast ganz gelbe oder nur an der Spitze schwach geröthete Schuppen. Die verschiedenen Farben der Blüthentheile, nämlich die weisse Farbe der Fruchtknoten, die gelbe Farbe der Narben und die purpurne Färbung an der Spitze der Schuppen verleihen den Kätzchen ein buntscheckiges Ansehen, welches um so mehr hervortritt als die Bekleidung der Schuppen nicht sehr dicht ist.

In der Nervatur und dem Zuschnitte der Blätter, so wie in der Bekleidung der langgestielten Fruchtknoten ist *S. Caprea* nicht zu verkennen; in der Verzweigung der Aeste, Bekleidung der Blätter, Form der Torusdrüsen, Griffel und Narben ist hinwiederum *S. incana* auf das unzweideutigste ausgesprochen.

Die *S. Seringiana* wurde bisher immer in vereinzelten Exemplaren innerhalb des Areals der *S. incana*, in der Schweiz, in Tirol, Krain, Schlesien aufgefunden. — In Niederösterreich fanden wir sie im Gebiete des Traisenflusses zwischen Sct. Pölten und dem Schwaighof (900') dann im Gebiete der Erlaf an der südlichen Abdachung des Josefsberges an der Strasse (beiläufig in der halben Höhe des Berges) bei 2800' in mehreren ♀ Sträuchern, und am Gruebberg zwischen Lunz und Gaming bei 1900' in zwei baumartigen ♀ Exemplaren, von welchen sich das eine noch gegenwärtig im kräftigsten Wachsthum in der Thalschlucht des Mitterauerbaches hinter der Karthause erhalten hat, während das zweite durch den Strassenbau dort verschwand. — An allen drei Standorten findet sich sowohl *S. incana* wie *S. Caprea* in der Nähe.

Die **S. intermedia** (Host. Salix p. 17. tb. 56, 57. *S. incana-cinerea* Wimm. Flora 1849. p. 46. Denksch. p. 159. Herb. Salic. Nr. 61), die bisher in Niederösterreich nicht aufgefunden wurde, unterscheidet sich von *S. Seringiana* schon auf den ersten Blick dadurch, dass ihre Kätzchen schmutzig-grau und um die Hälfte schmäler sind. Die Fruchtknoten erscheinen in Folge dünnerer Bekleidung zur Zeit der vollen Blüthe grau (nicht weissfilzig wie bei *S. incana*) und werden zu Ende der Blüthezeit von der Basis gegen die Spitze zu kahl und grün. Die ausgebissen gezähnelten Blätter sind entweder lineal oder verkehrteiförmig-lanzettlich und über der Mitte am breitesten, fünfmal so lang als breit und unterseits viel schwächer bekleidet als jene der *S. Seringiana*, so zwar, dass die bläulich-aschgraue Grundfarbe deutlich hervortritt. Die Nerven sind gelblich oder fast rostfarbig, die Anzahl der Fiedernervenpaare schwankt zwischen 20 und 30, während sie bei *S. Seringiana* 12—20 beträgt, das Nervennetz ist viel zarter und zierlicher als das der Blätter von *S. Seringiana* und erinnert mehr an jenes der *S. cinera* und *S. grandifolia.* Von Wimmer wird in der Denkschrift p. 159 ausgesprochen, dass diese von ihm als *S. incano-cinerea* bezeichnete Blendlingsart, möglicherweise auch aus *S. incana* und *S. grandifolia* entstanden sei, was nicht unmöglich wäre. Es würde dann *S. intermedia* Host einen zu *S. incana* hinneigenden Bastart darstellen, während wir eine andere am Josefsberge mit *S. Seringiana* an gleichem Standorte, nur in Blättern gefundene Weide für einen mehr zu *S. grandifolia* hinneigenden Blendling halten und als *S. subalpina* bezeichnen, seine Beschreibung aber bis zur Zeit, wo uns auch Blüthen desselben vorliegen werden, suspendiren.

Da von Wimmer an der zitirten Stelle bei *S. intermedia* angegeben wird, dass Tausch die Pflanze in Böhmen gefunden habe, in Böhmen aber *S. incana* nicht vorkommt, so könnte diess einige Bedenken gegen die oben gegebene Deutung dieses Weidenblendlings hervorrufen und wir erlauben uns daher hiezu Folgendes zu bemerken. Tausch hat zwar allerdings unter seinen Weiden auch *S. intermedia* Host ausgegeben, dieselbe aber ebensowenig wie die von ihm ausgegebene *S. incana* in Böhmen gesammelt. Es stammen diese Exemplare höchst wahrscheinlich aus den Wiener Gärten, von den durch Host gepflanzten Sträuchern, denn in dem von Tausch angefertigten Cataloge der Flora Böhmens, in welchem sich selbst die unbedeutendsten von Tausch unterschiedenen Varietäten der in Böhmen aufgefundenen Weiden sorgfältig verzeichnet finden, fehlt sowohl *S. intermedia* Host wie *S. incana* Schrank. (Vergl. Catalog der Flora Böhmens nach Prof. Tausch's Herb. Fl. Boh. von Joh Ott.)

Host fand seine *S. intermedia* „in Carniolia ad aquarum fluenta, riguis montium declivibus ad montium pedes." Sie wird in Fleischmann's Flo.a Krain's am Gruberischen Kanal bei Laibach und in Sagor angegeben. Auch *S. Seringiana* wird in demselben Werke bei Sagor, Seisenberg und Möttling aufgeführt und es scheinen daher dort Bastarte aus *S. incana* ziemlich häufig zu sein.

24. ⚥ *S. bifida* Wulf. Flor. nor. phan. p. 780. Nr. 1308 *(=? crincano-purpurea).* — Amenta coactanea, breviter pedunculata, arcuata, staminigera ter longiora quam latiora. Squamae obovatae *truncatae,* ciliatae, *flavae et unicolores vel apice rubescentes.* Glandula tori lenticularis. Stamina duo. *Filamenta tota vel ad duo trientes connata,* infra medium pilosa. Antherae ante et post anthesin flavae. *Folia lanceolata, quinquies longiora quam latiora breviter acuta, versus basin cuneata et integra, supra medium latiora et serrata, adolescentia revoluta, sericeo-tomentosa, adulta plana,* supra glaberrima obscure viridia, subtus alba, arachnoideo-tomentosa. Rami subfurcati, torulosi, juniores albido-tomentosi, adulti glabrescentes.

Am, ♂ 20—32ᵐᵐ lg. 8—10ᵐᵐ lt.

Squam. 2—2.5ᵐᵐ lg. Stam. 4—6ᵐᵐ lg.

Fol. 20—32ᵐᵐ lg. 8—10ᵐᵐ lt.

S. bifida Wulf. l. c. (nach dem im Wien. bot. Hofkabinete befindlichen Exemplare in Wulfen's Herb.) — *S. incano-purpurea* Neilr. Verh. d. z.-b. Vereines. 1851. p. 119. Fl. v. N. Oest. p. 260 excl. syn. (nach dem in Neilreich's Herb. befindlichen an der Schwarza bei Gloggnitz gesammelten Blattexemplare.)

Die hier beschriebene Weide macht den Eindruck der *S. incana.* Die Verzweigung der Aeste, der charakteristische Ueberzug, der in der Jugend umgerollten Blätter, die Farbe und Form der Kätzchenschuppen, die gewimperten Staubfäden, die linsenförmige Torusdrüse lassen auch bei näherer Untersuchung diese Stammart erkennen. Die Blätter zeigen aber den Zuschnitt der *S. purpurea*, sind im Alter flach, über der Mitte am breitesten und gesägt, gegen die Basis keilförmig und ganzrandig. Die entweder zu zwei Drittheilen oder bis zu den Antheren verwachsenen Staubfäden deuten gleichfalls auf *S. purpurea* und wir betrachten daher diese Weide als einen der *S. incana* nahe stehenden Bastart aus *S. purpurea* und *S. incana.*

Wir fanden diese Weide bisher nur mit Staubblüthen. Auf der Donauinsel zwischen Rossatz und Dürrenstein ein baumartiges Exemplar. — Strauchartig bei Herzogenburg an der Traisen. — Bei Gloggnitz an der Schwarza (Neilreich). — Ueberall in Gesellschaft beider muthmasslichen Stammeltern.

Die *S. bifida* ist mit der von Wimmer als *S. incana-purpurea* (Uebers. d. schl. Gesellsch. 1847. t. 1. f. 1. Flora 1848 p. 311., 1849, p. 39. Denksch. p. 151) beschriebenen und im Herb. Salic. unter Nr. 5 ausgegebenen Weide nicht zu verwechseln. Diese letztere unterscheidet sich nämlich von *S. bifida* durch lineale im Zuschnitte mit *S. incana* übereinstimmende, aber im Alter unterseits fast kahle Blätter, die acht bis zehnmal so lang als breit sind und gewissermassen einen Gegensatz zu den Blättern der *S. bifida* bilden, welche, wie bemerkt, im Zuschnitt mit *S. purpurea* übereinstimmen aber selbst im Alter noch den weissfilzigen Ueberzug der *S. incana* behalten. Im Herbarium Reichhardt's fanden wir einen beblätterten Zweig einer Weide mit dem Standorte „Hütteldorfer Aue bei Wien", welche auf das vollständigste mit den Blattexemplaren der *S. incana-purpurea* Wimmer's übereinstimmt. Ohne Blüthen wagen wir es jedoch nicht sie mit derselben zu identifiziren.

25. *S. incana* Schrank bair. Fl. I. p. 230. — Amenta praecocia, vel subcoaetanea, subsessilia, gracilia, arcuata vel deflexa, fructifera erecta, staminigera bis --quater, pistilligera quinquies—decies (plerumque sexies) longiora quam latiora. Squamae obovatae, *truncatae vel emarginatae*, margine ciliatae vel glaberrimae, *flosculorum staminigerum flavae unicolores vel apice rubescentes*, *flosculorum pistilligerum e viridi flavae unicolores.* Torus lenticularis. Germen ex ovata basi elongato-conicum. *glabrum, pedicellatum, pedicello glandulam tori bis superante.* Stylus elongatus, tenuis, stigmatibus bifidis, laciniis filiformibus, extrorsum arcuatis vel recurvatis, flavis. Stamina duo, *filamentis infra medium connatis et pilosis*, antheris ante et post anthesin flavis. Folia *lanceolato-linearia vel linearia, elongata. in acumen aequaliter producta, in petiolum attenuata* vel contracta, *sexies—duodecies* (plerumque decies) *longiora quam latiora, margine repando-denticulata et revoluta*, adolescentia utrinque albo-tomentosa. subarachnoidea, adulta supra glabrescentia. sordide et obscure viridia, opaca, subtus alba, subarachnoideo-tomentosa. Nervus medius in facie superiori impressione significatus, in facie inferiori eximie prominens. glabrescens et flavescens. Nervi secundarii supra depressi. subtus elevati. tomento arachnoideo vero tecti et vix conspiciendi. Rami subfurcati. plerumque torulosi, juniores cano tomentosi, annotini glabrescentes, cortice rufescenti vel flavescenti tecti.

Am. ♂ 15—40ᵐᵐ lg. 6—10ᵐᵐ lt. Am. ♀ 15—45ᵐᵐ lg. 5—6ᵐᵐ lt.

Squam. 2—3ᵐᵐ lg. Germ. 2—3ᵐᵐ lg. Styl. et stigma 1ᵐᵐ lg. Pedic. 0.5ᵐᵐ lg. Stam. 3—6ᵐᵐ lg.

Fol. 40—160ᵐᵐ lg. 5—12ᵐᵐ lt.

S. incana Koch Syn. p. 562. Wimm. Flora 1849 p. 31. Herb. Sal. Fasc. VII. Nr. 81. Fasc. VIII. Nr. 94. Neilr. Fl. v. N. Oest. p. 260. Kov. Fl. exs. Vind. Nr. 976 u. 1057. — *S. riparia* Willd. Spec. pl. IV. p. 698. Host Salix p. 17 th. 58. 59.

Ein meistens vom Boden aus reich verästeter bis drei Klafter hoher Strauch, dessen Aeste sich in fast gabelig getheilte *) Zweige auflösen. Die Zweige sind reich beblättert; die schmalen Blätter stehen genähert. sind steif nach aufwärts gerichtet und verleihen dem Strauche durch die Mischung des dunklen schmutzigen Grüns der oberen Fläche und des weissen glanzlosen Filzes der unteren **Seite** einen düstern grauen Farbenton. In den Voralpen, wo *S. incana* auch manchmal als Felsenpflanze mit *S. glabra* und *S. grandifolia* vergesellschaftet auftritt, wird sie zwergig. erreicht kaum mehr die Höhe von 4 Schuh und besitzt dann auffallend kurze Kätzchen und Blätter. Ueberdiess sind an solchen Standorten ebenso wie auf den Schotterebenen der präalpinen Niederung die Blätter dichter bekleidet, mehr zurückgerollt und stehen, da die Zweige dort sehr verkürzt sind, so dicht gedrängt wie bei keiner anderen Weide. — An schattigen Standorten der Donau-Auen sind **die Blätter fast flach**, am **Rande** ausgebissen gezähnelt und nur schwach **bekleidet; unterseits** dünn. spinnwebig-wollig, der bläulich-aschenfarbige Grundton **der** unteren Blattfläche. welcher sonst gewöhnlich von dem dicken weissen **Filze verdeckt** ist, tritt dann deutlich hervor und auch die Fiedernerven, welche sonst gewöhnlich vom Filze verhüllt **und** kaum sichtbar sind, erscheinen an solchen Schattenexemplaren deutlicher und etwas vorspringend. An der oberen Seite sind aber die Nerven immer eingesenkt und

---

*) Ueber den eigenthümlichen Wuchs der *S. incana* und der ihr verwandten Formen siehe p. 50.

14

die Blattfläche daher runzelig. Die Anzahl der bis zum Blattrand verlaufenden Fiedernervenpaare schwankt zwischen 20 und 30.

Die Kätzchen sind vor dem Aufblühen und zur Zeit der vollen Blüthe herabgeschlagen oder bogenförmig gekrümmt, nach dem Abblühen jedoch und zur Zeit der Fruchtreife gerade. Die zarten, dünnen Schuppen der Staubkätzchen sind entweder hellgelb einfärbig oder an der Spitze scharlachroth angehaucht oder auch rostfarbig und braunpurpurn. Die Schuppen der Fruchtkätzchen sind immer einfärbig gelblich-grün. — Die Staubfäden scheinen bei *S. incana* immer von der Basis an bis nahe an die Höhe des oberen Schuppenrandes verwachsen zu sein. Wir waren früher mit Wimmer *) der Ansicht, dass unter allen Weiden nur *S. purpurea* und deren Bastarte ganz oder theilweise verwachsene Staubgefässe besitzen und dass die Vereinigung der Staubfäden der *S. incana* an der unteren Partie nur durch die ineinandergreifenden Wimperhaare, welche die Filamente dieser Art, so wie jene der Chloriteen und Schwarzweiden bekleiden, hergestellt werde, um so mehr als sich bei Untersuchungen an frischen Staubgefässen selbst bei leisem Auseinanderziehen beide Fäden immer ganz leicht isolirten **). Sorgfältige wiederholte Untersuchungen belehrten uns jedoch, dass eine wahre Verwachsung beider Fäden existire und Exemplare, welche wir aus dem Balkan, aus Siebenbürgen, Oberungarn und Krain, so wie von vielen Standorten Niederösterreichs aus den Donauauen und den Alpen vorliegen haben, zeigen alle in ganz übereinstimmender Weise diese Verwachsung. Koch und Reichenbach und jene Autoren, welche von diesen Beiden die Diagnosen abgeschrieben haben, übergehen ganz diese Eigenthümlichkeit. Von Anderen werden die Staubfäden als getrennt beschrieben. Host, Grenier und Godron, und Mathieu beschreiben dieselben bereits als zur Hälfte verwachsen.

Diese Eigenthümlichkeit, welche somit *S. incana* mit *S. purpurea* gemein hat, spricht sich auch in den Bastarten der *S. incana* aus. Bei *S. Wimmeri* sind die Staubfäden immer an der Basis verwachsen; bei *S. intermedia* Host, die gewöhnlich mit freien Staubgefässen beschrieben wird, reicht die Verwachsung manchmal bis zur Hälfte und auch die Host'sche Abbildung *(Salix tb. 56. fig. 3.)* zeigt deutlich an der unteren Parthie verbundene Filamente. Auch von *S. Seringiana* sagt Seringe pg. 38: „2 étamines réunies à leur base."

S. incana gehört dem Süden von Europa an. Sie ist in der ganzen Mittelmeerzone heimisch und dehnt ihr Areal bis an den nördlichen Fuss der

---

*) Denkschr. d. Schles. Ges. f. vaterl. Kult. Breslau 1833 p. 118. „Alle Weidenformen, welche halbverwachsene Staubfäden haben, sind Hybride aus *S. purpurea* und einer andern Art".

**) In der Einleitung p. 34 wurde daher auch noch *S. incana* als Beispiel für jene Form der Staubgefässe angeführt, bei welcher die Fäden im unteren Drittheil behaart und durch die ineinandergreifenden Härchen lose zusammenhängend erscheinen, wie diess bei *S. fragilis, S. glabra*, etc. der Fall ist.

Alpen und Karparthen aus. Die Linie, welche ihr Areal nordwärts begrenzt, zieht von Agen an den Ufern der Garonne anfänglich als nordwestliche Vegetationslinie durch das südliche französische Plateau in die Ardennen nach Luxemburg und Echternach bei Trier, von da als nordöstliche Vegetations-Linie in das Rheinthal nach Karlsruhe und über Pforzheim an die Donau nach Ulm. Von Ulm über Ingolstadt, Passau, Linz, Krems, Wien bis an die March bildet das Donauthal die Nordgrenze des Areals; von der March aber verläuft die Vegetationslinie wieder als eine nordwestliche entlang den **Karpathen** an den Oberlauf der Oder und Weichsel nach Troppau, Bielitz und Ustron und folgt dem Bogen der Karpathen bis hinab in die Moldau, um dann als östliche Vegetationslinie in den Balkan zu ziehen. — Innerhalb des so begrenzten **Areals** hält sich diese Weide insbesondere an die kiesreichen Ufer der Gebirgsströme und an die **Schotterbänke der** präalpinen Niederungen, fehlt aber sowohl in den höheren Regionen über 4000', so wie auch in den Tiefebenen der **Donau** und in dem von der **Weichsel** und **Oder** durchströmten Tieflande.

In **Niederösterreich** findet sich *S. incana* an den felsigen **Ufern** der **Alpenbäche**, auf den Diluvialterassen und den Schotterbänken der alpinen Zuflüsse der Donau (Enns, Ibbs, Erlaf, Pielach, Traisen und Hallbach, Perschling, Weidlingerbach, Wien, Schwechat, Mödling, Piesting, Prein, Sirning u. Schwarza) bis in das Donauthal, dann noch vereinzelt auf Kalkfelsen in den subalpinen Thälern und truppenweise auf den Kiesflächen der präalpinen Niederungen (dem Steinfelde bei Wiener-Neustadt, der sogenannten Wilhelmsburger, Wieselburger, und Welser Haide) an welch' letzterem Standorte sich als treueste Begleiter der *S. incana* das *Epilobium rosmarinifolium* und *Hieracium staticefolium* zu ihr gesellen.

In der Höhenzone von 1500 bis 2500' in welcher die Chloriteen verschwinden ist sie mit *S. purpurea* an unseren Alpenwässern die herrschende Weide. In den Donauauen tritt sie gleichfalls gesellig als Bestandtheil der ersten und zweiten Waldgeneration auf, findet sich aber nur streckenweise bei Enns, Melk, Rossatz, Mautern, Krems, Hollenburg, Wien; im Allgemeinen im oberen Donauthale häufiger als im Bereiche des Wiener-Beckens. In den Auen an der Mündung der Enns, so wie in den Donau-Auen bei Rossatz, Krems und Hollenburg ist sie mit *Hippophaë rhamnoides* und *Tamarix germanica* zu einem sehr eigenthümlichen Buschwalde verbunden.

Sie fehlt im Bereiche des böhmisch-mährischen Gebirges mit Ausnahme des Thales, welches von der Donau durchströmmt wird.

Ihre obere Grenze findet *S. incana* in Niederösterreich bei 3100' (höchster Standort in der Nähe von Josefsberg.) In dieselbe Höhe fällt ihre obere Grenze in Obersteiermark. — In den baierischen Alpen jedoch ist dieselbe wie fast alle Höhengrenzen bedeutend höher gerückt und wird auf 4000' angegeben.

Sect. IX. **Pruinosae** Koch. — *Arbores vel frutices, ramis erectis, junioribus plerumque rore caesio, abstergendo tectis. Folia oblongo- vel lineari-lanceolata, acuminata, adulta glabra, subtus glauca, dum marcescunt, rufescentia. Amenta praecocia, sessilia vel breviter pedunculata, arcuata vel recta.* **Squamae discolores.** *Glandula tori oblonga, flava. Antherae post anthesin flavae. Germen sessile vel breviter pedicellatum, glabrum, compressum, acutum. Stylus tenuis. Stigmata linearia, erecto-patula. Valvae capsulae post dehiscentiam extrorsum arcuatae, falcatae.*

26. ⚥ *S Wimmeri* Kerner. Verh. d. z. b Vereins II. p. 61. *(incano-daphnoides).* — Amenta praecocia, densiflora, *arcuata*, brevissime **pedunculata**, *pedunculo foliato*, stamnigera oblongo-ovata, **bis**, pistilligera cylindrica. quater—sexies longiora quam latiora. Squamae oblongae vel ovatae, obtusae, discolores, in basi ferrugineae, apicem versus atratae, longe villosae. Glandula tori oblonga, truncata, flava. Germen ex ovata basi conicum, acutum subcompressum, glabrum, *pedicellatum, pedicello glandulam* **tori aequante**, plerumque ciliato. Stylus **tenuis**, elongatus. Stigmata **lineari - oblonga**, erecto - patula. Valvae capsulae post maturitatem **extrorsum** arcuatae, **falcatae**. Stamina duo, infra medium pilosa, *in basi cohaerentia*. Antherae flavae. Folia oblongo-lanceolata vel lineari-lanceolata, *adolescentia revoluta, utrinque albido-arachnoideo-tomentosa, adulta supra obscure viridia, glabra et subnitida vel villo albido abstergendo tecta et opaca, subtus albido-glauca, glabrata*, summa tantum arachnoideo - tomentosa. Ramuli fragiles, **juniores** arachnoidei, adulti glabrati, obscure olivacei vel atrosanquinei, biennes plerumque *pruinosi.*

Am. ♂ 22—40ᵐᵐ lg. 12—22ᵐᵐ lt. Am. ♀ 22—40ᵐᵐ lg. 6—8ᵐᵐ lt.
Squam. 2—3ᵐᵐ lg. Gl. tori 0.5ᵐᵐ lg. Germ. 2—2.5ᵐᵐ lg. Styl. 1ᵐᵐ lg.
Stigm. 0.5—1ᵐᵐ lg. Stam. 8—10ᵐᵐ lg.
Fol. 60—105ᵐᵐ lg. 12—24 lt.

S. Wimmeri Kerner Flora 1852. p. 511. Wimm. Herb. Sal. Nr. 88 u. Text zu Fasc. VIII. — *S. incano-daphnoides* Wimm. Jahresb. d. schles. Gesellsch. 1852. p. 64. Denkseb. p. 138. Neilr. Fl. v. N. Oest. p. 236.

Die hier beschriebene Weide, welche wir vor acht Jahren zuerst in mehreren ♀ baumartigen Exemplaren auf einer Donauinsel zwischen Dürenstein und Rossatz auffanden und nach Herrn Direktor Wimmer, dem die Wissenschaft vor Allen den richtigen Einblick in das vielgestaltige Volk der Weiden verdankt, benannten, wurde inzwischen von C. Erdinger mit Staubkätzchen in den Donauauen bei Krems und ebendaselbst auch von uns in mehreren Fruchtkätzchen tragenden Sträuchern aufgefunden. Sie findet sich an beiden Standorten mit ihren wahrscheinlichen Stammältern *S. incana*

und *S. daphnoides* und mit *Hippophaë rhamnoides* auf angeschlemmten Sand-
boden als Bestandtheil der zweiten Waldgeneration der Donauinseln (500'). —
Bei Krems erscheint sie nur in Strauchform; bei Rossatz jedoch erhebt sie sich
in Baumform zu 5 Klaftern Höhe. — Sie stellt ein genaues Mittelglied
zwischen ihren beiden wahrscheinlichen Stammältern dar. In der Form der
Staubfäden, Fruchtknoten, Griffel und Narben stimmt sie mit *S. daphnoides* fast
vollkommen überein. Die Staubfäden sind aber an der Basis verwachsen und
mit zerstreuten Haaren besetzt. Die Fruchtknoten sind gestielt und der Fruchtknotenstiel, welcher der Torusdrüse an Länge gleicht, behaart. — Die Kätzchen sind kurz gestielt und an der Basis mit zeitlich abfallenden an dem Kätzchenstiele sitzenden Blättchen umgeben, während die sitzenden Kätzchen der *S. daphnoides* an der Basis niemals solche Blättchen wahrnehmen lassen. Sie sind zur Zeit
der vollen Blüthe bogenförmig abwärts gekrümmt, wodurch insbesondere die vollen
dicken Staubkätzchen eine sehr eigenthümliche Form bekommen. Die Staubfäden
hängen an der Basis etwa ½ Millim. weit zusammen und erinnern hierdurch au
S. incana. — In der Form, so wie in der Bekleidung der Blätter ist diese Blendlingsart sehr wechselnd. Zur Zeit der Entfaltung tragen die Blätter den Typus
der *S. incana*; sie sind am Rand zurückgerollt, beiderseits in dichten weissen
glanzlosen Filz eingehüllt. Zuerst verliert sich diese Bekleidung von der oberen
Blattfläche; der schmutzig-weisse matte Filz hängt dann nur mehr lose an der
oberen Seite an, lässt sich leicht mit den Fingern abwischen und alsbald ist die
obere dunkelgrüne Blattfläche fast ganz kahl und nur mehr die untere Seite
von weissen Filze bedeckt. Im Alter endlich erscheinen die Blätter meistens
vollständig kahl, sind flach, oberseits etwas glänzend und unterseits mit
bläulich-weissem Reife überzogen und haben dann grosse Aehnlichkeit mit
jenen der *S. daphnoides.* — In der Nervatur schliesst sich *S. Wimmeri* mehr an
S. incana an. Die Nerven sind an der unteren Fläche gelblich oder rostfarbig
und schneiden sich ganz zierlich aus der matten bläulich-weissen Blattseite
heraus. Die Fiedernerven erscheinen daselbst etwas kräftiger, treten unter
stumpferen Winkeln ab und sind in grösserer Anzahl vorhanden als an *S.
daphnoides*, so zwar, dass bei *S. Wimmeri* 20—25 bis zum Rand verlau-
fende Fiedernerven erscheinen, während sich bei *S. daphnoides* deren Zahl
auf 12—15 beschränkt. Die obere Fläche der ausgewachsenen Blätter ist
glatt; die Nerven sind dort weder vorspringend wie bei *S. daphnoides*, noch
auch eingesenkt, wie jene der *S. incana.* — Der hechtblaue Reif der Rinde erscheint insbesonders an den ein- und zweijährigen Zweigen und tritt manchmal erst während des Trocknens aus der Rinde hervor.

27. S. daphnoides Vill. Prosp. p. 51. — Amenta praecocia,
sessilia, densiflora, staminigera *recta*, ovata, maxima inter omnes Salices, fere
bis longiora quam latiora, pistilligera cylindrica, quater longiora quam latiora.
Squamae ovatae, acutiusculae, discolores, in basi ferrugineae, versus apicem
atratae, longissime villosae. Glandula tori oblonga, truncata, flava. *basin*

germinis superans. Germen sessile vel brevissime pedicellatum, ovato-conicum, acutum, compressum, glabrum. Stylus tenuis, elongatus. Stigmata linearia, erecto-patula post anthesin conniventia. Valvae capsulae post maturitatem extrorsum arcuatae, falcatae. Stamina duo, *libera, glabra*, antheris flavis. Folia oblongo-lanceolata, plerumque abrupte acuminata, ter et semissi—quinquies longiora quam latiora, serrata, *adolescentia nonnunquam sordide vel ferrugineo-villosa, adulta semper glaberrima, supra viridissima et splendentia, subtus glaucescentia et opaca.* Stipulae lanceolatae vel semicordatae, dentatae. Ramuli fragiles, juniores nonnunquam hirsuti, adulti glaberrimi, e viridi flavescentes vel rubescentes. *Rami juniores rore caesio, abstergendo tecti.*

Am. ♂ 30 - 56^{mm} lg. 16—28^{mm} lt. Am. ♀ 25—50^{mm} lg. 8—12^{mm} lt.
Squam. 3^{mm} lg. Gl. tori 0.5^{mm} lg. Germ. 2—3^{mm} lg. Styl. 1^{mm} lg.
Stigm. 0.5—1^{mm} lg. Stam. 8—11^{mm} lg.

S. daphnoides Vill. Hist. d. pl. d. Dauph. III. p. 765. Koch Syn. p. 559. Wimm. Flora 1849. p. 33. Neilr. Fl. v. N. Oest. p. 255. — *S. cinerea* Host Salix p. 8. tb. 26. 27.

Variat foliorum forma:

a. latifolia. Folia ter — quater longiora quam latiora, oblongo-lanceolata, abrupte acuminata, subtus glauca, adolescentia cum ramulis hirsuta. Stipulae semicordatae.

Fol. 60—110^{mm} lg. 18—32^{mm} lt.

S. cinerea Willd. sec. Link et Koch. — *S. daphnoides* Wimm. Herb. Salic. Nr. 28.

b. angustifolia. Folia quater — quinquies longiora quam latiora, obverse - lanceolata, supra medium latissima et abrupte in acumen tenue producta, glaberrima, subtus leviter glaucescentia vel virescentia. Stipulae lanceolatae vel lineari-lanceolatae. Ramuli glaberrimi.

Fol. 60—100^{mm} lg. 12—20^{mm} lt.

S. praecox Hoppe et Willd. sec. Koch. — *S. daphnoides* Fries. Nov. Fl. suec. M. l. p. 46. Herb. norm. Fasc. VI. Nr. 54. Wimm. Herb. Salic. Nr. 37.

Erwächst gewöhnlich zu einem zwei bis fünf Klafter hohem Baume, der in der Regel nur als solcher und nur ausnahmsweise auch als Strauch zur Blüthe gelangt. Die blühreifen Zweige zeichnen sich schon im Herbste durch die grossen Blüthenknospen aus. In den ersten milden Tagen des Jahres werden die Knospenschuppen abgeworfen und die in dichten weissen Pelz gehüllten grossen Kätzchen werden sichtbar. Die erste von allen Weiden entfaltet dann *S. daphnoides* die grossen goldigen Staubkätzchen, die den süssesten Honigduft aushauchen und gewöhnlich von Bienen reichlich umschwärmt werden. — Die Blätter haben in der Nervatur einige Aehnlichkeit mit jenen der Chloriteen, so wie mit *S. glabra*, an welche wir sie auch hier anknüpfen und zeichnen sich namentlich dadurch aus, dass die zarten, fast haarfeinen Fiedernerven an der oberen und unteren Blattfläche gleichmässig vorspringen. Auch dadurch kommen sie mit den Blättern der *S. glabra* überein, dass die obere Fläche sich glänzend und fast wie gefirnisst ansieht, während die untere Seite matt und bläulich bereift erscheint. — Die Zweige sind kurz, etwas brüchig und die zwei bis fünfjährigen Aeste sind mit bläulichem abwischbaren Wachsüberzuge bedeckt, der insbesondere nach dem Abdorren oder nach künstlichem Trocknen aus der Rinde hervortritt. Die Fruchtkätzchen sind im Gegensatze zu den abwärts gebogenen Kätzchen der *S. incana*, gewöhnlich bogenförmig aufwärts gekrümmt. Die Fruchtknoten sind glänzend grün, stark zusammengedrückt, fast zweischneidig lanzettlich und sitzen so auf der Spindel, dass ihr längerer Querdurchmesser mit der Achse des Kätzchens parallele Lage hat.

Die behaart-blättrige Form a. scheint das Erzeugniss eines günstigeren Standortes zu sein, da meistens das Ausmass ihrer Blätter grösser ist, als jenes der kahlen Spielart. — Fries hebt zwar hervor, dass in Skandinavien nur die letztere Form erscheine und hält die behaarte Spielart auf die Alpen beschränkt, was jedoch unrichtig ist, da diese auch in Norddeutschland neben der kahlen Varietät gefunden wird.

In Europa ist *S. daphnoides* auf den mittleren und westlichen Theil beschränkt, und ihr Areal wird durch eine Linie umgrenzt, welche im Norden von Norwegen (62° n. B. Guldbrandsdalen am Glomen) und Schweden (Dalekarlien am Dalelf) in das westliche Russland (Petersburg) zieht, von da nach Süden umbeugt, sich durch Galizien in die westlichen Karpathen an die Waag fortsetzt und dann über Pressburg und Wien, durch Steiermark (Leoben, Gratz) als südöstliche Vegetationslinie an die Mündung des Tessin und in das mittägige Frankreich hinzieht.

Ein hievon getrenntes Areal dehnt sich in Asien von Persien über das Gebiet des Altai und baikalischen Sibiriens aus. — In Ostindien scheint sie aus Europa eingeführt. — Innerhalb der Grenzen ihres Vorkommens ist sie in Europa vorzüglich an den Ufern der Flüsse der Gebirgsländer und in der baltischen Niederung zu Hause. Trockenes Klima scheint sie nicht zu ertragen. Bei Pest gepflanzte Exemplare kümmerten einige Zeit und gingen bald vollständig ein. Sie fehlt daher auch den kontinentalen Bezirken und dem Südosten Europas.

In Niederösterreich findet sie sich vereinzelt oder in kleinen Gruppen zwischen anderen Weiden durch das ganze Donauthal so wie entlang den Seitenflüssen dieses Stromes, und steigt in den Thälern der Alpen bis zu 2100', in den Thälern des böhm.-mähr. Gebirges bis zu 800' hinan. (An der Ibbs bis Lakenhof, an der Erlaf bis Scheibbs, am Aggsbach bei Wolfsstein, an der Traisen bis Türnitz, an der Schwarza bei Reichenau, an der Wien bis Mauerbach, am Weitenbach bis Leimbach, an der Krems bis Senftenberg, am Kamp bei Haindorf, an der Schmida bei Wiesendorf.) Im oberen Donauthale und an den westlichen Zuflüssen der Donau häufiger als ostwärts; insbesonders an der Traisen bei St. Pölten und Wilhelmsburg und an der Erlaf bei Wieselburg und Weinzierl, wo sie schon von Host als häufig angegeben wird.

An den alpinen Zuflüssen der Donau findet sie sich strauchartig auch
auf Schotterbänken. Auf den Donauinseln hingegen erscheint sie nur sehr
selten in Gesellschaft niederer Buschweiden (*S. purp.* und *S. amygd.*) als
Bestandtheil der ersten Waldgeneration auf Schottergrund und siedelt sich
dort meistens erst als Bestandtheil der zweiten Waldgeneration an. Sie ist
dann als solcher ein gewöhnlicher Begleiter von *S. incana.* Sie fehlt bei uns
auf ganz kalklosem Substrate ebenso wie auf humusreichem Moorboden und
liebt insbesonders etwas sandigen Lehm.

In Tirol und Baiern fällt ihre obere Grenze auf 4000', in Niederösterreich auf 2100'. Ihre natürliche obere Grenze ist somit in Niederösterreich um fast 2000' deprimirt, offenbar eine Folge der mehr kontinentalen
Lage Niederösterreichs, welches **Land, wie oben** erwähnt, von der das Areal
der Pflanze gegen den kontinentalen Südosten abgrenzenden Vegetationslinie berührt wird.

In der Nähe der Bauernhäuser in den Alpen wird *S. daphnoides*
nicht selten gepflanzt und gedeiht dort kümmerlich noch in Höhen, die
über **ihrer** ursprünglichen oberen Höhengrenze liegen, wie z. B. auf der
Ginselhöhe bei Scheibs (2500') und bei Annaberg noch in einer Höhe von
2900'. — Da ihre grossen, vor dem Aufblühen in einen weissen sammtigen
Pelz gehüllten schönen Kätzchen unter allen einheimischen Weiden die
ersten die Knospen **sprengen und besonders in** die Augen fallen, so schneidet
man in den österreichischen Gebirgsgegenden insbesondere von dieser Weide
am Palmsonntage die Reiser, um sie mit den immergrünen Blättern der
Stechpalme, des Epheus, Buchsbaumes, Sinngrüns und Sadebaumes strauss-
förmig zu den sogenannten „Palmbuschen" zu binden. Diese werden, nach-
dem sie in der Kirche geweiht wurden, unter gewissen Förmlichkeiten über
der Thüre, dem Fenster oder einem Heiligenbilde in der Meinung befestigt,
dass dadurch das Haus vor dem Einschlagen des Blitzes gesichert sei. Diese
Sitte scheint durch den grössten Theil des deutschen Alpenlandes ver-
breitet zu sein und hat der *S. daphnoides* den Namen Palmweide oder
Palmreis erworben.

> „Im Vatikan bedient man sich
> Palmsonntags echter Palmen,
> Die Kardinäle beugen sich
> Und singen alte Psalmen,
> Dieselben Psalmen singt man auch,
> Oelzweiglein in den Händen,
> Muss im Gebirg zu diesem Brauch
> Stechpalmen gar verwenden,
> Zuletzt, man will ein grünes Reis,
> So nimmt man Weidenzweige . . ."   Göthe.

Sect. X. **Nigricantes.** — *Frutices ramis brevibus, patentibus, non pruinosis. Folia lata, ellyptica, orata vel lanceolata, breviter acuta, glabra vel pubescentia, supra nitida, subtus opaca et plerumque glauca, dum marcescunt nigricantia. Amenta coaetanea, pedunculata vel subsessilia, recta. Squamae discolores vel concolores. Glandula tori truncata, subquadrata, flava. Antherae post anthesin flavae. Germen glabrum vel tomentosum, pedicellatum, in stylum elongatum productum. Stigmata patentia, biloba, crassiuscula. Valvae capsulae post dehiscentiam circinatae.*

28. S. glabra. Scop. Fl. carn. II. p. 255. — Amenta coaetanea, pedunculata, pedunculo foliato, staminigera densiflora, *oblonga*, bis terve longiora quam latiora, squamis lineari-lanceolatis, *luteis, apice rubescentibus*, pilosis, pistilligera cylindrica, laxa, quater — sexies longiora quam latiora, squamis ovatis, obtusis, *concoloribus e viridi flavis*, pilosis. Glandula tori truncata, subquadrata. Germen glabrum, ovato-conicum, in stylum elongatum productum, pedicellatum, pedicello plerumque piloso, *glandulam tori vel vix vel duplo superante*. Stigmata crassiuscula, patentia, emarginata vel biloba. Valvae capsulae post maturitatem extrorsum arcuatae, circinatae. Stamina duo, *filamentis infra medium villosissimis*, antheris ante et post anthesin flavis. Folia ellyptica vel obovata, rarius lanceolata, bis longiora quam latiora, brevissime acuta, serrata, *adolescentia et adulta glaberrima, supra laete viridia, splendentia, subtus caesio-glauca, utrinque nervis subelevatis venosa*, dum marcescunt nigricantia. Stipulae semireniformes. Ramuli flexibiles *juniores* et adulti *glaberrimi.*

Am. ♂ 16—30ᵐᵐ lg. 6—14ᵐᵐ lt. Am. ♀ 20—45ᵐᵐ lg. 5—10ᵐᵐ lt.
Squam. 1.5—4ᵐᵐ lg. Germ. 2—4ᵐᵐ lg. Styl. et stigm. 1ᵐᵐ lg. Pedic.
0.5—1ᵐᵐ lg. Stam. 5—6ᵐᵐ lg.
Fol. 30—88ᵐᵐ lg. 15—42ᵐᵐ lt.

S. Wulfeniana Host Salix p. 29. tb. 95. 96. — *S. corruscans* Host tb. 95. fig. 1—3 (excl. fig. 1—6 ad *S. arbusculam* pertinentes). — *S. glabra* Koch Syn. p. 565. Wimm. Herb. Salic. Nr. 78 et 79. Neilr. Fl. v. N. Oest. p. 254.

Ein kleiner, höchstens drei Schuh hoher Strauch mit zähen, dicken, kurzen, armblättrigen Zweigen. Die längsten einjährigen Triebe sind 2 Decim. lang und mit 10 Blättern besetzt; in der Regel beträgt aber die Länge eines jährigen Triebes nicht mehr als 2—3 Centim. und die Anzahl seiner Blätter gewöhnlich nur: vier bis sechs. Die meist elliptischen breiten Blätter sind oberseits freudiggrün, stark glänzend, wie lackirt, unterseits seegrün und matt, beiderseits von den im Trocknen etwas stärker vorspringenden zarten, fadenförmigen Nerven geadert. Die Anzahl der bis zum Rand verlaufenden Fiedernerven schwankt zwischen 10—16. Der Blattstiel ist

15

⅓—¼ so lang als der Längendurchmesser der Blattspreite. Blätter und
Zweige sind zu allen Zeiten vollständig kahl, werden im Verwelken und
beim Trocknen in feuchter Wärme schwarz und färben feuchtes Papier, auf
welches sie zu liegen kommen, mit schwarzen Flecken. Nebenblätter finden
sich nur an sehr üppigen Sprossen; sie sind halbnierenförmig, am Rande gesägt und so wie die Blätter zweifarbig.

In subalpinen Thälern sind die Kätzchen fast sitzend und die Blätter
des sehr kurzen Kätzchenstieles klein, lanzettlich und ganzrandig, in
höheren Regionen aber ist die kätzchentragende Achse verlängert und mit
4—5 grossen, den Blättern der anderen Zweige gleichgestalteten, gesägten
Blättern bekleidet. Zur Zeit der Fruchtreife sind die Kätzchen ähnlich jenen
der *S. arbuscula* gewöhnlich sehr verlängert und locker, und ihre Spindel
erreicht dann nicht selten die Länge von 8 Centim. Die Schuppen der Staubkätzchen sind goldgelb und entweder nur an der Spitze scharlachroth angehaucht, oder weit hinab roth überlaufen, jene der Fruchtkätzchen aber
immer einfarbig gelbgrün. Zur Zeit des Aufblühens sind die Schuppen von
zerstreuten geraden Haaren lang gewimpert, während des Blühens aber
fallen die Haare ab und im letzten Stadium der Blüthe erscheinen die Kätzchen gewöhnlich ganz kahl und bieten in dem Wechsel der gelben Antheren
und der scharlachroth bemalenen Schuppen eine ganz hübsche Farbenmischung
dar. Die Staubfäden sind bei keiner Weide so dicht zottig, wie bei *S.
glabra*. Die Behaarung beginnt unterhalb der Mitte und setzt sich manchmal auch auf die Kätzchenspindel fort. Auch die Fruchtknotenstiele sind
gewöhnlich mit zerstreuten Haaren besetzt, sonst aber erscheint die ganze
Weide vollkommen kahl und verdient mit vollem Recht den ihr von Scopoli
gegebenen Namen.

Von der ähnlichen *S. nigricans*, mit der sie von Bertoloni (Fl. ital.
X. p. 312) ohne weiteres vereinigt wurde, unterscheidet sie sich durch die
Kahlheit der jungen, krautigen Zweige, die geringere Anzahl der Blätter an
den jährigen Trieben, die grössere Anzahl der näherstehenden Fiedernerven,
durch das auf der oberen stärker glänzenden Blattfläche etwas vorspringende
Adernetz, die schmächtigeren Kätzchen, die goldgelben, (nicht grünlichen)
an der Spitze scharlachrothen (nicht purpurnen) Schuppen der Staubkätzchen,
die einfärbig gelbgrünen (nicht zweifärbigen) Schuppen der Fruchtkätzchen,
endlich durch die dickeren, zottigen Staubfäden und die kürzer gestielten
Fruchtknoten. — Die ähnliche *S. hastata* zu der die *S. glabra* früher von Koch
(Comm. de sal. europ. p. 43) als Varietät gezogen wurde, besitzt glanzlose,
im Verwelken braun werdende Blätter, lang-zottige Kätzchenschuppen und
kürzeren Griffel, und *S. arbuscula* unterscheidet sich von *S. glabra* durch
die nicht schwarz werdenden Blätter, purpurn bemalne Kätzchenschuppen,
behaarte Fruchtknoten, fädliche Narben, kahle Staubfäden und sichelförmig
auswärts gekrümmte (nicht schneckenförmig zurückgerollte) Kapselklappen.
Manchmal findet sich *S. glabra* mit *S. nigricans* an derselben Lokalität

(z. B. Mausrodel bei Lunz) und zeichnet sich dann durch etwas spätere Blüthezeit aus.

Sie ist auf die östlichen Alpen beschränkt,*) und findet sich auch in diesen nur auf dem Kalkboden der nördlichen und südlichen Kette. Eine Linie, welche von den Quellen der Iller an den Gardasee zieht, bezeichnet die westliche Grenze ihres Areals. Vom Gardasee angefangen, ist sie aber ebenso, wie von den Allgäuer-Alpen an in östlicher Richtung eine häufige Weide und findet sich im nördlichen Kalkalpenzuge in den tyrolischen, salzburgischen, obersteirischen und oberösterreichischen Alpen bis in die Alpen Niederösterreichs zum Schneeberge verbreitet.

Sie verbindet sich in unsern Alpen mit *Rhododendron hirsutum* und *Chamaecistus*, *Erica carnea* und *Salix grandifolia* zu einer sehr charakteristischen Strauchformation, welche in tieferen Regionen die schattigen feuchten Felsterrassen überkleidet und sich in den höheren Lagen an die Hecken der Krummführen anlehnt. Niemals fand ich sie über die nördliche Vegetationslinie des *Rhododendron hirsutum* hinausgehend. Die nördlichsten Punkte ihres Vorkommens in Niederösterreich sind: Felsen am Gruebberg bei Gaming, Lakenhof am Fusse des Oetschers, Lassingfall bei Josefsberg und Felsen an der Schwarza nördlich von Schwarzau, gegenüber der Falkenwand. Südlich von der durch diese Standorte bezeichneten Linie findet sie sich auf allen Kalkalpen von der Esslingeralpe an über das Hochkar, den Dürenstein, Oetscher, Göller, die Raxalpe bis zum Schneeberge und in den Thälern bei Göstling, Lunz, Neuhaus und St. Aegyd. Ihre untere Grenze fällt in Baiern auf 4300', in nördlichen Tyrol auf 3000', in Oberösterreich auf 1800', in Niederösterreich auf 1900'. Ihre obere Grenze fällt in Baiern auf 6100' in Tyrol auf 5000'. In Niederösterreich findet sich *S. glabra* bis an die höchsten Kuppen des Hochkars zu 5922' verbreitet; noch höher jedoch rückt ihre Grenze auf der benachbarten obersteirischen Hochschwabgruppe, wo ich in den Hirschgruben ober der Hochalm ihre obere Grenze mit 6302' bestimmte.

29. ⚥ S. subglabra — *(glabra-nigricans)*. — Amenta coaetanea. cylindrica, laxa, ter — quater longiora quam latiora, pedunculata, pedunculo foliato. Squamae obovatae, obtusae, *concolores, e viridi flavae,* sparsim pilosae. Glandula tori truncata, subquadrata. Germen ovato-conicum, glabrum, in stylum elongatum productum, pedicellatum, pedicello *glandulam tori duplo superante.* Stigmata patula, biloba, crassiuscula. Folia subrotunda vel ellyptica et bis longiora quam latiora, serrata, *adolescentia in nervis subtus pubescentia, adulta glaberrima,* supra nitida, subtus glauca, dum marcescunt nigricantia. Stipulae semicordatae. *Ramuli juniores pubescentes* adulti glabri, *cortice flavescenti tecti.*

---

*) Der vereinzelte Standort auf Kola im arkt. Russland (Fellm. bot. Kola Nr. 21) beruht höchst wahrscheinlich auf einer Verwechslung.

Am. ♀ 20—36ᵐᵐ lg. 6—8ᵐᵐ lt. Squam. 2ᵐᵐ lg. Germ. 2—4ᵐᵐ lg. Styl. et stigm. 1ᵐᵐ lg. Pedic. 1ᵐᵐ lg.

Ein kurz- und dickstämmiger, 1—2 Schuh hoher Strauch vom Ansehen der S. glabra, der auch in den Blüthen fast ganz mit dieser Weide übereinkommt, sich **aber durch** kürzere Kätzchen so wie durch behaarte junge Zweige und Blätter an die S. nigricans anschliesst. Die Blätter sind oberseits auch weniger glänzend als jene der S. glabra und an den jungen Blättern ist das Netz der Nervenanastomosen wie bei S. nigricans etwas eingesenkt. An den ausgewachsenen Blättern ist die Fläche glatt oder von den etwas erhabenen Fiedernerven durchzogen. — Durch die grössere Zahl der Fiedernervenpaare (gewöhnlich 10) so wie durch die geringe Anzahl der Blätter (5—6) der einjährigen Triebe und die gelbliche, etwas häutige Rinde der Aeste nähert sich jedoch S. subglabra wieder mehr der S. glabra.

Auf Kalkfelsen am Lassingfalle bei Josefsberg und in der Mausrodel bei Lunz (2200′). An beiden Standorten in Gesellschaft der zwei nahe verwandten wahrscheinlichen Stammältern. — Im Wiener bot. Hofkabinete befinden sich von Zois gesammelte Exemplare unter den Namen S. phylicifolia aus Krain, welche mit dem oben beschriebenen Bastart vollkommen übereinstimmen.

30. S. nigricans Smith in Transact. of the Linn. soc. VI, p. 120.

— Amenta praecocia brevissime pedunculata, vel coaetanea et longe pedunculata, pedunculo foliato, staminigera densiflora, oblongo-ovata, semel—bis longiora quam latiora, pistilligera ovata vel cylindrica, laxa, bis longiora quam latiora. Squamae lanceolatae in basi virides, versus apicem fuscae vel purpureo-nigricantes, plus minusve pilosae. Glandula tori truncata, subquadrata. Germen glabrum, ovato-conicum, in stylum elongatum productum, pedicellatum, pedicello glandulam tori bis terve superante. Stigmata crassiuscula, patentia, emarginata vel biloba. Valvae capsulae post dehiscentiam circinatae. Stamina duo, filamentis infra medium pilosis vel glaberrimis, antheris flavis. Folia lanceolata, vel ovata vel obovata vel ellyptica vel rotunda, semel—ter longiora quam latiora, serrata vel margine undulato-crispa, adolescentia plus minusve pubescentia et supra venis depressis subrugosa, adulta glabrata vel villosa, supra viridia, subnitida, laevigata, subtus vel pallide viridia vel glauca et apice solummodo virescentia vel tota facie glauca, nervis elevatis reticulato-venosa, dum marcescunt, nigricantia. Foliola amenti subjecta vel foliorum forma et margine serrata, vel squamaeformia et integra. Stipulae semicordatae, serratae. Ramuli flexibiles, juniores pubescentes, adulti glabrati.

Am. ♂ 10—25ᵐᵐ lg. 8—16ᵐᵐ lt. Am. ♀ 10—30ᵐᵐ lg. 6—15ᵐᵐ lt. Squam. 1.5—3ᵐᵐ lg. Gl. tori 0.5ᵐᵐ lg. Germ. 2—4ᵐᵐ lg. Styl et stigm. 1—2ᵐᵐ lg. Pedic. 1—1.5ᵐᵐ lg. Stam. 6—8ᵐᵐ lg.

Folia 24—90ᵐᵐ lg. 12—35ᵐᵐ lt.

S. phylicifolia L. suec. Nr. 880 (sec. Wahlenb.) Koch comm. de sal. europ. p. 40. — S. nigricans Fries Nov. Fl. suec. M. I. p. 52. Koch Syn. p. 563. Neilr. Fl. v. N. Oest. p. 263. — Salix *nigricans* est mirum in modum variabilis salix, cujus formae multis nominibus descriptae **sunt**. In Austria inf. occurrit semper germinibus et pedicellis glabris, in confinibus locis Styriae superioris autem ad ripas fluvii Mürz prope Kapellen formas cum **pedicellis** villosis et germinibus hirtis inveni ad var. β. *eriocarpam* K o c h Syn. p. 563 (*S. nigricans* a. *capsulis villosis* F r i e s. Nov. M. I. p. 52, Herb. norm. Fasc. VIII. *S. nigricans* W i m m. Flora 1849 p. **37**. *S. nigr.* b. *vestita* **G r. et. Godr. Fl.** d. Fr. p. 138) pertinentes.

Formas *Salicis nigricantis* in monografia salicum Austriacarum ab H o s t i o (Salix tb. 74—86) descriptas ad *S. nigricantem* α. *leiocarpam* N e i l r. Fl. v. N. Oest. p. 263. (*S. phylicifolia* W a h l. Fl. **carp.** p. 318. — *S. nigricans* b. *capsulis glabris* F r i e s Nov. **M. I.** p. 52. Herb. norm. Fasc. V. — *S. nigricans* W i m m. Herb. Salic. Nr. **24.** — *S. nigr.* a. *nuda* G r. et. G o d r. Fl. d. Fr. p. 138) pertinent et praecipue foliorum forma ab H o s t i o distinctae sunt.

Variat autem foliorum forma:

a. rotundifolia. Folia ex orbiculato ovata, semel—semel et semissi longiora quam latiora, basi subcordata, crenato-serrata adolescentia supra et subtus pubescentia, adulta supra glabra, subtus in nervis pubescentia, glauca vel virescentia.

S. aurita H o s t Salix p. 24 tb. 78. Formam cum descriptione et icone H o s t i i convenientem in monte Preiner Gschaid inveni.

b. menthaefolia. Folia subrotunda vel ellyptica, semel et semissi—bis longiora quam latiora, recurvato-apiculata, basi rotundata vel subcordata, margine undulata vel crispa, serrata, supra rugosa, puberula, subtus glauca, cano-hirsuta, ab apice ad basin glabrescentia et virescentia, adulta deinde saepe supra et subtus glabra et viridia.

S. menthaefolia H o s t. Salix p. 24 tb. 79. 80. Formam accuratissime cum diagnosi et icone H o s t i i convenientem ad fontem ad Neubruck prope Scheibbs legi.

c. concolor. Folia ellyptica et ovata, semel et semissi—bis longiora quam latiora, basi subcordata vel rotundata, margine plana, dentato-serrata, juniora utrinque pubescentia, adulta supra glabra, subtus in nervis pilosa, pallidiora, attamen viridia.

S. rivalis H o s t Salix p. 25 tb. 81. 82. Prope Josefsberg ad fontes fluvii Erlaf hanc formam ab H o s t i o descriptam inveni.

d. glaucescens. Folia ovata, semel et semissi — bis longiora quam latiora, breviter acuminata, basi rotundata, margine plana, crenulato-serrata, juniora pubescentia, adulta supra glaberrima, subtus glabra vel in nervis pilosa, glauca, versus apicem saepe virescentia.

S. glaucescens H o s t Sal. p. 23 tb. 76. 77. (foliis adultis subtus glaberrimis.) — *S. ovata* H o s t Sal. p. 23. tb. 74. 75. (foliis adultis subtus in nervis pilosis.) — *S. nigricans* K o v. Fl. exs. Vind. Nr. 1060. 1061. Wimm. Herb. Sal. Fasc. IV. Nr. 42. — Fratices ♂ ad Bockbrunn prope Kaltenleutgeben crescentes cum *S. glaucescenti* H o s t conveniunt, frutices autem in pratis turfosis prope Moosbrunn, partim ad *S. ovatam* H o s t i i, partim ad proximam formam accedunt.

e. parietariaefolia. Folia ovato- vel obovato-lanceolata, versus basin et apicem attenuata et breviter acuminata, bis — bis et semissi longiora quam latiora, crenato-serrata, juniora utrinque pubescentia, adulta supra glabra, subtus pubescentia, glauca, apicem versus virescentia.

S. parietariaefolia H o s t Sal. p. 26. tb. 85. 86. (foliis adultis subtus villosis.) — *S. prunifolia* H o s t Sal. p. 25. tb. 83. 84. (foliis adultis subtus glabrescentibus.) — Ad ripam fluvii Oiss prope Gössling et ad Annaberg ad fontes fluvii Erlaf formas hinc pertinentes reperi.

Ein vom Boden aus vielästiger Strauch mit aufrechten oder sparrig abstehenden, braunrindigen Zweigen, der durch sein dunkles Laubwerk ein
düsteres Aussehen bekommt. Gewöhnlich erreicht er Manneshöhe, seltener
erhebt er sich bis zu zwei Klaftern. Er mahnt in seiner Erscheinung lebhaft
an die Sahlweiden und schliesst sich auch in der Nervatur der Blätter an
dieselben an. Aehnlich wie bei *S. Caprea* sind die bis zum Rand verlaufenden
Fiedernerven verhältnissmässig weit entfernt und etwas hin- und hergebogen.
Ihre Anastomosen treten an der unteren Blattfläche noch deutlich hervor
und bilden dadurch auf dieser Seite ein vorspringendes Adernetz. An der
oberen Seite der jungen sich entfaltenden Blätter sind dieselben etwas
eingesenkt, und hierin ist ganz vorzüglich ein Merkmal gegeben, wodurch
sich das Blatt der *S. nigricans* von dem im Zuschnitte sehr ähnlichen Blatte
der *S. arbuscula* und *S. glabra* unterscheidet, indem bei diesen, ganz so
wie bei den Chloriteen und der *S. purpurea* das zarte Nervennetz der Anastomosen an der oberen Seite der jungen sich entfaltenden Blätter
niemals eingesenkt, sondern im getrockneten Zustande sogar etwas erhaben
ist. — Die Anzahl der Fiedernervenpaare ist bei *S. nigricans* eine vergleichs-
weise geringe und schwankt zwischen 6 und 12, während an *S. arbuscula*
und *S. glabra* die Anzahl derselben zwischen 10 und 16 wechselt. — Die
Bekleidung der Blätter ist ganz die der Sahlweiden. Die von den Nerven
zuletzt schwindenden Haare sind kurz und abstehend und fühlen sich, wenn
sie das Blatt dicht bekleiden, sammtig an. Die jungen noch krautigen Triebe
ebenso wie die Knospendecken sind immer kurz flaumig, während jene der
S. arbuscula und *S. glabra* immer vollständig kahl erscheinen. — Die obere
Blattfläche ist dunkel, fast schwärzlichgrün, wenig glänzend; die untere,
gewöhnlich von der Basis an gegen die Spitze bläulich bereift, an der Spitze
aber blassgrün, so dass das Blatt aussieht, als wäre der blaue Reif von
der Spitze weggewischt worden. Manchmal schwindet aber dieser Ueberzug bis zur Basis oder fehlt auch schon von Jugend an ganz, und die
Blätter erscheinen dann an der unteren Fläche glanzlos grasgrün. — Die
Blätter werden so wie jene der *S. glabra* und *S. subglabra* im Verwelken
schwarz und färben feuchtes Papier nach längerem Liegen mit schwarzen
Flecken, während die Blätter der *S. arbuscula* und *S. hastata* im Verwelken
rostfarbig werden.

Die Kätzchen sind kurz, bei den in der Ebene oder in tieferen Höhenlagen des Berglandes vorkommenden Sträuchern manchmal sitzend, bei den
subalpinen Exemplaren dagegen immer gestielt und der Stiel beblättert. Die
Kätzchenspindel ist dicht wollig. Die Schuppen sind grünlich, gegen die
Spitze zu purpurn oder rostfarbig. Die Staubfäden sind im Vergleich mit
jenen der *S. glabra* dünner und zarter, viel weniger zottig und gewöhnlich nur
gegen die Basis von zerstreuten Haaren bewimpert. Die Fruchtknoten sind
schmal, zur Zeit der Blüthe an der oberen Hälfte kaum dicker als der Griffel;
die Narben wachsartig glänzend, dicklich, zweispaltig, jenen der *S. pentandra*

und *S. fragilis* sehr ähnlich. Die Klappen der aufgesprungenen Kapsel sind gleich jenen der Sahlweiden schneckenförmig zurückgerollt.

Die *S. nigricans* ist eine der verbreitetsten Weiden, welche in Europa von Calabrien hinauf bis Kola und von der baltischen Ebene bis an den Ural hin vorkommt. In den südlichen Gegenden ist sie auf die Gebirgsthäler beschränkt, im mittleren und nördlichen Gebiete aber steigt sie bis in die Niederungen herab. — Dabei fehlt sie auf weite Strecken, um dann oft plötzlich an einem vereinzelten Standorte wieder aufzutauchen, ohne dass sich immer für diesen Wechsel des Vorkommens und Fehlens eine Ursache in den Verhältnissen des Bodens und Klimas ermitteln liesse. — Ein von dem europäischen getrenntes Areal besitzt diese Weide im östlichen Asien in Kamtschatka und im baikalischen Sibirien. — Sie fehlt in Amerika.

In Niederösterreich findet sie sich gruppenweise an den Ufern fast aller Alpenbäche, namentlich dort, wo *S. fragilis* und *alba* nicht mehr vorkommen; ferner auf Bergwiesen in der Umgebung der im Wiesenlande entspringenden Quellen; auch auf den Hochmooren der Alpen (Mitterbach) und den Wiesenmooren der Niederung (Moosbrunn). Sie nimmt von West nach Ost in Niederösterreich an Häufigkeit ab und ist am häufigsten im Flussgebiete der Ibbs. — In Baiern findet sie sich entlang den alpinen Zuflüssen bis in die Auen der Donau hinab, — in Niederösterreich bleibt sie hingegen weit von den Mündungen der Alpenflüsse zurück und die nördlichsten Standpunkte, welche mit einander verbunden eine der Alpenkette parallele Linie ergeben, sind: Waidhofen an der Ibbs, Gresden, Scheibbs, Hohenberg, Kaltenleutgeben, Moosbrunn. Die beiden letzteren Standorte Moosbrunn (600') und Bockwiese bei Kaltenleutgeben (700') bezeichnen zugleich die untere Grenze. Am häufigsten ist sie in dem Höhengürtel von 1800 bis 2800'; ihre obere Grenze erreicht sie in Niederösterreich bei 3800'.— In Baiern wird ihre obere Grenze auf 4200' angegeben. Am Dachsteingebirge in Oberösterreich fand ich sie noch bei 5000' unter Krummföhren und in Tirol findet sie sich noch bei 5300'.

Sie erscheint in Niederösterreich insbesonders auf kalkhältigem Thonboden. Insbesonders sagen ihr die Gesteine der Gresdner Schiefer zu. — Im österreichischen Antheil des böhmisch-mährischen Gebirges fehlt *S. nigricans*.

An die Schwarzweiden schliesst sich der in Niederösterreich nicht vertretene Typus der *S. hastata* an, welcher im Zuschnitt und in der Nervatur der Blätter, so wie in der Form der Stempel, der Griffel und der Torusdrüse mit *S. glabra* und *S. nigricans* übereinkommt, aber durch die im Verwelken braun werdenden Blätter, die sehr kurzen eiförmigen Narben und die kahlen Staubfäden sich von ihnen unterscheidet und auf folgende Weise charakterisirt werden mag:

Sect. **Hastatae.** — *Frutices ramis brevibus patentibus non pruinosis. Folia lata, elliptica vel lanceolata, breviter acuta, glabra,* *utrinque opace viridia, dum marcescunt rufescentia, supra lacrigata, subtus nerris subeleratis renosa. Amenta coaetanea. Squamae discolores rel concolores, Glandula tori truncata subquadrata, flara. Antherae post anthesin flarae. Germen pedicellatum, glabrum. Stylus elongatus. Stigmata brevia, orata, erecto-patula. Valrae capsulae post dehiscentiam extrorsum arcuatae, falcatae.*

Durch die Form der Narben schliessen sich die Arten der Sect. *Hastatae* unmittelbar an die Arten der nächstfolgenden Rotte an, unterscheiden sich aber von ihnen durch die oberseits glatten Blätter und den längeren Griffel. Die *S. hastata-silesiaca* Wimm. bildet übrigens ein Mittelglied, durch welches die Kette mit *S. silesiaca* und durch diese mit den anderen Arten der Rotte *Rugosae* geschlossen wird.

Divisio III. *Microstylae.* — Squamae amentorum discolores. Torus uniglandulosus. Stylus brevissimus vel nullus. Folia dum marcescunt rufescentia.

Sect. XI. **Rugosae** Rchb. — *Arbores rel frutices ramis tenacibus, brevibus, patentibus. Folia ellyptica rel obovata rel obovato-lanceolata, breviter acuta, supra renulis anastomoticis impressis rugosa, subtus nervis elevatis reticulata, opace tomentosa rel glabrescentia, dum marcescunt rufescentia. Amenta ovata rel breviter cylindrica, praecocia et sessilia vel coaetanea et pedunculata. Squamae discolores. Glandula tori breris, truncata. Filamenta libera. Antherae post anthesin sordide flarae. Germen ex orata basi conicum, longe pedicellatum, pedicello glandulam tori ter — sexies superante. Stylus brerissimus rel nullus. Stigmata brevia, oblonga rel ovata, patentia rel conniventia, flara. Valrae capsulae post dehiscentiam circinatae.*

31. S. grandifolia Seringe Saul. de la Suisse p. 20. — Amenta coaetanea, breviter pedunculata, pedunculo foliolis squamaeformibus mox caducis *duobus vel tribus* vestito, staminigera ovata, semel—semel et semissi, pistilligera cylindrica, bis longiora **quam** latiora. Squamae lanceolatae, acutae, *pilosae*, in basi pallidae, supra medium ferrugineae vel atratae. Glandula tori brevis, truncata. Germen ex ovata basi conicum, cano-tomentosum, longe pedicellatum, pedicello glandulam tori quater—sexies superante. Stylus *brevissimus*

Stigmata brevia, *patula*, biloba, *lobis divergentibus.* Capsula virescens, *in pedicello elongato* oblique affixa. Valvae capsulae post dehiscentiam circinatae, Stamina duo, antheris *rotundis*, post anthesin sordide flavis, filamentis liberis· in basi pilosis vel glabris. Folia *oblongo-obovata*, *bis—quater longiora quam latiora*, undulato-serrata, adolescentia sericea, flavescentia, adulta *supra glaberrima*, obscure viridia et subnitentia, subtus cinereo-glauca, *in nervis hirto-pubescentia.* Nervi secundarii ad marginem decurrentes utroque latere *10 -18*, flexuosi, in pagina inferiori flavi, prominentes et cum *venis anastomoticis prominentibus* reticulum elegans constituentes. Venulae anastomoticae in pagina superiori lineis impressis significatae, quare folium rugulosum. Stipulae *semicordatae vel semisajittatae*, acutae vel acuminatae. Ramuli torulosi, *annotini pubescentes*, biennes glabrati. Gemmae per hiemen glabrescentes.

Am. ♂ 15—25ᵐᵐ lg. 10—20ᵐᵐ lt. Am. ♀ 15—30ᵐᵐ lg. 8—10ᵐᵐ lt. Squam. 1.5—2ᵐᵐ lg. Germ. 2—2.5ᵐᵐ lg. Pedicell. 1.5—2ᵐᵐ lg. Stam. 7—8ᵐᵐ lg.

Variat foliorum forma:

a. latifolia. — Folia oblongo-obovata, breviter acuta vel recurvato-apiculata, bis—ter longiora quam latiora.
Fol. 30—100ᵐᵐ lg. 18—35ᵐᵐ lt.

b. angustifolia. — Folia obovato-lanceolata, acuminata, elongata, quater longiora quam latiora.
Fol. 40—130ᵐᵐ lg. 15—32ᵐᵐ lt.

S. grandifolia Koch Syn. p. 564. Neilr. Nachtr. z. Fl. v. Wien p. 119. Fl. v. N. Oest. p. 262. Kov. Fl. exsicc. Vindob. Nr. 1062 u. 1063. Wimm. im Jahresb. d. schles. Ges. 1852 p. 66. Herb. Salic. Fasc. VII. Nr. 83 u. 84. — *S. monandra* Host Salix p. 22 tb. 72 (Die weibliche Pflanze stimmt sowohl in der Beschreibung, so wie in der Abbildung vollkommen mit unserer *S. grandifolia* überein, und ist unzweifelhaft hieher zu ziehen. Auch die Abbildung des Blattexemplares, welches neben der männlichen Pflanze (tb. 71) steht, so wie die kleinen Staubkätzchen des blühenden Zweiges (Fig. 2) weisen auf *S. grandifolia* hin. Host beschreibt jedoch die Blüthen dieser Kätzchen mit: „Filamentum unicum, anthera unica terminatum" und bildet auch dieser Beschreibung entsprechend nur ein Staubgefäss ab, ein Vorkommen, welches nur dadurch erklärt werden kann, dass das zweite Staubgefäss jener Blüthe, welche Host bei seiner Beschreibung vorlag, zufällig verkümmert oder entfernt war, denn da Host bei *S. monandra* ausdrücklich von einer Anthere spricht, hingegen seinen Formen der *S. purpurea*: „antherae duae, apice unico filamento affixae" vindizirt, so konnte er hier keinen jener Fälle meinen, wie wie in der Gruppe der Purpurweiden, die zwei Staubgefässe der ganzen Länge nach verwachsen sind. Eine Weide aber mit einem einzigen Staubgefäss, respective einer einzigen Anthere in der Blüthe, ist ausser von Host, von keinem einzigen Botaniker jemals erwähnt worden und es würde eine solche Weide die Charakteristik der Ord. *Salicineae* umstossen. — Da Host auch keine andere Weide beschreibt, welche auf *S. grandifolia* bezogen werden könnte, die er doch bei ihrer Häufigkeit gewiss nicht übersehen — da ferner der von ihm angegebene Standort „In Austria, Styria in subalpinis, alpium declivibus et convallibus" vollkommen auf jenen der *S. grandifolia* passt, so dürfte es weiter gar keinem Zweifel unterliegen, dass *S. monandra* Host zu *S. grandifolia* Ser. als synonym zu ziehen ist.)

Auf den felsigen Kuppen der Alpen und an den Felswänden der subalpinen Thäler erscheint *S. grandifolia* als ein sparriger Busch mit knorrigen, kurzen, armknospigen Zweigen, der sich oft kaum zu zwei Fuss über den Boden erhebt. Unter Krummholz und an den Waldrändern erwächst sie zu einem buschigen drei bis fünf Schuh hohen vielverzweigten Strauch und an den Felsterassen der Flussufern wird sie selbst bis über eine Klafter hoch. — Der Stammumfang bleibt aber immer ein geringer und die dicksten Stämme zeigen nur einen Durchmesser von 3 Zoll. — Die krautigen Triebe sind ebenso wie die verholzten jüngsten Zweige flaumig-filzig. Erst nach dem Abfallen der Kätzchen verschwindet von den einjährigen Zweigen der schmutzig-graue Flaum, welcher bis dahin ihre Rinde bedeckt hatte. Die durch stark vorspringende Narben knorrigen Aestchen erscheinen dann kahl und ihre Rinde gelblich oder grünlich gefärbt. Die Knospendecken bleiben gewöhnlich bis zum Durchbruche des Kätzchens oder der Blätter etwas flaumig, seltener werden sie schon im Laufe des Winters ganz kahl. Die Blätter sind anfänglich, nachdem sie die Knospen gesprengt haben, unendlich zart und weich, gelblich und durchsichtig und welken alsogleich, nachdem man den Zweig, dem sie entknospet sind, abschneidet. Im Alter werden sie jedoch etwas lederig starr und sind an der Unterseite von gelblichen, vorspringenden, rigiden und scharf markirten Nerven durchzogen, die sich zu einem äusserst zierlichen feinmaschigen Netze verbinden. Die Kätzchen brechen auf den Alpen ebenso wie in den Thälern fast gleichzeitig mit den Blättern hervor und auch an den in der Ebene kultivirten Exemplaren erhielt sich diese Gleichzeitigkeit der Blüthen und Blattentwicklung. — In Folge der dünnen Behaarung der Schuppen sind die Kätzchen bei ihrem Hervorbrechen in keinen weissen Pelz, wie jene der *S. Caprea* und *S. cinerea*, eingehüllt und unterscheiden sich daher in diesem Stadium von jenen der *S. Caprea* und *S. cinerea* schon auf den ersten Anblick. Die kurzen Kätzchenstiele sind nur mit 1—3 meist schuppenartigen Blättern bekleidet die schon vor dem gänzlichen Verblühen des Kätzchens gelb werden und abfallen. Die Staubkätzchen sind fast um die Hälfte kleiner und die Fruchtkätzchen zur Zeit der vollen Blüthe viel schmäler und zarter als jene der *S. Caprea* und *S. cinerea*; überhaupt zeigen alle Blüthentheile: Kätzchenschuppen, Staubgefässe und Fruchtknoten ein viel kleineres absolutes Ausmass als die beiden eben genannten nahe verwandten Weidenarten von denen *S. grandifolia* überdiess durch den deutlicheren Griffel, abstehende Narbenlappen, fast kahle Blätter, spitze oder zugespitzte, halbherz- oder halbpfeilförmige Nebenblätter, feinmaschigeres Adernetz, grössere Anzahl der Fiedernervenpaare und die schon erwähnte geringe Zahl der Kätzchenstielblätter sich unterscheidet. — Nach dem Verblühen erscheint der Fruchtknoten an dem Stiele unter stumpfem Winkel aufsitzend, eine Erscheinung, die wohl auch bei anderen Sahlweiden vorkommt, aber bei der auffallenden Verlängerung der Fruchtknotenstiele an *S. grandifolia* am meisten augenfällig ist und als sehr constantes Merkmal angeführt werden kann. Zur Zeit der Fruchtreife erscheint die Kätzchenspindel bis zu 6 Centim., der Kapselstiel bis zu 5ᵐᵐ verlängert. Die reife Kapsel erreicht kurz vor dem Aufspringen 6—8ᵐᵐ Länge. — Die Antheren sind rund, nach dem Verstäuben schmutzig gelb und wenn Regenwetter in die Blüthezeit fällt auch schwärzlich, niemals aber so schwarz wie diess z. B. bei *S. Myrsinites* und *purpurea* der Fall ist.

Das Areal der auf das südliche und mittlere Europa beschränkten *S. grandifolia* wird durch eine Linie begrenzt, die im grossen Bogen das alpine Gebiet im Norden umrandet. *) Aus den Pyrenäen zieht dieselbe anfänglich als nordwestliche Vegetationslinie entlang der Kette des Jura nach Oberbaden auf den Feldberg, und dann als nördliche Vegetationslinie durch Südbaiern über München nach Gmunden und nach Lilienfeld in das Thal der Traisen. Dort beugt sie nach Südosten um und zieht entlang dem Ostende der Alpen als nordöstliche Vegetationslinie in die serbischen Gebirge. — Südlich von dieser Linie ist *S. grandifolia* auf Kalkboden der Alpen und an den Ufern der Alpenbäche eine der häufigsten Weiden und durch alle österreichischen Alpenländer, dann in der Schweiz, in den Alpen der Dauphiné und Savoyens und in den Apenninen verbreitet.

Ihre obere Grenze wird in Baiern auf 5885' angegeben. In Niederösterreich wurden die obersten Sträucher am Hochkar bei 5680' gefunden.

In der Region des Krummholzes ist sie in Niederösterreich auf Kalkboden ganz allgemein verbreitet und findet sich namentlich an nördlich exponirten feuchten Abstürzen, an Quellrinnsalen und Bächen. In der tieferen Region wird sie eine wahre Uferweide, die mit *S. purpurea*, *nigricans*, *incana* und *Alnus incana* die felsigen Uferterrassen bis zum Austritt der Flüsse in die präalpinen Ebenen bewohnt. — Verbindet man die nördlichsten Standpunkte, so erhält man eine dem Hauptkamm der Alpen genau parallel von West nach Ost ziehende Linie: Hilm nördlich von Waidhofen an der Ibbs 800', zwischen Purgstall und Scheibbs an der Erlaf 900', am Wege zum Wasserfall bei Lilienfeld im Traisenthal 1090', hinter Klein-Zell im Hallbachthal 1100', an der Piesting bei Gutenstein 1100'.

Eine in den östlichen Alpen bei vielen Pflanzen wahrnehmbare Erscheinung, dass nämlich die untere Grenze gegen Osten immer höher und höher rückt, während die obere Grenze gleichzeitig tiefer herabsinkt, so dass also der Höhengürtel der Pflanze gegen Osten zu ein schmälerer wird, ist, wie aus obigen Höhenangaben hervorgeht, auch bei *S. grandifolia* in ausgezeichneter Weise wahrnehmbar.

S. silesiaca, welche von Britannien und Skandinavien durch das sudetische und karpathische Gebirgssystem bis in den Kaukasus verbreitet

---

*) Die in Schweden von Fries als *S. grandifolia* angegebene Weide, ist nach den Exemplaren des Herb. norm. ein muthmasslicher Bastart aus *S. Caprea* und *silesiaca*. Die in Weinm. Fl. petrop. p. 97 angegebene *S. grandifolia* gehört höchst wahrscheinlich gleichfalls zu diesem Blendling.

ist, halten wir für die klimatische Parallelform der *S. grandifolia*. Sie bewohnt innerhalb des angedeuteten Areals analoge Standorte wie die *S. grandifolia* in dem ihrigen, und findet in den Sudeten bei 4000', in den Karpathen bei 5570' ihre obere Grenze. — Sie wird in den Thälern der Karpathen Uferweide und steigt bis 1800' herab. — Der erste Eindruck, den *S. silesiaca* auf den Beschauer macht, ist ganz jener der *S. grandifolia*. Sie kommt auch in dem zarten Bau der Blüthentheile, in der Form des Griffels und der Narben, in der geringen Anzahl der Kätzchenstielblättchen, in dem Nervennetze und der Bekleidung ganz mit *S. grandifolia* überein und unterscheidet sich nur durch elliptische oder eiförmige (nicht verkehrt-eiförmige) oberseits fast glatte Blätter, welche, wenn sie eben aus den Knospen sich entfaltet haben, meist blutroth gefärbt erscheinen. In der Regel sind auch die Fruchtknoten der *S. silesiaca* kahl, was bei *S. grandifolia* nie der Fall ist.

32. ⚲ *S. attenuata* (*supergrandifolio - Caprea*). — Amenta coaetanea, breviter pedunculata, in pedunculo foliolis mox caducis *2—3* vestita, pistilligera ovato-cylindrica, semel et semissi longiora quam latiora. Squamae lanceolatae, acutae, in basi flavescentes, versus apicem atratae, *pilosae*. Glandula tori brevis, truncata. Germen ex ovata basi conicum, cano-tomentosum, longe pedicellatum, pedicello glandulam tori quater—sexies superante. *Stylus brevissimus*. Stigmata brevia, *patula*, biloba, *lobis divergentibus*. Folia *elliptica*, *versus apicem et basin aequaliter attenuata, acuminata,* undulato-serrata, *bis terve longiora quam latiora*, adolescentia, sericeo-tomentosa, adulta supra obscure viridia, subnitida, *glaberrima*, subtus cinereo-glauca, in nervis hirto pubescentia vel glabrata. Nervi secundarii ad marginem decurrentes utroque latere *10—12*, flexuosi, in pagina inferiori prominentes et cum *venis anastomoticis prominentibus* reticulum elegans constituentes. Venulae anastomoticae in **pagina superiori lineis** impressis significatae, quare folium rugulosum. Stipulae *semicordatae, acuminatae*. Ramuli *annotini pubescentes*, biennes glabrati. Gemmae per hiemem glabrescentes.

Am. ♀ 16—20ᵐᵐ lg. 10—12ᵐᵐ lt.

Squam. 1.5—2ᵐᵐ lg. Germ. 2—3 lg. Pedicell. 1.5—2ᵐᵐ lg.

Fol. 40—100ᵐᵐ lg. 18—50ᵐᵐ lt.

Durch die behaarten einjährigen Zweige, **den deutlichen Griffel**, die abstehenden Narbenlappen, die geringe Anzahl der Kätzchenstielblätter, die Nervatur der Blätter, **die halbpfeilförmigen** Nebenblätter, so wie, durch den ganzen Habitus, stimmt diese Weide mit *S. grandifolia* überein. Die Kätzchen sind aber kürzer und dicker, jenen der *S. Caprea* in der Form fast gleichend, so wie auch die elliptische Grundform des Blattes mit dem Blatttypus der *S. Caprea* übereinstimmt.

Wir fanden diese Weide mit Stempelblüthen am Erlaufer bei Scheibbs 1100' und am sogenannten Alpel des Schneeberges bei 4000', an beiden Standorten in Gesellschaft ihrer muthmasslichen Stammältern.

33. ✕ S. macrophylla *(subgrandifolio-Caprea)*. — Amenta sub-coaetanea, breviter pedunculata, in pedunculo foliolis *4—6* mox caducis vestita, staminigera ovata, semel- semel et semissi, pistilligera ovato-cylindrica, semel et semissi—bis longiora quam latiora. Squamae lanceolatae, acutae, in basi flavescentes, versus apicem atratae, *villosae*. Glandula tori brevis, truncata. Germen ex ovata basi conicum, cano-tomentosum, longe pedicellatum, pedicello glandulam tori quater—sexies superante. Stylus *brevissimus*, [stigmata oblonga, emarginata, *conniventia*. Stamina duo, antheris *oblongis*, filamentis liberis, glabris vel in basi pilosis. Folia *elliptica*, *bis terve longiora quam latiora*, acuminata, in basi rotundata, margine undulato-serrata, adolescentia utrinque subsericeo-tomentosa, adulta supra *glaberrima*, obscure viridia et subnitentia, subtus glaucescentia et *albido-tomentosa*. Nervi secundarii ad marginem decurrentes utroque latere *10—14*, flexuosi, in pagina inferiori prominentes et cum *venis anastomoticis elevatis* reticulum constituentes. Venulae anastomoticae in pagina superiori lineis impressis significatae, quare folium rugulosum. Stipulae *semicordatae*, *acuminatae*. Ramuli annotini sicut gemmae *glabri*.

Am. ♂ 18—24ᵐᵐ lg. 14—18ᵐᵐ lt. Am. ♀ 18—25ᵐᵐ lg. 10—12ᵐᵐ lt. Squam. 2—2.5ᵐᵐ lg. Germ. 2—3ᵐᵐ lg. Pedic. 2ᵐᵐ lg. Stam. 7—10ᵐᵐ lg. Fol. 60—120ᵐᵐ lg. 30—56ᵐᵐ lt.

Der hier beschriebene Blendling, welcher unter allen von uns untersuchten Weiden den absolut grössten Breitendurchmesser der Blätter zeigte und den wir einerseits darum, andererseits aber um an den gleichbedeutenden Namen einer der muthmasslichen Stammältern: *S. grandifolia* zu erinnern, *S. macrophylla* nennen, erscheint als fast baumartiger Strauch und stimmt in der Form der vor dem Aufblühen in einen dichten weissen Pelz gehüllten Kätzchen, durch die zusammenneigenden Narben, die länglichen Antheren, die elliptische Grundform und die Bekleidung der Blätter durch die Zahl der Kätzchenstielblätter endlich durch die kahlen einjährigen Zweige mit *S. Caprea* überein; die Fruchtknoten sind aber mit einem deutlichen Griffel gekrönt, die Fiedernervenpaare der Blätter sind zahlreicher und das stärker markirte kleinmaschigere Nervennetz so wie die halbherzförmigen zugespitzten Nebenblätter weisen deutlich auf *S. grandifolia* hin.

Am Erlafufer bei Scheibbs und am Gruebberg bei Gaming 1100'—1300', in Staub- und Stempelblüthen. An beiden Standorten in Gesellschaft der muthmasslichen Stammältern.

34. S. Caprea L. sp. 1448. — Amenta praecocia, sessilia, in basi foliolis squamaeformibus *4—7* fulta, ovata, staminigera semel et semissi, pistilligera bis—bis et semissi longiora quam latiora. Squamae lanceolatae, acutiusculae, in basi ferrugineae, versus apicem atratae, *longe villosae*. Glandula tori brevis, truncata. Germen ex ovata basi conicum, cano-tomentosum, longe pedicellatum, pedicello glandulam tori quater—sexies superante. Stylus *nullus.* Stigmata sessilia, oblonga, emarginata, *conniventia*. Stamina duo, antheris *oblongis*, filamentis liberis, glabris. Folia *ellyptica vel subrotunda· semel—bis et semissi longiora quam latiora*, undulato-serrata, adolescentia utrinque molliter subsericeo-tomentosa, adulta supra *glaberrima*, obscure viridia et subnitida, subtus *albido-tomentosa*, opaca. Nervi secundarii ad marginem decurrentes utroque latere *6—12*, flexuosi, prominentes, cum *venis anastomoticis subelevatis* reticulum constituentes. Venulae anastomoticae in pagina superiori lineis impressis significatae. Stipulae *semireniformes. Ramuli annotini sicut gemmae glabri.*

Am. ♂ 30—46ᵐᵐ lg. 18—24ᵐᵐ lt. Am. ♀ 15—40ᵐᵐ lg. 12—16ᵐᵐ lt. Squam. 2—3ᵐᵐ lg. Germ. 3—4ᵐᵐ lg. Pedicell. 2ᵐᵐ lg. Stam. 6—10ᵐᵐ lg.

Variat foliorum forma:

a. orbiculata. — Folia subrotunda, recurvato-apiculata, in basi subcordata.

    Fol. 30—70ᵐᵐ lg. 20—50ᵐᵐ lt.

       S. Caprea var. b. Wimm. Flora 1849. p. 35.

b. ellyptica. — Folia ellyptica, versus apicem et basin aequaliter attenuata, bis longiora quam latiora.

    Fol. 50—100ᵐᵐ lg. 25—50ᵐᵐ lt.

       S. Caprea var. c. Wimm. Flora 1849. p. 35. Herb. Salic. Nr. 56.

S. Caprea Host Salix p. 20. tb. 66. 67. Koch Syn. p. 565. Fries Nov. Fl. suec. M. l. p. 54. Wimm. Flora 1849. p. 35. Herb. Sal. Nr. 40. Neilr. Fl. v. N. Oest. p. 261.

In der Regel nur als Baum blühreife **Knospen** entwickelnd. — Die ältesten Bäume besitzen höchstens einen Stammdurchmesser **von** sechs Zoll und niemals vermag sich *S. Caprea* über fünf Klafter **zu erheben.** Die Aeste sind abstehend und die Krone hat immer ein etwas sparriges Ansehen. Die noch krautartigen Triebe sind dicht abstehend sammtig behaart und auch die Rinde der verholzten jüngsten Zweige ist bis in den Winter hinein noch mit zerstreutem Flaume bekleidet. Zur Zeit der Blüthe im Vorfrühling sind jedoch die Zweige vollständig kahl geworden. Die eiförmigen Knospen, welche so lange, als das sie stützende Blatt noch vorhanden ist, gleichfalls flaumig erscheinen, werden schon im Herbste kahl und etwas glänzend. Der Ueberzug der Blätter fühlt sich sammtig an. An den jungen Blättern liegen die Haare etwas an der Blattfläche an, haben fast gleiche Richtung und der aus ihnen gebildete weisse **Filz** zeigt daher auch einen fast seidigen Schimmer; — an den ausgewachsenen **Blättern** sind aber die Haare abstehend und der **Filz** glanzlos. An schattigen **Standorten** ist der Ueberzug lockerer und die durchblickende bläuliche Grundfarbe **des** Blattes bedingt einen bläulichgrauen **Farbenton;** an sonnigen Standpunkten aber wird der Filz oft so dicht, dass die ganze untere Blattfläche weisssammtig aussieht. — Die braunen blühreifen Knospen fallen schon im Winter durch ihre Grösse sehr in die Augen. Fast gleichzeitig mit *S. daphnoides* sprengen die in dichten weissen Pelz gehüllten Kätzchen nach den ersten warmen Tagen des Jahres die braunen Decken und sind zur Zeit, wenn an demselben Standpunkte *S. aurita* oder *S. grandifolia* zu blühen beginnen, gewöhnlich schon abgeblüht.

Die Kätzchenspindel verlängert sich zur Zeit der Fruchtreife bis zu 4—6 Ctm. Die Fruchtknotenstiele aber, die sich bei *S. grandifolia* nach dem Abblühen gleichfalls sehr verlängern, behalten bei *S. Caprea* dieselbe Länge, welche sie zur Blüthezeit besassen (2^{mm}), und sind meistens an die Spindel nach abwärts geschlagen. Die Kapseln, welche gerade, und nur selten unter stumpfem Winkel gleich jenen der *S. grandifolia* am Stiele befestigt erscheinen, messen kurz vor dem Aufspringen 6—8^{mm}.

In Europa ist *S. Caprea* von der Mittelmeerzone und Taurien hinauf bis Island und Lappland, und in Asien vom Kaukasus und Ural ostwärts in das östliche Sibirien verbreitet. In Ostindien ist sie eingeführt.

Ihre obere Grenze fällt in den Sudeten auf 3650', in den Karpathen auf 4340', in den niederösterreichischen Alpen auf 4180' und in den baierischen Alpen auf 5332'.

In Niederösterreich ist sie eine der häufigsten Weiden und findet sich in den gemischten Laubwäldern des Hügel und Berglandes und zwar am liebsten gesellschaftet mit Birken, Föhren und Zitterpappeln. — In Holzschlägen wuchert sie anfänglich rasch empor, stirbt aber ab, wenn sie vom hochstämmigen Holze überholt und überwachsen wird und findet sich daher als alter Baum niemals im geschlossenen Walde, sondern immer nur an den Waldrändern oder auf Waldblössen vor.

Sie wächst auf Granit, Serpentin, kristallinischen Schiefern, Sandstein. Kalk und Löss; insbesonders aber sagt ihr etwas kalkhältiger trockener Lehmboden zu. Auf sumpfigem Boden fehlt *S. Caprea* und ist in den Donauauen sehr selten, wohl aber findet sie sich häufig an den felsigen Ufern der Alpenbäche und zwar nicht selten in Gesellschaft von *S. grandifolia*.

Die kätzchentragenden Zweige werden ähnlich jenen der *S. daphnoides* manchmal zu „Palmbuschen" geschnitten und es findet sich zu diesem Ende *S. Caprea* auch an Bauernhöfen oder auch neben den Kirchen hie und da gepflanzt. Im Waldviertel erscheint sie auch an den Strassen als Alleebaum kultirirt.

35. ⚥ *S. Reichardtii (Caprea-cinerea).* — Amenta praecocia, sessilia, in basi foliolis squamaeformibus 4—7 fulta, staminigera ovata, semel et semissi, pistilligera breviter cylindrica, bis—bis et semissi longiora quam latiora. Squamae lanceolatae, acutae, in basi ferrugineae, versus apicem atratae, *longe villosae*. Glandula tori brevis, truncata. Germen ex ovata basi conicum, cano-tomentosum, longe pedicellatum, pedicello glandulam tori ter—quinquies superante. Stylus *brevissimus*. Stigmata oblonga, *conniventia*, biloba, *lobis* *parallelis.* Stamina duo, antheris *oblongis*, filamentis liberis, *glabris.* Folia *oblongo-obovata, bis longiora quam latiora* , adolescentia utrinque subsericeo-tomentosa, *adulta supra sordide viridia puberula, subtus cinerea, cano-tomentosa.* Nervi secundarii ad marginem decurrentes utroque latere *8—12*, flexuosi, prominentes, cum *venis anastomoticis subelevatis* reticulum constituentes. Venulae anastomoticae in pagina superiori lineis impressis significatae. **Stipulae** *semireniformes.* Ramuli annotini sicut gemmae *puberuli vel cano-tomentosi.*

Am. ♂ 25—45ᵐᵐ lg. 18—24ᵐᵐ lt. Am. ♀ 20—30ᵐᵐ lg. 10—12ᵐᵐ lt.
Squam. 2—3ᵐᵐ lg. Germ. 3—4ᵐᵐ lg. Pedicell. 2ᵐᵐ lg. Stam. 6—10ᵐᵐ lg.
Fol. 30—60ᵐᵐ lg. 18—30ᵐᵐ lt.

S. *polymorpha* **Host** **Salix** tb. 69 (excl. 68 et 70). Die abgebildete Pflanze stellt genau S. *Reichardtii* dar und stimmt auch in den zusammenneigenden Narben mit dem hier beschriebenen Blendling überein. — S. *Caprea-cinerea* Wimm. Flora 1849. p. 43. Denksch. p. 162 (In der Diagnose werden ihr abstehende Narben zugeschrieben. Die uns vorliegenden niederösterreichischen oben beschriebenen Exemplare, besitzen zusammenneigende oder aneinanderliegende Narben, stimmen übrigens sonst mit der Wimmer'schen Diagnose überein.)

Alle bisher in Niederösterreich aufgefundenen hieher gehörigen Weiden zeigten **baumartigen** Wuchs. Dadurch , so wie durch die kurzen Blätter, die nur wenig vortretenden Anastomosen an der unteren Blattseite, die länglichen Antheren und die zusammenneigenden Narben stimmt dieser Blendling mit S. *Caprea* überein. Die grauflaumigen **oder graufilzigen** Knospen und einjährigen Zweige, der verkehrteiförmige Zuschnitt der Blätter, die Bekleidung der oberen Blattfläche, endlich der wohl kurze **aber** deutliche Griffel weisen hingegen auf S. *cinerea.*

Bei Dornbach **von** **Reichardt**, bei Döbling von **Neilreich** in Staubblüthen aufgefunden. Ausserdem fanden wir sie noch mit Stempelblüthen bei Bergern nächst Mautern. An allen Standorten finden sich auch beide muthmassliche Stammältern in der Nähe.

36. S. cinerea L. sp. 1449. — Amenta praecocia, sessilia, in basi foliolis squamaeformibus *4—7* fulta, staminigera ovata, semel et semissi, pistilligera cylindrica, bis — ter longiora quam latiora. Squamae lanceolatae. acutae, in basi ferrugineae, versus apicem atratae, *longe villosae.* Glandula tori brevis, truncata. Germen ex ovata basi conicum, cano-tomentosum, longe pedicellatum, pedicello glandulam tori ter — quinquies superante. Stylus *brevissimus.* Stigmata *erecto-patula*, emarginata vel biloba, *lobis parallelis.* Stamina duo, antheris *subrotundis*, filamentis liberis, glabris vel in basi pilosis. Folia *obovata, ter longiora quam latiora*, undulato-serrata, adolescentia lutescentia, *opaca*, utrinque molliter cano-tomentosa, adulta supra sordide viridia, *puberula, subtus cinerea, cano-tomentosa.* Nervi secundarii ad marginem decurrentes utroque latere *10—15*, flexuosi, in pagina inferiori prominentes, cum *venis anastomoticis elevatis* reticulum constituentes. Venulae anastomoticae in pagina superior lineis impressis significatae, quare folium rugulosum. Stipulae *semireniformes.* Ramuli *crassi, annotini et biennes* sicut gemmae *velutino-tomentosi.*

Am. ♂ 20—30ᵐᵐ lg. 12—20ᵐᵐ lt. Am. ♀ 20—40ᵐᵐ lg. 10—18ᵐᵐ lt.
Squam. 2—3ᵐᵐ lg. Germ. 2.5—4ᵐᵐ lg. Pedicell. 1.5—2.5ᵐᵐ lg. Stam.
8—11ᵐᵐ lg.

Variat foliorum forma:

a. latifolia. — Folia obovata vel oblongo-obovata, in basi rotundata vel in petiolum contracta, semel et semissi — ter longiora quam latiora.
Fol. 50—100ᵐᵐ lg. 20—45ᵐᵐ lt.

> *S. cinerea* var. b. **Fries** Nov. M. I. p. 55.

b. angustifolia. — Folia obovato-lanceolata, versus basin cuneata, ter et semissi longiora quam latiora.
Fol. 50—120ᵐᵐ lg. 15—30ᵐᵐ lt.

> *S. cinerea* var. a. Fries Nov. fl. suec. M. I. p. 55. — *S. cinerea* var. b. Wimm.
> Flora 1849. p. 36.

S. polymorpha Host Salix p. 21. tb. 68. 70. (excl. 69). — *S. cinerea* Koch Syn. p. 562. Fries
Nov. fl. suec. M. I. p. 54 (excl. var. c.). Herb. norm. Fasc. VII. Nr. 59. Wimm.
Flora 1849 p. 36. Herb. Salic. Fasc. V. 57 et 58. Neilr. Fl. v. N. Oest. p. 261. Kov.
Fl. exsicc. Vindob. Nr. 1058 u. 1059.

Ein vielästiger Strauch, dessen Höhe von einigen Schuhen bis zu einer Klafter schwankt. Seine Zweige sind kurz, dick, abstehend, graubraun und glanzlos. Die braunen Decken der grossen eiförmigen Knospen sind noch zur Zeit, wo sie abgeworfen werden, graufilzig. Auch an den verholzten Zweigen bleibt der graue filzige oder fast sammtartige Ueberzug und fällt überhaupt bei *S. cinerea* nicht wie bei *S. Caprea* und *S. grandifolia* später ab, sondern verwittert am Stamme und bedingt durch seine verwitterten Reste das rauhe oder grau bestäubte Aussehen der Rinde, welches sich oft bis in das dritte und vierte Jahr erhält. Häufig sind diese verwitterten Haare auch der Sitz von Uredineen, wodurch die Zweige dann wie berusst aussehen. — Die Blätter sind nur zur Zeit, wo sie die Knospen sprengen, etwas seidig, sobald sie sich entfaltet haben, erscheinen sie schmutzig graugrün, aschenfarbig und glanzlos und sind beiderseitig von kurzen Härchen mehr oder weniger filzig. Diese Färbung des Laubes verleiht dem Strauche ein düsteres Aussehen, das ganz und gar mit seinem Standorte an schleichenden trägen Gewässern in sumpfigen öden Niederungen harmonirt. — Das Netz der Nerven an der unteren Blattseite ist bei weitem markirter als jenes der *S. Caprea.* Während bei *S. Caprea* die Anastomosen der Fiedernerven nur wenig erhaben sind, springen sie bei *S. cinerea* deutlich hervor und sind bei ihr auch bei weitem zahlreicher, als an der *S. Caprea.* Mit dem Nervennetze der *S. grandifolia* besitzt die Nervatur der *S. cinerea* grössere Aehnlichkeit, doch ist an *S. grandifolia* das Netz der Nerven kleinmaschiger und zierlicher, und da bei der letzteren die gelben Nerven an der fast kahlen, bläulichen unteren Blattfläche mehr kontrastiren, als an dem filzigen Blatte der *S. cinerea*, so erscheint auch das ganze Nervennetz viel schärfer und markirter. — Die Kätzchen sind regelmässig sitzend und an der Basis von 4—9 kleinen schuppenartigen Blättchen umgeben. Durch dieses Merkmal ist *S. cinerea* immer sicher von *S. grandifolia* zu unterscheiden. Ein wesentlicher Unterschied dieser beiden Weiden liegt in Beziehung auf die Kätzchen auch noch darin, dass jene der *S. cinerea* beim Herausbrechen aus den Knospen immer ähnlich denen der *S. Caprea* in einen dichten weissen die Antheren und Fruchtknoten ganz überdeckenden Pelz eingehüllt sind, während diese Umhüllung wegen viel schwächerer Behaarung der Kätzchenschuppen bei *S. grandifolia*, ähnlich wie bei *S. aurita*, schwach und durchsichtig ist und daher gleich nach dem Sprengen der Knospendecke die Antheren und Fruchtknoten durchblicken lässt. Zur Zeit der Fruchtreife ist die Spindel des Kätzchens zu 4—6 Centim. verlängert; die Kapselstiele hingegen sind kaum länger als zur Zeit der vollen Blüthe. Die Kapseln, die entweder gerade oder unter stumpfem Winkel an ihren Stielen befestigt sind, besitzen zur Zeit der Reife unter allen Weiden das grösste Ausmass, indem sie vor dem Aufspringen eine Länge von 9—12^{mm} zeigen, während bei den andern Arten der Rotte *Rugosae* die Kapseln in diesem Stadium höchstens 8^{mm} lang erscheinen.

In Europa ist *S. cinerea* von der Mittelmeerzone (Griechenland, Kalabrien, Korsika, Trafalgar) bis hinauf in das mittlere Schweden, Finnland, Perm verbreitet. Innerhalb dieses Gebietes wohnt sie vorzüglich in den Sümpfen der Flachländer, wie in den pontinischen Sümpfen, in der Ebene des Po und der Garonne, in den Niederländern der Donau und in der baltischen und sarmatischen Tiefebene und von diesen Flachländern zieht sie sich einwärts längs den sumpfigen Thalsohlen oft weit hinein bis in die Moore der Gebirge.

Ihre obere Grenze erreicht sie in Macedonien bei 2800′, in den siebenbürgischen Karpathen bei 2700′, in den niederösterreichischen Alpen bei 2100′ und in den bairischen Alpen bei 2000′. — Auffallend hoch ist die obere Grenze im Bereiche des böhm.-mähr. Gebirges gerückt, wo *S. cinerea* weit aufwärts in die Flussthäler (Schönbach, Zwettl, Hartenstein) und bis auf die Moore der höchsten Kuppen, zu 2700′ emporsteigt, während sie wie oben angegeben wurde, in dem alpinen Gebiete Niederösterreichs schon bei 2100′ ihre obere Grenze erreicht. — In den weiten Sümpfen des ungarischen Steppengebietes ist sie der einzige Repräsentant strauchartiger Gewächse und liebt dort, so wie auch in anderen Gegenden insbesonders die Ufer trägfliessender Bäche, deren schlangenförmiger Verlauf gewöhnlich schon von Ferne durch das einsäumende niedere graue Buschwerk der *S. cinerea* gekennzeichnet wird.

In Niederösterreich ist sie am häufigsten in der südöstlichen Niederung des Wiener Beckens, dann in den Sümpfen an der March und Schmida, in der Umgebung von St. Pölten und auf der Forsthaide bei Waidhofen an der Ibbs.

37. ⚲ **S. lutescens** *(cinereo-aurita)*. — Amenta praecocia, sessilia vel brevissime pedunculata, in basi foliolis squamaeformibus *4—7* fulta, pistilligera cylindrica, bis — ter longiora quam latiora. Squamae lanceolatae, acutae, in basi pallidae, versus apicem ferrugineae vel atratae, *pilosae*. Glandula tori brevis, truncata. Germen ex ovata basi conicum, cano-tomentosum, longe pedicellatum, pedicello glandulam tori ter — quinquies superante. Stylus *brevissimus*. Stigmata oblonga, *erecto-patula*, bifida, *lobis parallelis*. Folia *oblongo - obovata bis — bis et semissi longiora quam latiora*, undulato-serrata, adolescentia lutescentia, opaca, utrinque molliter tomentosa, adulta supra obscure viridia, *puberula*, subtus cinerascentia et *cano-tomentosa*. Nervi secundarii ad marginem decurrentes utroque latere *10—12*, flexuosi, in pagina inferiori prominentes et cum *venis anastomoticis elevatis* reticulum constituentes. **Nervi sicut venulae anastomoticae** in pagina superiori lineis impressis significati, **quare folium rugosum.** Stipulae semicordatae, acutae. Ramuli *tenues*, annotini puberuli, biennes *glabrati*. Gemmae puberulae.

Am. ♀ 16—35ᵐᵐ lg. 8—12ᵐᵐ lt.

Squam. 1.5—2ᵐᵐ lg. Germ. 2—3.5ᵐᵐ lg. Pedicell. 1—1.5ᵐᵐ lg.

Fol. 30—56ᵐᵐ lg. 15—20ᵐᵐ lt.

S. cinerea-aurita Wimm. Flora 1849. p. 43. Denksch. p. 163.

Vielästiger Strauch mit sparrigen Aesten, der durch seine dünnen Zweige den Eindruck der *S. aurita* hervorbringt und mit dieser Stammart auch durch die kahl werdenden Zweige, das kleinere Ausmass aller Blüthentheile und die kurzen reifen Kapseln übereinstimmt. Die Kätzchen sind jedoch länger zilindrisch als bei *S. aurita*, der Fruchtknoten ist von einem wohl kurzen, aber deutlichen Griffel gekrönt, die Blätter sind länglich-verkehrteiförmig und haben den Zuschnitt und die Bekleidung der *S. cinerea*. — Die Kätzchenspindel ist zur Zeit der Fruchtreife bis zu 3—4 Centim. und die reifen Kapseln zu 6—8ᵐᵐ verlängert.

Die hier beschriebene Pflanze stimmt vollkommen mit Exemplaren der *S. cinerea-aurita* Wimm. von Goldschmiede bei Breslau, welche ich der Güte des verehrten Autors verdanke, überein.

Sie wurde von mir an einem Bache am Jauerling in der Nähe des sogenannten hohen Standes, 2500', dann im verflossenen Jahre von meinem Bruder bei Gross-Weissenbach im Waldviertel, an beiden Orten mit Stempel-blüthen, aufgefunden. Au beiden Fundorten wachsen auch die beiden muthmasslichen Stammältern in der Nähe.

38. S. aurita L. spec. 2446. — Amenta praecocia vel subcoaetanea, sessilia vel breviter pedunculata, in basi foliolis squamaeformibus *4—7* fulta, staminigera ovata, semel — semel et semissi, pistilligera ovata vel breviter cylindrica, semel et semissi — bis longiora quam latiora. Squamae lanceolatae, acutae vel obtusae, in basi pallidae, supra medium ferrugineae, *pilosae*. Glandula tori brevis, truncata. Germen ex ovata basi conicum, cano-tomen-

tosum, longe pedicellatum, pedicello glandulam tori ter quaterve superante.
Stylus *nullus*. Stigmata oblonga, emarginata vel biloba, *erecto-patula*. Stamina
duo, antheris *rotundis*, ante anthesin flavis, (rarissime rubescentibus) post
anthesin sordide flavescentibus, filamentis liberis, glabris vel in basi pilosis.
Folia *obovata*, brevissime recurvato-apiculata, undulato-serrata, *semel et semissi
— bis longiora quam latiora*, adolescentia utrinque subsericea, cano-tomentosa, adulta supra obscure et sordide viridia, opaca, *puberula*, subtus glaucescentia, *hirto-tomentosa*. Nervi secundarii ad marginem decurrentes utroque
latere *6—12*, flexuosi, in pagina inferiori prominentes et cum *venis anastomoticis prominentibus* reticulum constituentes, in pagina superiori lineis impressis
significati, quare folium rugosum et subplicatum. Stipulae semicordatae vel
remireniformes. Ramuli *tenues, tenaces, annotini sicut gemmae glabri vel levissime puberuli.*

Am. ♂ 10—20ᵐᵐ lg. 10—16ᵐᵐ lt. Am. ♀ 6—18ᵐᵐ lg. 5—10ᵐᵐ lt.
Squam. 1—2ᵐᵐ lg. Germ. 2—3ᵐᵐ lg. Pedicell. 1—2ᵐᵐ lg. Stam. 5—8ᵐᵐ lg.

Variat foliorum forma:

a. rotundifolia. — Folia subrotundo-obovata. (Confundere nequit
hanc varietatem cum forma monstrosa: *putata*. In pratis montanis nempe
post messem foeni arbusculi minores falce detonsi e trunco remanente ramulos
evolvunt foliis subrotundo-obovatis vestitos. Folia hujus formae autem multo
minus rugosae, sublaevigatae et plerumque subglabrae inveniuntur. Conf.
Fries Nov. fl. suec. M. I. p. 56.)

S. aurita var. b. Wimm. Fl. 1819 p. 36.

b. oblongifolia. — Folia oblongo- vel lanceolato-obovata, bis
longiora quam latiora.

S. aurita var c. Wimm. Flora 1819 p. 36.

S. *heterophylla* Host Salix p. 26. tb. 87. 88. — S. aurita Fries Nov. fl. suec. M. I. p. 55.
(excl. var.) Herb. uorm. Fasc. VII. Nr. 60 (excl. specim. „var. c. *ambigua*“). Koch
Syn. p. 564. Wimm. Flora 1819 p. 36. Herb. Salic. Fasc. III. Nr. 25 (üppige Form).
Neilr. Fl. v. N. Oest. p. 262. Kov. Fl. exsic. Vindob. Nr. 1067. 1068.

Ein vielverzweigter Strauch, der durch die dünnen Zweige, so wie
durch die kleineren stärker runzeligen fast gerifften Blätter ein von *S. cinerea*
und *S. Caprea* abweichendes Aussehen bekommt. — Die Wandelbarkeit der
einzelnen Merkmale ist jedoch bei *S. aurita*, so wie überhaupt bei der Rotte
Rugosae unendlich gross. Bald erscheint diese Weide auf den Torfmooren als ein
sparriges spannhohes Sträuchelchen mit rechtwinkelig abstehenden armknospigen Zweigen, bald als mannshoher Strauch mit schlankeren Zweigen,
deren einer manchmal bis zu zwanzig Blüthenkätzchen trägt. — Die noch
krautartigen Triebe erscheinen immer graufilzig, und noch im darauffolgenden
Frühling ist die Rinde der bereits verholzten Zweige stellenweise etwas
flaumig, bis zum Sommer aber ist diese Bekleidung vollständig verschwunden,
die Rinde wird dann dunkelbraun, glatt und manchmal sogar etwas glän-

zend. Im zweiten Jahre hebt sich die Epidermis in zarten Falten und Runzeln empor und die Rinde erscheint von jetzt an uneben, glanzlos und von aschgrauem Farbentone. — Die braunen, im Herbste flaumigen Decken der eiförmigen Knospen sind zur Zeit, in welcher sie abgeworfen werden, kahl und etwas glänzend. — Die Blätter sind in Zuschnitt, Grösse und Bekleidung unendlich mannigfaltig. Die zwei **Formen, in welchen** *S.* *aurita* bei uns am häufigsten auftritt, sind oben unter a. und b. aufgeführt. Die jungen aus den Knospen herausbrechenden, dichtfilzigen und tiefgefurcht runzeligen Blätter besitzen in der Jugend manchmal etwas seidigen Schimmer; sobald dieselben aber vollständig entfaltet sind, erscheinen sie dunkelgraugrün und glanzlos. Am gewöhnlichsten ist dann ihre starkrunzelige, obere Blattfläche nur von zerstreuten sparsamen Härchen bekleidet und die untere Seite an den Nerven von abstehenden Härchen filzig; seltener sind beide Flächen mit dichtem grauen Filze bedeckt, welch letztere Form von Wimmer in d. Flora 1849 p. 36 als var. d. aufgeführt wurde und sich auch in Niederösterreich am Jauerling und auf den Neuntagwerkwiesen bei Bergern vorfindet. — Die weiblichen Kätzchen sind anfänglich eiförmig oder fast kugelig, und dichtblüthig, verlängern sich aber bald, werden zilindrisch und — indem sich gleichzeitig mit der Verlängerung der Spindel auch die Fruchtknotenstiele verlängern — lockerblüthig. Zur Zeit der Fruchtreife schwankt die Länge der Kätzchenspindel zwischen 2 und 3 Centim. In der Regel sind die Kätzchen sehr kurz gestielt und ihre Basis mit 4—9 seidig-filzigen, kleinen schuppenartigen Blättchen umgeben; an schattigen Standorten aber verlängern sich die Kätzchenstiele so sehr, dass manchmal ihre Länge der Länge des Kätzchens gleichkommt. Sieben bis neun Blätter, deren jedes an der Basis mit Nebenblättern versehen ist, bekleiden dann die so verlängerten Kätzchenstiele und verleihen der Weide ein auf den ersten Blick ganz abweichendes Aussehen. — Die Kätzchenschuppen sind an solchen Schattenexemplaren an der Spitze nur schwach bräunlich bemalen, sonst aber erscheinen die Schuppen in der vorderen Hälfte dunkel-rostbraun. Sie sind immer viel weniger zottig als jene der *S. Caprea* und *S. cinerea* und die herausbrechenden Kätzchen daher auch in keinen so dichten Pelz gehüllt, wie diess bei den zuletzt genannten zwei Arten der Fall ist. — Die Fruchtknoten sind graufilzig. Zur Zeit der Fruchtreife verlängern sich die Fruchtknoten bis zu 6—8^{mm} und sind bei geringem Durchmesser (2^{mm} an der Basis, 1^{mm} gegen die Spitze) fast pfriemenförmig gestaltet. — Eines bei Moidrams im Waldviertel von meinem Bruder aufgefundenen Strauches der *S aurita* mit kahlen Fruchtknoten wurde schon früher (Seite 36) Erwähnung gethan. Einige androgynische Kätzchen, welche sich an demselben Individuum neben der Mehrzahl von Kätzchen befanden, die sonst nur Stempelblüthen trugen, weisen darauf hin, dass die kahlen Fruchtknoten als monströse Bildungen anzusehen seien, wie sie bei der Gruppe *Rugosae* nicht selten sind. — Auch der Fruchtknotenstiel, welcher schon zur Zeit der vollen Blüthe zu 4^{mm} verlängert erscheint und dadurch an einen Staubfaden mahnt, der statt

der Anthere einen Fruchtknoten trägt, deutet an, dass diese Blüthen zu
jenen wunderbaren Bildungen gehören, bei denen die bildende Kraft der
Pflanze zwischen Staubgefäss und Fruchtknoten schwankt. — Zu bemerken
ist übrigens, dass die Fruchtknoten bei dieser kahlfrüchtigen Form jenen der
normalen behaartfrüchtigen *S. aurita* ganz gleich gebildet erscheinen, und dass
sich sogar Samen in den Kapseln ausgebildet hatten.

Die *S. aurita* ist in Europa von den Pyrenäen, den Südalpen, den
serbischen und macedonischen Gebirgen nordwärts bis Lappland und in Asien
vom Kaukasus bis in den Altai verbreitet.

Ihre obere Grenze fällt in den südbairischen Alpen auf 4742' in den
nordtirolischen Alpen auf 4500', in den niederösterreichischen Alpen auf 3200'.
— In den Sudeten findet *S. aurita* ihre obere Grenze bei 3500'. — Sie meidet
Kalkboden und liebt insbesondere thonreiche Gesteine als Unterlage, dem
entsprechend sie auch im alpinen Gebiete Niederösterreichs auf die nördliche
Zone des thonreichen Wiener - Sandsteines, auf die thonreichen Gresdner
Schiefer und die Schiefer der Grauwackenzone beschränkt ist. Sie findet sich
auf diesen im alpinen Gebiete, namentlich am Preiner Gschaid, dann im
Thale bei Gresden, im Burgerhofwald und am Hochpyra bei Scheibbs, im
Teufelhofwald bei St. Pölten und durch die ganze Kette des Wienerwaldes
bis Heiligenkreuz und über den Riederberg bis Hütteldorf, Dornbach und
Weidling, wo sie bei 700' ihre untere Grenze erreicht. *)

Viel häufiger noch als im alpinen Gebiete ist sie auf dem niederösterreichischen Antheil des böhmisch-mährischen Gebirgsplateaus, wo sie auf dem
thonreichen Boden des Granits, Gneisses, Weisssteines und Hornblendschiefers
von den Thälern aufwärts bis zu den höchsten Kuppen zu 3300' allgemein
verbreitet ist und insbesondere die Ränder der Wälder und Hochmoore, die
Rinnsale der Bäche und die Wiesengräben mit ihrem dichtverzweigten Buschwerk besäumt.

Divisio IV. *Meliteae*. — Squamae amentorum disco-
lores. Torus uniglandulosus. Stylus brevissimus vel nullus.
Folia dum marcescunt nigricantia.

Sect. XII. **Semipurpureae**. — *Frutices vel arbores minores
trunco erecto, ramis erectis tenacibus. Folia oblongo- vel
oborato-lanceolata, supra medium plerumque dilatata. Amenta
staminigera ovata. Stamina duo, filamentis in variis distantiis*

----

*) Sie fehlt in der Ebene des Wienerbeckens, dann im Leithagebirge und im mittelungarischen Berg-
lande und erscheint erst jenseits der grossen pannonischen Ebene in den siebenbürgischen und banatischen
Karpathen.

connata, antheris ante anthesin rubescentibus, sub anthesi luteis, demum sordide flavescentibus. Amenta pistilligera cylindrica. Germina orato-conica, pedicellata, pedicello glandulam tori aequante vel bis superante. Stylus brevissimus vel nullus. Stigmata brevia, ovata.

39 ⚥ **S. auritoides** *(subpurpureo-aurita).* — Amenta praecocia, sessilia, in basi foliolis squamaeformibus 5—6 fulta, pistilligera *cylindrica, bis et semissi — ter longiora quam latiora*. Squamae obovatae acutae, supra medium atratae, pilosae. Glandula tori oblonga, truncata. Germen ovato-conicum, obtusum, cano-tomentosum, pedicellatum, *pedicello glandulam tori bis superante. Stylus nullus.* Stigmata brevissima, ovata. Folia *obovato-lanceolata, ter longiora quam latiora,* supra obscure viridia, glabra vel levissime puberula, subtus glaucescentia, *hirto-tomentosa.* Nervi secundarii ad marginem decurrentes prominentes, et cum venis anastomoticis elevatis reticulum constituentes. Venulae anastomoticae *in pagina superiori lineis impressis significatae,* quare folium rugulosum. Stipulae semicordatae, acutae. Ramuli annotini *glabri,* rufescentes.

Am. ♀ 14—22^mm lg. 6—7^mm lt.

Squam. 1—2^mm lg. Germ. 2^mm lg. Pedicell. 1^mm lg.

Wimmer unterscheidet in Denksch. p. 153 drei Blendlinge aus *S. purpurea* und *S. aurita,* von denen zwei zur *S. purpurea* hinneigende Formen in dem genannten Werke unter b. *glaucescens* subsumirt werden. Die Form a. *cinerascens* stellt hingegen nach Wimmer einen zur *S. aurita* näher stehenden Bastart dar. Die unter diesem letzteren Namen im Herb. Salic. Nr. 60 ausgegebene und uns von dem Autor freundlichst mitgetheilte Weide scheint jedoch mit dem oben beschriebenen Blendling nicht identisch und unterscheidet sich namentlich durch die sammtig behaarten jährigen Zweige. Wir möchten dieselbe auch dieser sammtigen abstehenden Bekleidung wegen für einen Bastart aus *S. purpurea* und *S. cinerea* halten.

Strauch vom Ansehen der *S. aurita*, dessen braune, etwas glänzende Zweige aber unter spitzeren Winkeln (30—40°) aufrecht abstehen. Die Kätzchen sind gleichfalls aufrecht abstehend, fast an die Axe des Zweiges angelehnt, und sind mehr zilindrisch und schmäler als jene der *S. aurita;* die Fruchtknoten sind kürzer gestielt, die Blätter mehr verlängert, die zwei sehr kurzen, rundlich-eiförmigen Narben kopfförmig auf den kleinen Fruchtknoten sitzend. — Alle diese Merkmale lassen den Typus der *S. purpurea* nicht verkennen. Uebrigens stellt *S. auritoides* einen zu *S. aurita* näher als zu *S. purpurea* hinneigenden Blendling dar.

Wurde im Sommer des verflossenen Jahres von meinem Bruder bei Moidrams nächst Zwettel auf der Höhe des böhm.-mähr. Gebirgsplateaus bei 2500′ in Gesellschaft der beiden muthmasslichen Stammältern aufgefunden.

40. ⚥ **S. sordida** *(subpurpureo-cinerea).* — Amenta praecocia sessilia, cylindrica, pistilligera ter longiora quam latiora. Squamae oblongae

obtusae, supra medium atratae, villosae. Glandula tori brevis, truncata, subquadrata. Germen ovato-conicum, sericeo-tomentosum, pedicellatum, pedicello
glandulam tori aequante vel ter superante. *Stylus brevissimus.* Stigmata brevia, ovata. Stamina duo, antheris ante anthesin rubescentibus, sub anthesi
luteis et serius sordide flavescentibus, filamentis *usque ad medium connatis.* Folia
obovato-lanceolata, ter—quater longiora quam latiora, adolescentia utrinque molliter subsericeo-tomentosa, *adulta supra obscure viridia, opaca, puberula vel
glabrata, subtus cinerea, hirto-tomentosa.* Nervi secundarii ad marginem decurrentes utroque latere 11—13, in pagina inferiori prominentes et cum venulis
anastomoticis elevatis reticulum constituentes. Venulae anastomoticae *in pagina superiori lineis impressis significatae,* quare folium rugulosum. Stipulae
semicordatae. Ramuli annotini *velutino-tomentosi,* biennes glabrati.

Am. ♀ 20—36ᵐᵐ lg. 8—12ᵐᵐ lt.

Sq. 2—2.5ᵐᵐ lg. Germ. 2ᵐᵐ lg. Pedicell. 1—1.5ᵐᵐ lg.

Fol. 50—130ᵐᵐ lg. 18—38ᵐᵐ lt.

S. purpurea-cinerea a. *cinerascens* Wimm. Jahresb. d. schles. Ges. 1817. t. 3 fig. 11. 17. Flora
1849. p. 40. Denksch. p. 132. Herb. Sal. Nr. 59.

Strauch mit dicken, in der Jugend kurz-sammthaarigen, grauen Zweigen, der einer schmalblättrigen *S. cinerea* ähnlich sieht, aber durch die im
Alter oberseits fast kahl werdenden Blätter, die länger zilindrischen Kätzchen, die kürzer gestielten Fruchtknoten und die bis zur Mitte verwachsenen Staubfäden sich von ihr unterscheidet.

Ein Strauch mit Stempelblüthen wurde von meinem Bruder vor mehreren Jahren nächst Herzogenburg an der Traisen aufgefunden; einen Strauch
mit Staubblüthen entdeckte Herr E. Weiss im verflossenen Sommer hinter
dem Auhofe bei Mariabrunn. In zahlreichen männlichen und weiblichen Sträuchern
fanden wir diese Weide heuer an Wiesengräben bei Viehhofen nächst St. Pölten,
in männlichen Sträuchern auch bei Neuwaldegg. An allen diesen Orten finden
sich die muthmasslichen Stammältern in der Nähe.

41. ⚥ *S. Neilreichii (subpurpureo-grandifolia).* — Amenta praecocia, sessilia, in basi foliolis squamaeformibus 2—3 fulta, staminigera ovata,
bis longiora quam latiora. Squamae obovatae, obtusae, villosae, in basi ferrugineae, supra medium atratae. Glandula tori oblonga, truncata. Stamina
duo, antheris rotundis, ante anthesin rubescentibus, sub anthesi luteis, serius
sordide flavescentibus, filamentis *in basi connatis.* Folia *obovato-lanceolata,*
ter—quater longiora quam latiora, acuta, in basi cuneata, *toto margine serrata,*
adolescentia subtus sericeo-tomentosa, supra villo abstergendo, sordido tecta
et venulis anastomoticis impressis rugulosa, *adulta utrinque glabrata, supra
obscure-viridia, subnitida et laevigata,* subtus glaucescentia, opaca. Nervi secundarii ad marginem decurrentes utroque latere 20—22, flavi, prominentes et
cum *venulis anastomoticis prominentibus numerosis* reticulum elegans constituentes. Stipulae semisagittatae, dentatae. Ramuli annotini *glaberrimi.*

Am. ♂ 16—28ᵐᵐ lg. 10—14ᵐᵐ lt.

Squam. 1.5—2ᵐᵐ lg. Stam. 6ᵐᵐ lg.

Fol. 60—100ᵐᵐ lg. 10—26ᵐᵐ lt.

Ein Strauch, der durch seine aufrechten gelblichen, mit häutiger glatter und kahler Rinde überzogenen jungen Zweige, durch die im Verwelken sich schwärzenden Blätter, durch die im getrockneten Zustande oberseits **etwas** erhabenen Nerven-Anastomosen, **durch die bis zum unteren** Drittheil verwachsenen Staubfäden, die vor dem Aufblühen **rothen** Antheren und abgerundeten, an der Spitze schwärzlichen Kätzchenschuppen seine Verwandtschaft mit *S. purpurea* beurkundet, in den **Blättern aber** den schmalblättrigen Formen der *S. grandifolia* so sehr ähnlich sieht, dass er im Sommer leicht mit derselben verwechselt und nur durch die schlankeren, mehr aufrechten Zweige, die glatte (nicht von vertieften Linien durchzogene) obere Blattseite und die grössere Anzahl der bis zum Rande verlaufenden Fiedernerven unterschieden werden kann.

Bisher ist bloss ein Staubkätzchen tragender Strauch dieses Weidenblendlings bei **Gaming** bekannt. — Derselbe wurde dort auf dem an Weidenbastarten so reichen Gruebberg im Sommer des Jahres 1855 zuerst **von Neilreich** aufgefunden **und** möge auch den Namen seines um **die** Flora Niederösterreichs so hochverdienten Entdeckers tragen. — Au dem Standorte finden sich beide muthmassliche Stammältern häufig in der Nähe.

42. ⚥ *S. austriaca.* Host Salix p. 19 tb. 64 et 65. (*superpurpureo-grandifolia*). — Amenta praecocia vel subcoaetanea, brevissime pedunculata et in basi foliolis sqamaeformibus 3—5 fulta, pistilligera cylindrica, ter et semissi — quater, staminigera *oblongo-cylindrica*, bis et semissi longiora quam latiora. Squamae obovatae, obtusae, villosae, in basi ferrugineae, supra medium atratae. Glandula **tori** oblonga, truncata. Germen ovato-**conicum**, sericeo-tomentosum, **pedicellatum, pedicello glandulam** tori aequante. Stylus ***brevissimus.*** Stigmata **brevia, oblonga, patula.** Stamina duo, antheris ante anthesin rubescentibus, **sub anthesi luteis et serius** sordide **flavescentibus,** *filamentis usque ad duo trientes connatis.* Folia *obverse lanceolata*, ter et semissi longiora quam latiora, infra medium angustata, supra medium plerumque latissima, breviter acuta, **serrata,** *versus basin plerumque integra*. adolescentia villo abstergendo **subsericeo, albicanti vel** sordide-rubiginoso tecta, *adulta glaberrima, supra* **viridissima, nitida,** *laevigata, subtus glauca*, opaca. Nervi secundarii **ad marginem decurrentes** utroque latere 12—20, in pagina inferiori prominentes, flexuosi et cum venulis anastomoticis elevatis reticulum constituentes. Stipulae lanceolatae. Ramuli annotini *glaberrimi.*

Am. ♂ 25—35ᵐᵐ lg. 12—16ᵐᵐ lt. Am. ♀ 20—32ᵐᵐ lg. 7—10ᵐᵐ lt.

Squam. 2ᵐᵐ lg. Germ. 2ᵐᵐ lg. Pedicell. 0.5ᵐᵐ lg. Stam. 5—6ᵐᵐ lg.

Fol. 50—90ᵐᵐ lg. 15—25ᵐᵐ lt.

S. austriaca Host l. c. Die Exemplare der *S. austriaca* ♀ im Host'schen Garten und die ♂ Ex. aus dem bot. Garten gehören hieher; die *S. austriaca* ♀ aus dem bot. Garten ist jedoch

18

mit Wimmer's *S. purpureo-cinerea* b. *glaucescens* identisch. — *S. austriaca* Fries Herb. norm. Fasc. XII. — *S. Pontederana* Bertol. Fl. Ital. X. p. 331 (nach Exemplaren aus dem Valle di Fassa von Ambrosio, von welchem sie auch Bertoloni erhalten zu haben angibt.). — (Die *S. Pontederae* Villars ist nach Seringe [Saules d. l. Suisse p. 90] gleich der *S. hastata* L. Ebenso ist die *S. Pontederana* Willd, nach einem Exemplare von Bellardi in Willdenow's Herbar = *S. hastata* [siehe Wimm. Denksch. p. 153]. Bertoloni hingegen erklärt l. c. ein Exemplar der *S. Pontederana* Bellardi's für *S. nigricans*. Die *S. Pontederana* Schleicher Cat. Sal. 1809, bei Seringe, Tausch, dann bei den deutschen Autoren Koch, Reichenbach bezieht sich auf verschiedene Bastarte aus *S. purpurea* mit den Arten der Rotte *Rugosae*). — *S. purpureo-grandifolia* Wimm. Jahresb. d. schl. Ges. 1852 p. 64. Denksch. p. 155. Neilr. Fl. v. N. Oest. p. 258.

Mannshoher Strauch mit glänzenden, kahlen, **grünen oder** braunen, schlanken, aufrechten Zweigen, **der bei** seinem ersten Eindruck einigermassen an eine breitblättrige *S. purpurea* erinnert, aber durch die noch kürzeren, unterseits vorspringend aderigen Blätter, die dickeren Kätzchen, die **gestielten,** ei-kegelförmigen Fruchtknoten, die niemals vollständig verwachsenen Staubfäden **und die nicht** schwarz werdenden Antheren sich von derselben unterscheidet. — **Von** *S. Neilreichii* **unterscheidet sich dieser** Blendling durch etwas **längere Kätzchen, durch** die bis zum oberen Drittel oder fast bis **zu den Antheren hinauf** mit einander verwachsenen Staubgefässe und die oberseits stärker glänzenden, unterseits weniger netzaderigen Blätter, durch welche Merkmale sich eben *S. austriaca* mehr dem Typus der *S. purpurea* anschliesst. — Der deutliche Griffel unterscheidet die muthmasslich aus *S. purpurea* und *S. grandifolia* hervorgegangenen Blendlinge ebenso, wie jene Bastarte, welche **aus** *S. purpurea* und *S. cinerea* entsprungen scheinen, von den **höchst ähnlichen Blendlingen aus** *S. purpurea* und *S. Caprea.* — Wenn aber schon diese **Unterscheidung eine sehr** subtile genannt **werden muss,** so ist die Trennung der Blendlinge, welche *S. purpurea* mit *S. cinerea* **erzeugt, von jenen, welche sie mit** *S. grandifolia* bildet, noch **schwieriger, und** nur bei jenen, welche sich näher den Stammformen: *S. grandifolia* oder *S. cinerea* anschliessen, lassen sich Unterschiede noch durch Beschreibungen festhalten. **Bei jenen, welche der** *S. purpurea* näher stehen, **fehlen uns fast Worte, um die Formen noch abzugrenzen, und** es fällt die Bestimmung des Ursprungs **dem richtigen Blicke des Beobachters** anheim. **Der schmutzige,** mehr aschgraue Farbenton, der sich an der unteren Blattseite **der Blendlinge aus** *S. purpurea* mit *S. cinerea* ausspricht, anderseits das mehr **markirte** Nervennetz **der Blendlinge aus** *S. purpurea* und *S. grandifolia* sind vielleicht **Merkmale, welche** noch **als** Anhaltspunkte dienen können. Es sind **diess** freilich Anhaltspunkte von **sehr** kleinlicher **Natur;** dennoch wird sich der Botaniker **bei** Ermittlung des Ursprunges einer **muthmasslichen Blendlingsart** **an derartige** unbedeutende Kennzeichen halten müssen. Ihre richtige Schätzung, **die Würdigung** einer Menge durch Worte **kaum festzuhaltender,** bei einer Pflanze zusammentreffender Anzeigen **ist eben das,** was man als den „**richtigen Blick des Botanikers**" zu bezeichnen pflegt. — Auch der Standort wird in vielen Fällen zu diesen Anzeigen gehören, indem die Bastarte aus *S. purpurea* und *S. grandifolia* in den Alpen ganz ähnlich, wie jene aus *S. purpurea* und *S. silesiaca* in den Sudeten bisher nur in **einem** schmalen, subalpinen Gürtel aufgefunden worden sind, in welchem **die** Areale der thalbewohnenden *S. purpurea* und der alpinen *S. grandifolia* respective *S. silesiaca* ineinandergreifen. — Allerdings ist **auch** dieser Anhaltspunkt nicht unter allen Umständen untrüglich, da bei dem leichten Transporte der Weidensamen durch die Luftströmungen eine Ansiedelung **auch** ausserhalb **dieses Gürtels möglich ist, geradeso, wie anderseits möglicher**weise ein Blendling **aus** *S. cinerea* **und** *S. purpurea* noch tief in den Alpen aufgefunden werden könnte.

Die beiden oben aufgeführten Weiden: *S. Neilreichii* und *S. austriaca* glauben wir jedoch nach allen Anzeigen als Blendlinge aus *S. purpurea* und *S. grandifolia* auffassen **zu** können, womit auch Wimmer's Ansicht in **Betreff** der *S. austriaca* **übereinstimmt**.

In Niederösterreich fanden wir *S. austriaca* mit Stempelblüthen an einem **kleinen Bache**, auf der Höhe des Preiner Gschaides (3000'), dann in Blättern am Südabhange **des** Josefsberges (2800'), und auf dem Gruebberge hinter der Karthause **bei** Gaming (1300'). — Sie stimmt vollständig mit *S. austriaca* ♀ des Hostischen und der gleichnamigen ♂ Weide des botanischen Gartens überein, ebenso mit Exemplaren aus Fassa in Südtyrol von Ambrosi und mit Exemplaren vom Mont Cenis, welche Herr Professor Huguenin in Chambery uns **zu senden so** gütig war [*]). — **Auch die** *S. austriaca* im Herb. norm. fasc. XII. von Fries, die wahrscheinlich von Stecklingen aus den Wiener Gärten abstammt und die Fries mit der Bezeichnung „*S. austriaca* Host. (nomen definitum *S. Pontederanae* duplici **errore** huic translatum) incerta civis" ausgegeben **hat, stimmt** mit der oben **beschriebenen** Pflanze genau überein.

43. ⚥ **S. Mauternensis** *(purpureo-Caprea)*. — Amenta praecocia, sessilia, cylindrica, densiflora, **pistilligera** *ter et semissi — quater longiora quam latiora*, in basi foliolis squamaeformibus **2—5** fulta. Squamae oblongo-obovatae, obtusae, supra **medium** purpureo-nigricantes, **villosae**. Glandula tori oblonga, **truncata**. Germen ovato-conicum, sericeo-tomentosum, **pedicellatum, pedicello** glandulam tori vix superante, *stylo nullo*, stigmatibus **brevibus, ovatis**, integris, *conniventibus*. Valvae capsulae post dehiscentiam extrorsum **arcuatae**, falcatae. **Folia** *ellyptica vel obovato-ellyptica* utrinque attenuata, acuminata, undulato-serrata, ter longiora quam latiora, adolescentia supra tomento obstergendo tecta, subtus sericeo-tomentosa, adulta supra glaberrima, *laevigata, viridissima et nitida*, subtus pallide glauca, *villis*

---

[*]) Ueber die *S. Pontederae* Vill, welche gleichfalls auf dem Mont Cenis angegeben wird, siehe oben bei den Synonymen der *S. austriaca* Host.

dispersis. puberula. Stipulae lanceolatae, acuminatae. Nervi secundarii ad
marginem decurrentes utroque latere 11—16, flexuosi, in pagina inferiori elevati, pallidi, cum venulis anastomoticis tenuissimis reticulum constituentes.
Ramuli annotini *glabri.*

Am. ♀ 20—40ᵐᵐ lg. 7—10ᵐᵐ lt.

Squam. 2ᵐᵐ lg. Germ. 2—3ᵐᵐ lg. Pedicell. 0.5—0.8ᵐᵐ lg.

Fol. 70—130ᵐᵐ lg. 25—40ᵐᵐ lt.

S. discolor Host Salix p. 18. tb. 61. (Der hier beschriebene Bastart stimmt mit den von Host gepflanzten Exemplaren der *S. discolor* vollkommen überein. **Da jedoch der** Name: *discolor*
schon vor Host einer nordamerikanischen Weide zukam, so bezeichneten wir obige
Weidenform nach dem Standorte Mautern, wo wir sie seit 10 Jahren beobachteten, mit
dem Namen *S. Mauternensis.*) — *S. purpureo-Caprea* Wimm. Herb. Salic. Nr. 53
stimmt gleichfalls vollkommen überein. Die *S. purpureo-Caprea* Wimm. Herb. Salic.
Nr. 15. Flora 1849 p. 44 unterscheidet sich hingegen durch die im Alter unterseits vollständig kahl werdenden, oberseits mehr glänzenden, schmäleren Blätter und stellt einen
der *S. purpurea* näher stehenden Blendling dar Diese letztere stimmt, wie auch von
Wimmer bereits (in Denkschb. p. 152) hervorgehoben wird, vollkommen mit der von Host
gepflanzten und als *S. oleifolia* bezeichneten Weide überein, von welcher sich Exemplare
im Herb. Fenzl im Wiener botanischen Hofkabinete befinden.

Ein Strauch mit **armdickem** Hauptstamme, **der** vom Grunde aus in
zahlreiche aufrechte Aeste aufgelöst erscheint. Die Rinde der jüngeren
Zweige ist gelblich-grün und etwas glänzend, jene der 3—4jährigen Aeste
graugrün, glatt, glanzlos. Die Knospen haben ganz **die Form wie bei** *S.*
purpurea, sind kahl, gelb, länglich, an beiden Seiten etwas gekielt. Die
Blätter sind in der Jugend im oberen Drittel entschieden am breitesten und
vom Zuschnitt der *S. purpurea*, im ausgewachsenen Zustande aber sind sie
länglich-elliptisch, zugespitzt **gegen die** Spitze **und Basis** gleichmässig ver-
schmälert und erinnern **dann in den** Konturen an die Blattform, welche die
Var. **b.** der *S. Caprea* zeigt. Die obere Blattseite ist in der Jugend mit weg-
wischbarem **Flaume bedeckt, im Alter kahl,** glatt und glänzend grün, die
untere Blattfläche erscheint in der Jugend seidig, im Alter **von** kurzen Här-
chen zerstreut behaart, bläulich, glanzlos und von zarten Nerven fein geädert.
Die blassen, weisslichen Nerven schneiden **sich** scharf aus der bläulichen unteren
Blattfläche **heraus, sind** aber bei weitem **weniger** scharf markirt als jene der
Bastarte aus *S. purpurea* mit *S. grandifolia.* — Die Kätzchen sind, nachdem sie die **glänzenden** Knospendecken gesprengt, **in** seidigy Pelz gehüllt,
durch welchen **wie bei** *S. purpurea* **die** dunklen, schwarzpurpurnen Kätzchenschuppen wie durch **einen** Schleier durchschimmern. Zur Zeit der Blüthe
sind die Kätzchen **verlängert** zilindrisch, gedrängtblüthig und haben ganz
den Typus der Kätzchen von *S. purpurea.* **Der** Stiel der seidig-filzigen
Fruchtknoten ist zu Anfang der Blüthe nur wenig länger, zu Ende der
Blüthezeit doppelt so lang als die Torusdrüse. Die gelben, eiförmigen Narben
sind sitzend und zusammenneigend **und** weisen auf *S. Caprea* hin, die sich
auch in der elliptischen Form der ausgewachsenen Blätter und in der geringeren
Zahl der Fiedernerven ausspricht. Diese letzteren Merkmale sind auch die-

jenigen, durch welche sich die hier beschriebene Weide von den sehr ähnlichen Bastarten, die aus *S. cinerea* oder *S. grandifolia* und *S. purpurea* hervorgegangen zu sein scheinen, unterscheiden lässt. Allerdings ist als diessfälliger Unterschied auch noch erwähnenswerth, dass bei den oben beschriebenen zwei Blendlingsarten: *S. Neilreichii* und *S. austriaca* das Nervennetz der unteren Blattseite noch deutlicher hervortritt und schärfer markirt ist, als bei *S. Mauternensis*, aber es ist geradezu unmöglich, den Grad des Hervortretens **durch** Worte noch **näher und** bestimmter auszudrücken.

Bisher wurde *S. Mauternensis* in Niederösterreich in zwei Sträuchen beobachtet; der eine mit Stempelblüthen am Ufer der Donau **vor** dem Schönbornischen Schlosse zu Mautern, der zweite, bis jetzt nur in Blättern in einer Seitenschlucht des Donauthales zwischen der Ruine Wolfstein **und** dem ehemaligen Karthäuserkloster von Aggsbach.

44. ⚥ *S. Vandensis.* Forbes sec. Wimm. Denksch. p. 155

(purpureo-nigricans). — Amenta praecocia vel subcoaetanea, sessilia, in basi foliolis squamaeformibus 3—7 fulta, staminigera *ovata*, bis longiora quam latiora. Squamae oblongo-lanceolatae, acutae, in basi ferrugineae, apicem versus atratae, pilosae. Glandula tori brevis, oblonga, truncata. Stamina duo, filamentis *usque ad medium* **vel** *ad duo trientes connatis*, antheris ante anthesin rubescentibus, sub anthesi luteis **et serius** sordide flavescentibus. Folia obverse lanceolata, quater longiora quam latiora, *supra medium serrata, dilatato, contracto-communicata, in basi cuneata et integra*, adolescentia sericea, adulta **supra** *glabra*, **saturate viridia**, *laevigata* **et nitida**, *subtus glauca, apicem* **versus plerumque virescentia, glabrata vel in nervis** *pilis dispersis vestito*. Nervi secundarii ad marginem decurrentes **12—16,** in pagina inferiori elevati **et cum venis** anastomoticis subelevatis reticulum constituentes. Ramuli **annotini glaberrimi**, *subnitidi*, castaneo-nigricantes.

Am. ♂ **15—20ᵐᵐ lg. 10—12ᵐᵐ lt.**

Squam. 2ᵐᵐ lg. Stam. 5—6ᵐᵐ lt.

Fol. 60—90ᵐᵐ lg. 15—25ᵐᵐ lt.

S. purpurea-nigricans Wimm. Denksch. p. 155. — Wir **haben** den Namen *S. Vandensis* Forbes für diesen Blendling gewählt, da nach Wimmer (l. c.) sich ein Exemplar mit dieser Bezeichnung aus England im Berliner bot. Garten vorfindet.

Strauch vom Typus der *S. purpurea*. Die Zweige sind jedoch sparriger und dicker, als an *S. purpurea* und in Folge des stärkeren Vorspringens der Narben etwas knorriger. Die Rinde ist dunkelbraun, glänzend. Die Blätter zeigen wohl den Zuschnitt der *S. purpurea*, sind aber kürzer und breiter und unterseits etwas mehr geadert. Die untere Blattseite ist bläulich, wird aber an der Spitze gewöhnlich grün und erinnert dann lebhaft an die gleiche Eigenthümlichkeit der meisten Formen von *S. nigricans*. Auch das auffallend leichte Schwarzwerden der Blätter beim Trocknen weiset auf

S. nigricans hin und unterscheidet *S. Vandensis* von der sonst ähnlichen *S. austriaca*, deren Blätter zwar im Verwelken auch den schwärzlichen Farbenton bekommen, aber beim Trocknen im Papier sich nicht so leicht und schnell schwarz färben, wie jene des hier beschriebenen Bastartes.

Bisher wurde von uns nur ein Strauch mit Staubkätzchen am Ufer des Baches zwischen Göstling und Lassing aufgefunden, an welchem Standorte auch die muthmasslichen Stammältern, beide gleich häufig, vorkommen.

Sect. XIII. **Incubaceae** Fries. — *Fruticuli trunco subterraneo et ramis gracilibus, arcuato - adscendentibus. Folia ellyptica vel lineari-lanceolata. Amenta breviter cylindrica vel ovata vel globosa. Stamina duo, filamentis liberis, antheris ante anthesin rubescentibus, deinde luteis et post anthesin nigricantibus vel sordide flavis. Germina ex ovata basi conica, pedicellata, pedicello glandulam bis — quater superante. Stylus brevissimus vel nullus. Stigmata brevia, ovata vel oblonga.*

45. ⚥ **S. plicata** Fries 2.) globosa *(superrosmarinifolio-aurita).* — Amenta praecocia, sessilia, ovata et bis longiora quam latiora vel aequaliter longa ac lata et subrotunda, *fructifera globosa.* Squamae obovatae, obtusae, purpureo-nigricantes, pilosae. Glandula tori brevis, truncata, *flavescens.* Germen ex ovata basi conicum, sericeo-tomentosum, pedicellatum, pedicello glandulam tori ter superante. Stylus brevissimus vel nullus. Stigmata brevia, oblonga vel ovata, erecto-patula, flavescentia. Stamina duo, antheris ante anthesin rubescentibus deinde luteis et *post anthesin sordide flavis,* filamentis liberis. Folia *lanceolata vel ellyptica, bis — quater longiora quam latiora,* plana, in acumen rectum *breviter producta,* integra vel paucis denticulis instructa, adolescentia sericea, adulta supra sordide viridia, opaca, subtus glauca, utrinque *subsericeo-tomentosa* vel supra glabrata et subtus solummodo, *subsericeo-tomentosa.* Nervi secundarii utroque latere 6—8, in pagina inferiori *prominentes* et cum paucis **venis** anastomoticis subelevatis reticulum constituentes, in pagina superiori *lineis impressis significati,* quare folium versus apicem nonnunquam **plicatum.** Stipulae lanceolatae vel semicordatae. Ramuli annotini sicut gemmae glabri.

Am. ♂ 8—12ᵐᵐ lg. 8—10ᵐᵐ lt. Am. ♀ 6—14ᵐᵐ lg. 6—8ᵐᵐ lt. Squam. 1.5ᵐᵐ lg. Germ. 1.5—2.5ᵐᵐ lg. Ped. 1—2ᵐᵐ lg. Stam. 6—7ᵐᵐ lg.

Variat foliorum forma :

a. **latifolia.** — Folia elliptica, bis longiora quam latiora. Fol. 20—36ᵐᵐ lg. 10—18ᵐᵐ lt.

b. angustifolia. — Folia lanceolata, ter — quater longiora quam latiora.

Fol. 25—50^{mm} lg. 6—15^{mm} lt.

S. aurita-repens Wimm. Denksch. p. 171 (pr. parte). Neilr. Fl. v. N. Oest. p. 262

Niederes spannhohes Sträuchelchen mit bogig aufsteigenden Zweigen und unterirdisch kriechendem Hauptstamme. Die einjährigen Aestchen sind bis gegen den Frühling zu flaumig, werden aber während der Blüthe kahl und ihre Rinde erscheint dann braun und glänzend. In der Wachsthumsweise, so wie in der Physiognomie kommt der hier beschriebene Blendling ganz mit *S. repens* überein (siehe diese), die Aeste sind aber bei weitem nicht so schlank, sind steifer und sparriger und nur mit 2—8 Kätzchen besetzt, während die biegsamen Ruthen der *S. repens* gewöhnlich eine viel grössere Zahl von Kätzchen tragen. Die Blätter sind lanzettlich und entsprechen in den zwei oben angegebenen Formen a. und b. den beiden später zu beschreibenden Varietäten der *S. repens* 2.) *rosmarinifolia*. — Die Fiedernerven sind an der unteren Seite stark vorspringend, und ähnlich wie bei *S. aurita* auf der oberen Seite durch vertiefte Linien angedeutet, die namentlich gegen die Spitze zu, manchmal sehr tief sind und der Pflanze den Namen *S. plicata* (Fries Nov. Fl. succ. M. I. p. 66) erworben haben. — Die Anastomosen springen jedoch an der unteren Seite schon bei weitem nicht mehr so vor, wie bei *S. aurita*. Nur bei einem kleinen Strauche von den „Neuntagwerkwiesen" bei Bergern, der sich durch die im obersten Drittel breitesten, verkehrteiförmigen Blätter näher an *S. aurita* anschliesst und vielleicht in die Rotte *Rugosae* gestellt werden muss, dessen Beschreibung wir jedoch wegen mangelnder Blüthen suspendiren, sind die Anastomosen sehr stark vorspringend und das Blatt auch mehr runzelig. — In der Bekleidung hält *S. plicata* 2.) *globosa* genau die Mitte zwischen *S. repens* und *S. aurita*. Die Haare liegen wohl nicht wie bei *S. repens* an der Blattfläche an, sind aber alle in gleicher Richtung nach vorwärts geneigt und in Folge dessen erscheint auch die behaarte Fläche etwas glänzend. Im Alter werden die Blätter manchmal fast ganz kahl und sind dann oberseits braungrün, unterseits bläulich. Die verwelkten Blätter sind schwarz und die getrockneten Blattexemplare färben etwas feuchtes Papier, in welchem sie durch längere Zeit liegen, mit schwarzen Flecken. Die Kätzchen sind klein, zur Zeit der Blüthe und Fruchtreife rundlich. — Durch diese rundlichen Kätzchen unterscheidet sich der hier beschriebene Blendling von den zwei als *S. aurita-repens* im Herb. Salic. Nr. 36 u. 35 von Wimmer ausgegebenen Weiden, mit denen er sonst ganz gut übereinstimmt. — Diese, von denen die letztere nach Wimmer genau der *S. plicata* Fries und *S. ambigua* Ehrh. entspricht, besitzen nämlich zilindrische Kätzchen, die schon zur Blüthezeit fast dreimal so lang als breit sind, während bei dem oben beschriebenen Bastarte die Kätzchen höchstens zweimal so lang als breit erscheinen und bei der Fruchtreife fast kugelig aussehen. Wir haben dem entsprechend obigen Bastart auch als *S.*

plicata var. *globosa* bezeichnet und glauben, dass jene Form der *S. repens* bei seiner Erzeugung sich betheiligte, die nachfolgend als *S. repens 2.) rosmarinifolia* aufgeführt werden wird. — Die beiden obenerwähnten Blendlinge (Wimm. Herb. Salic. Nr. 35 u. 36) hingegen scheinen aus *S. repens 1.) cylindrica**) hervorgegangen und sind mit den beiden oben angeführten Varietäten a. und b. in Parallele zu stellen.

Koch und Fries haben unter *S. plicata* und *S. ambigua* nicht bloss die hier berührten Bastarte, sondern auch noch eine der *S. aurita* viel näher stehende Form, so wie Blendlinge aus *S. cinerea* und *S. repens* zusammengefasst. Um nicht neue Namen schaffen zu müssen, machen wir den Vorschlag, die *S. aurita-repens* Wimm. Herb. Sal. Nr. 35 u. **36** als *S. plicata 1.) cylindrica*, ihre oben beschriebene Parallelform als *S. plicata 2.) globosa* und den der *S. aurita* näher stehenden Bastart als *S. ambigua* künftighin zu bezeichnen.

Die *S. plicata 2.) globosa* findet sich in Niederösterreich in Gesellschaft ihrer beiden muthmasslichen Stammältern im Bereiche des böhm.-mährischen Gebirgsplateaus auf der höchsten Kuppe des Jauerlings (3000′) und auf den „Neuntagwerkwiesen" bei Bergern (1800′); an beiden **Standorten in zahl**reichen Exemplaren.

46. S. repens 2.) rosmarinifolia Koch Syn. 568. — Amenta subcoaetanea, sessilia, ovata et bis longiora quam latiora vel subrotunda aequaliter longa ac lata, *fructifera globosa.* Squamae obovatae, obtusae, purpureo-nigricantes, pilosae. Glandula tori brevis, truncata, purpurea. Germen ex ovata basi conicum, post anthesin elongato-conicum, sericeo-tomentosum, pedicellatum, pedicello glandulam tori bis — ter superante. Stylus brevissimus. Stigmata brevia, ovata, emarginata vel bipartita, erecto-patula, purpurea vel flavescenti-purpurea. Stamina duo, antheris ante anthesin purpureis, deinde luteis et *post anthesin nigricantibus.* filamentis liberis. Folia *linearia, lineari-lanceolata vel oblongo-lanceolata* ter — decies longiora quam latiora, *margine plerumque subdeflexa,* integra vel paucis denticulis instructa, *in acumen rectum producta,* adolescentia supra glabra, subtus sericea, adulta supra obscure viridia, *nitidula,* glabra vel levissime sericeo-pubescentia, *subtus argenteo-sericea et nitida* vel glabrata et glauca. Nervi secundarii ad marginem decurrentes utroque latere 8 — 12, *in pagina inferiori et superiori subelev ti.* Stipulae lanceolatae. Ramuli annotini pubescentes, demum glabrati.

Am. ♂ 6—16ᵐᵐ lg. 6—12ᵐᵐ lt. Am. ♀ 5—12ᵘᵐ lg. 5—8ᵐᵐ lt.

Squam. 1—1.5ᵐᵐ lg. Germ. 2—3ᵘᵐ lg. Pedic. 1—2ᵐᵐ lg. Stam. 3—6ᵐᵐ lg.

Variat foliorum forma:

a. latifolia. Folia oblonga vel oblongo-lanceolata, bis — quinquies longiora quam latiora.

Fol. 24—60ᵐᵐ lg. 6—18ᵐᵐ lt.

---

*) Siehe Seite 268.

S. repens b. *latifolia* Neilr. Fl. v. N. Oest. p. 264. — Kov. Fl. etsicc. Vind. Nr. 1071. 1072. —
   S. pratensis Host Salix tb. 51.

b. angustifolia. Folia linearia vel lineari-lanceolata, quinquies
— decies longiora quam latiora.
   Fol. 45—56ᵐᵐ lg. 3—8ᵐᵐ lt.

S. repens a. *angustifolia* Neilr. Fl. v. N. Oest. p. 264. Kov. Fl. exsic. Vind. Nr 1069. 1070. —
   S. tenuis Host Salix p. 14. tab. 47, 48. — *S. pratensis* Host Salix tab. 50. — *S. an-*
   gustifolia et *rosmarinifolia* Wulf. in Jacq. collect. 3. p. 48. (sec. specim. in Herbar.
   Wulf.) — *S. rosmarinifolia* Fries Herb. norm. Fasc. VI. — (Fries und Koch
   halten ihre *S. repens* und *S. rosmarinifolia* mit den gleichnamigen Weiden Linné's
   [L. sp. 1447 u. 1448] für gleichbedeutend und ihre *S. angustifolia* identisch mit *S. in-*
   cubacea des Linné'schen Herbars und Willdenows, während die *S. incubacea* L.
   sp. pl. 1447 sich nach Fries auf *S. plicata* Fries beziehen soll. — Wir theilen hingegen Wimmer's Ansicht, dass Linné unter seiner *S. repens* wahrscheinlich die *S.*
   rosmarinifolia und *S. repens* Koch, Fries zusammenfasste und dass seine *S. ros-*
   marinifolia mit der Koch'schen *S. angustifolia* identisch sei. Unzweifelhaft darüber in's
   Reine zu kommen, ist wohl kaum zu erwarten, wenn man Fries bei *S. repens* (l. c.
   p. 66) sagen hört: „Hujus ut vulgatissimae formas cum *S. Lapponum fusca, incu-*
   bacea et forte *myrtilloide* sine dubio commutavit Linné. — Wir glaubten darum am
   zweckmässigsten zu verfahren, wenn wir oben zu *S. rosmarinifolia* nicht Linné sondern
   Koch als Autor zitirten.)

Einer der niedlichsten Sträucher unserer Flora. Der Hauptstamm ist
unterirdisch kriechend, mit reichlichen Wurzelfasern besetzt und seine Zweige
heben sich bogenförmig von dem Boden empor. Der unterste Theil der einjährigen Zweige ist mit einigen Laubknospen besetzt, nach aufwärts folgen
dann 10—40 Blüthenknospen und am Gipfel der Zweige stehen dann wieder
2—3 laterale Laubknospen. Diese letzteren kommen aber in der Regel gar
nicht zur Entwicklung, dorren vielmehr schon vor dem Frühling mit sammt
der Spitze des Zweiges ab, und die oberste sich entfaltende Knospe ist
daher gewöhnlich eine Blüthenknospe. — Nach dem Ausfliegen der Samen
stirbt dann auch jener Theil des Zweiges, welcher mit den Kätzchen besetzt
war, ab. Nur der untere mit Laubknospen besetzte Theil bleibt grünend,
schmiegt sich dann der Erde an, bildet die Verlängerung des kriechenden
Hauptstammes und aus seinen Laubknospen wachsen neue schlanke reich-
beblätterte Ruthen empor, an welchen sich der eben erläuterte Vorgang im
nächsten Jahre wiederholt. — Viel seltener kommen die am Gipfel der einjährigen Zweige stehenden zwei oder drei lateralen Laubknospen zur Entwicklung und da dieselben dicht gedrängt stehen, so entspringen dann auch
die aus ihnen hervorsprossenden zwei oder drei neuen Zweige fast in gleicher
Höhe vom Gipfel des zweijährigen Zweiges, der inzwischen weit hinab nackt
geworden ist und zahlreiche Narben von den abgefallenen Kätzchen zeigt.
In diesem letzteren Falle erhebt sich *S. repens* manchmal bis zu zwei oder
drei Schuh, im ersteren Falle hingegen bleibt sie niedriger und stellt gewöhnlich nur ein spannhohes Sträuchelchen dar, dessen unterster Theil ein
fast verkrüppeltes Aussehen zeigt, da die Stummeln der abgedorrten Zweige
sich gewöhnlich noch Jahre lang erhalten. — Auf den Wiesen, welche

gemäht werden, erscheint sie durch die bei der Mahd erfolgende Verstümmelung natürlich noch mehr verkrüppelt.

Die einjährigen Zweige sind gewöhnlich flaumig. Die zweijährigen Zweige jedoch sind kahl und hellbraun, ihre Rinde aber ist gewöhnlich glanzlos und wird schon im nächsten Jahre runzelig und grau. Die Blätter wechseln in Umriss, Grösse und Bekleidung sehr ab. In Beziehung auf den Umriss durchlaufen sie bei der oben beschriebenen **S. repens 2. rosmarinifolia** gerade so, wie bei ihrer in Niederösterreich bisher nicht aufgefundenen Parallelform **S. repens 1. cylindrica** *(S. repens* Koch. Syn. p. 567 [excl. var. *δ. ε.*] Fries Nov. fl. suec. M. I. p. 64. Host Salix p. 16. t. 53.) eine ganze Stufenreihe von der linealen bis zur breit-ellyptischen Form. Während aber bei *S. repens 1. cylindrica* die ellyptische Form die vorherrschende ist, erscheinen die Blätter der *S. repens 2. rosmarinifolia* in ihrer typischen Form lineal oder lineal-lanzettlich. Die Blätter der *S. repens 1. cylind.* sind in der gewöhnlichen typischen Form 2—3mal, in ihrer schmalblättrigen Varietät 4—5mal so lang als breit, jene der *S. repens 2. rosm.* in ihrer breitblättrigen Varietät 3—5mal, in der gewöhnlichen typischen Form 5—10mal so lang als breit. Die Blätter der *S. repens 1. cyl.* sind auch steifer, mehr lederig, am Rande umgebogen und von einem nach abwärts gekrümmten Spitzchen kurz bespitzt, während jene der *S. repens 2. rosm.* sich in eine gerade Spitze verschmälern. Bei beiden Parallelformen treten die Fiedernerven unter spitzen Winkeln (30—40°) vom Mittelnerven ab und springen nur ganz wenig, und zwar an der unteren und oberen Blattseite gleichmässig vor. Die Zahl der stärkeren, bis zum Rand verlaufenden Fiedernerven schwankt bei *S. repens 1. cyl.* zwischen 6—8, bei *S. repens 2. rosm.* zwischen 8 und 12. — Am häufigsten erscheinen die Blätter der *S. repens 2. rosm.* oberseits kahl oder nur mit spärlichen Härchen bestreut, unterseits von langen, geraden, dem Mittelnerv parallel anliegenden Haaren seidig und silberglänzend. Diese Bekleidung tritt aber erst im ausgewachsenen Zustande deutlicher hervor. Zur Zeit, wo die Blätter aus den Knospen treten, sind sie fast kahl und nur an einer auf Torfmooren bei Gross-Weissenbach am Plateau des Waldviertels vorkommenden Form erschienen sie schon in der ersten Jugend beiderseits seidig, und waren bei dieser dann auch im ausgewachsenen Zustande oberseits stärker behaart. So dicht bekleidete, beiderseits seidig-filzige und silberglänzende Blätter aber, wie sie die *S. repens 1. cylind.* gewöhnlich an den Dünen der Nord- und Ostsee zeigt (*S. argentea* Sm.) finden sich an *S. repens 2. rosm.* niemals vor. Selten sind die ganz kahlen Spielarten der *S. repens 2. rosmarinifolia.* Sie scheinen nur das Erzeugniss eines sehr üppigen Bodens zu sein, und gewöhnlich sind es die breitblättrigen Formen, welche beiderseits kahle Blätter besitzen. Gerade die breitblättrigen Formen der *S. repens 1. cylindrica* aber sind unterseits dicht seidig und es kann daher von einer Verwechslung der breitblättrigen Spielarten der *S. repens 2. rosm.* und *S. repens 1. cylind.* wohl keine Rede sein. — Viel leichter ist eine Verwechslung ihrer schmalblättrigen Varietäten, und oft dürfte es kaum möglich sein, aus den Blättern die eine oder andere zu erkennen. Sicheren Aufschluss zur Unterscheidung geben dann nur die Kätzchen. — Bei *S. repens 2. rosmarinifolia* sind die Kätzchen zur Zeit der vollen Blüthe sitzend, halbkugelig oder eiförmig, dichtblüthig und so klein, dass die schuppenförmigen, linealen Blättchen, welche die Basis umgeben, mit ihnen fast gleiche Länge haben oder wenigstens die halbe Länge der Kätzchenspindel erreichen. Bald aber nehmen die Kätzchen sehr an Umfang zu. Die zur Zeit der vollen Blüthe 2—3^{mm} langen Fruchtknoten verlängern sich bis auf 6—7^{mm} und die früher nur 1^{mm} langen Stielchen zeigen jetzt eine Länge von 3^{mm}. Dabei bleibt aber die Spindel des Kätzchens verhältnissmässig kurz (6—10^{mm}) und die fruchttragenden Kätzchen erscheinen daher fast kugelförmig. Hierin ist nun ganz vorzüglich ein Merkmal gegeben, um die *S. repens 2. rosm.* von der *S. repens 1. cyl.* unterscheiden zu können, indem letztere zur Zeit der vollen Blüthe längliche Kätzchen besitzt, die zum wenigsten zweimal so lang als breit sind, die die schuppenförmigen Blättchen an der Basis um mehr als das Doppelte überragen, zur Zeit der Fruchtreife zilindrisch werden und sich bis zu 15—22^{mm} verlängern. — Im Baue der einzelnen Blüthen besteht jedoch zwischen beiden Formen nicht der geringste Unterschied.

Vergleicht man die breitblättrige *S. repens. 1. cyl.* mit elliptischen am Rande umgerollten und zurückgekrümmt bespitzten, beiderseits seidigen Blättern und zilindrischen Fruchtkätzchen von den Torfmooren der Alpen oder den Dünen der Nord- und Ostsee mit unserer *S. repens 2. rosm.*, so ist man allerdings geneigt, beide für spezifisch verschiedene Weidenarten zu halten und die schmalblättrigen Formen der *S. repens 1. cyl.* als Bastarte aus diesen zwei Stammarten anzusehen. — Da aber, wie erwähnt, im Bau der einzelnen Blüthen bei der einen wie der andern kein Unterschied besteht, so scheint eine Trennung in zwei Arten kaum gerechtfertigt und es ist wahrscheinlich, dass *S. repens 1. cyl.* und *S. repens 2. rosm.* Parallelformen eines und desselben Stammes darstellen, obschon es bei den vielen zweifelhaften Angaben über das Vorkommen dieser zwei vielfach konfundirten Weiden, so wie bei den mangelhaften Daten über die Verhältnisse der Standorte nicht möglich ist, mit einiger Wahrscheinlichkeit den Faktor anzugeben, welcher die Divergenz beider Formen bedingt.

Von Grisebach (Veg. Lin. d. n. ö. D. p. 72.) wird der *S. rosmarinifolia* eine südliche Vegetationslinie zugeschrieben, die von England her durch das nordwestliche Deutschland unterm 52° verläuft und sich ostwärts nach Oesterreich fortsetzt. — Die *S. rosmarinifolia* Koch's, so wie die *S. rosmarinifolia* Fries's des südlichen Schwedens ist aber nach Original-Exemplaren mit der oben beschriebenen *S. repens. 2. rosmarinifolia* der Donautiefländer, so wie mit der südlich der Alpen an der venetianischen Küste vorkommenden gleichnamigen Weide identisch, und wenn wir alle die-

jenigen Standorte, die sich nach vorliegenden Exemplaren, oder nach zuverläs-
sigen neueren Angaben auf *S. rosmarinifolia* beziehen, zusammenfassen, so ergibt
sich eine viel weiter nach Süden gerückte Veg.-Linie, welche aus dem südlichen Frankreich nach Venedig. dann an die Ufer der Save, in das Temeser
Banat und durch das südliche Siebenbürgen in das Gebiet des Dniepers
(Nicolajew, nach Exempl. im Wien. Mus.) nach Bokhara (Exempl. von
Lehman, von Bunge als „*S. repens var.*" bezeichnet im Wien. Mus.) hin-
zieht. Nördlich von dieser Linie ist *S. repens 2. rosmarinifolia* in den
Donautiefländern eine häufige, und sowohl für die Flora der torfigen
Sümpfe, so wie auch des feuchten Sandbodens charakteristische Weide. Sie
dringt jedoch von dem Flachlande weder in die Thäler der Alpen, noch der
Karpathen ein, und nur ein paar vereinzelte Standorte sind bisher auf Torfmooren im alpinen Gebiete angegeben; desto häufiger erscheint sie auf dem
Plateau des böhmisch-mährischen Gebirges. Bis zu den höchsten Kuppen
zu 3500' findet sie sich dort als charakteristischer Bestandtheil der Moorwiesen und bildet auch dort mit *S. aurita* den früher beschriebenen Blendling *S. plicata 2. globosa.* — In dem niederösterreichischen Antheil des
böhmisch-mährischen Gebirgsplateaus findet sie sich insbesonders bei Gross-
Weissenbach, Kirchberg am Walde, Gföhl, Hartenstein, am Jauerling, im
Isperthale und über Gansbach und Bergern bis an den Südrand des Gebirges
nach Viehhofen bei St. Pölten. — In dem Flachlande des Wiener Beckens
ist sie insbesondere im Marchfelde, dann in der südöstlichen Niederung von
Wien und von dort einwärts in die niederen Thäler des Wienerwaldes
(Kaltenleutgeben) verbreitet. — In dem alpinen Gebiete Niederösterreichs
ist sie bisher nicht aufgefunden.

Die *S. repens 1. cylindrica* kommt in Niederösterreich, so wie auch in
den südöstlich an Niederösterreich sich anschliessenden Gebieten (ungar.
Flachland, Banat, Siebenbürgen, Serbien, Südrussland *) nicht vor, doch
findet sie sich in den nördlich und westlich angrenzenden Bezirken in den
ungarischen nördlichen Karpathen, in Böhmen und Mähren, so wie auf Torfmooren in Südbaiern, Tyrol, Salzburg und Steiermark. — Sie scheint mit
S. myrtilloides fast gleiche Verbreitung zu haben und findet sich wie diese
auf den Torfmooren der Alpen und Karpathen, in der baltischen Niederung
und nördlich bis Lappland.

S. repens 2. rosm. erreicht hingegen schon viel früher ihre nördliche
Vegetationslinie, die vom mittleren Schweden und den Allandsinseln nach
Finnland, Petersburg und Moskau hinzieht.

---

*) Im Sertum Fl. trans. von Schur wird sie zwar neben *S. rosmarinifolia* aufgeführt. **Die unter
dem Namen S. repens im Herb. des Wiener bot. Hofkabinetes befindlichen Schur'schen Exemplare gehören jedoch zu *S. repens 2.) rosmarinifolia*. Ebenso gehören alle aus Südrussland dort liegenden Exemplare zu *S. rosmarinifolia* und Clauss's Angabe der *S. repens* in der kaspischen Steppe dürfte sich
gleichfalls auf *S. rosmarinifolia* beziehen.

Die **S. myrtilloides**, welche sich nebst mehreren muthmasslich aus ihr hervorgegangenen Blendlingsarten an *S. repens* anschliesst, wurde in Niederösterreich bisher nicht aufgefunden.

Sect. XIV. **Purpureae** Koch. *Frutices rel arbores minores trunco erecto, ramis rectis gracilibus et tenacibus. Folia obverse lanceolata, supra medium dilatata. Amenta staminigera et pistilligera cylindrica. Stamina duo, antheris ante anthesin purpureis, sub anthesi luteis, serius nigricantibus, filamentis totis rel in rariis distantiis connatis. Germina ovata rel ovatoconica, sessilia rel breviter pedicellata, pedicello glandulam tori subaequante. Stylus brevissimus rel nullus. Stigmata brevia ovata.*

47. ⚥ **S. parviflora** Host Salix p. 14. tb. 49. ♂ — *(subpurpureo-repens)*. — Amenta praecocia, sessilia, staminigera *breviter cylindrica, recta, bis longiora quam latiora*. Squamae oblongae, obtusae, supra medium purpureo-nigricantes, villosae. Glandula tori brevissima, truncata, subquadrata. Stamina duo, antheris ante anthesin purpureis, sub anthesi luteis et serius nigricantibus. Folia *lineari-lanceolata*, infra medium integra et angustata, supra medium serrata et plerumque dilatata, breviter acuta, adolescentia sericea, *adulta supra glabrescentia et nitidula, subtus subsericea*, demum *glabrata*. glauca, laevigata. Nervi secundarii ad marginem decurrentes utroque latere *8—12*, obliterati, in foliis exsiccatis in pagina inferiori et superiori subelevati. Ramuli *annotini pubescentes*.

Am. ♂ 14—20^{mm} lg. 9—11^{mm} lt.

Squam. 1.5^{mm} lg. Stam. 4—5^{mm} lg.

Fol. 36—60^{mm} lg. 6—10^{mm} lt.

S. parviflora Host Salix ♂ tb. 49 p. 14 „staminibus basi connatis" et p. 15. „Folia primo sericeo villo tecta, dein glabra, facie saturate viridia, dorso pallida, pauca apicem versus denticulata . . Stamina duo inferne coalita". Auch die auf Tf. 49 Fig. 3 dargestellte Blüthe stimmt vollkommen überein. — *S. purpureo-repens* Neilr. Fl. v. N. Oest. p. 257. — Die von Wimmer im Herb. Sahc. Fasc. II. Nr. 18 ausgegebene männliche *S. purpureo-repens* von Oels in Schlesien ist von der hier beschriebenen Weide durch kahle einjährige Zweige, längere Kätzchen, und durch die bis gegen die Antheren hinauf verwachsenen Staubfäden verschieden und steht jedenfalls der *S. purpurea* näher als die *S. parviflora* Host.

Kleiner Strauch mit aufrechtem Stamme und schlanken dünnen Aesten, der durch den grauflaumigen Ueberzug der einjährigen Zweige, die kurzen geraden Kätzchen und die seidige Bekleidung der Blätter mit *S. repens* verwandt erscheint, anderscits durch die an der Basis oder bis zum unteren Drittel verwachsenen Staubfäden, die im vordersten Drittel gewöhnlich breitesten Blätter und durch seine Wachsthumsweise sich an *S. purpurea* anschliesst. — Blüht etwas früher als *S. repens 2. rosmarinifolia*.

Wurde von Neilreich im Marchfelde aufgefunden, wo auch die beiden muthmasslichen Stammältern *S. repens 2.) rosmarinifolia* und *S. purpurea* häufig vorkommen.

48. S. purpurea L. sp. 1442. — Amenta praecocia, sessilia, cylindrica, densiflora, plerumque *arcuata*, staminigera *ter et semissi — quater*, pistilligera quater — octies longiora quam latiora. Squamae obovatae, rotundatae, obtusae, supra medium atratae, pilosae. Glandula tori brevis, oblonga, truncata, basin germinis superans. Germen *sessile, ovatum*, sericeo-tomentosum. Stylus nullus vel brevissimus. Stigmata brevissima, ovata vel subrotunda, lutea vel purpurea. Stamina duo, *filamentis usque ad apicem connatis*, antheris ante anthesin purpureis, sub anthesi luteis et serius nigricantibus. Folia *obverse lanceolata*, quinquies — octies longiora quam latiora, infra medium angustata et integra, supra medium dilatata et serrata, breviter acuminata, adolescentia villo abstergendo, rubiginoso tecta et saepissime subsericea, *adulta glaberrima, supra viridissima et nitidula, subtus glauca, opaca, laevigata*. Nervus medius crassus, flavus vel ferrugineus. Nervi secundarii ad marginem decurrentes utroque latere *22—30*, obliterati, in pagina superiori foliorum exsiccatorum tandem subelevati. Ramuli annotini *glaberrimi*, cortice nitido tecti.

Am. ♂ 15—48^{mm} lg. 7—10^{mm} lt. Am ♀ 15—48^{mm} lg. 4—6^{mm} lt.

Squam 1^{mm} lg. Germ. 1.5^{mm} lg. Stam. 3—4^{mm} lg.

S. purpurea Host. Salix tab. 40 u. 41. Koch. Syn. p. 560, Fries Herb. norm. Fasc. II. Nr. 56. Wimm. Flora 1849 p. 33, Herb. Salic. Fasc. V. Nr 52. Kov. Fl. exsicc. Vind. Nr. 776. Neilr. Fl. v. N. Oest. p. 256. — *S. mutabilis* Host Salix tab. 42 u. 43. — *S. carniolica* Host Salix ♀ tb. 45. — *S. oppositifolia* Host. Salix tb. 39. (*S. oppositifolia* Host ♂. welche nach der Abbildung tb. 38 getrennte Antheren und unterseits blassgrüne Blätter besitzt, ebenso *S. carniolica* ♂. welche Host „filamento unico apice bifido, laciniis antheriferis" beschreibt, im Gegensatze zu dieser Beschreibung der tb. 44 Fig. 3 mit Staubfäden, die der ganzen Länge nach verwachsen sind, abbildet, sind zweifelhafte Formen, die entweder zu *S. Forbyana* oder zu der Seite 274 zu erwähnenden *S. purp. var. monadelpha* gehören.)

Variat:

a. **latifolia.** Folia obovato-lanceolata, quinquies longiora quam latiora.

Fol. 50—85^{mm} lg. 12—22^{mm} lt.

S. purp. β. Lambertiana Koch Syn. p. 560. — *S. purp. var. d.* Wimm. Flora 1849 p. 33. — *S. Helix* Tausch. pl. sel. ♂ et fol.

b. **angustifolia.** Folia lineari-lanceolata, octies longiora quam latiora.

Fol. 50—110^{mm} lg. 6—14^{mm} lt.

S. Helix Host Salix p. 10 tb. 36. u. 37 — *S. purpurea γ. Helix* Koch Syn. p. 560. excl. Syn. L. (Von Koch und den meisten Autoren wurde *S. Helix* L. auf die schmalblättrige Form der *S. purpurea* bezogen. Smith, welcher in der Lage war das Linné'sche Herbarium zu vergleichen, beschreibt nämlich die *S. Helix* als *monandra* und auch die Abbildung in S m i t h English Botany Vol. XIX tb. 1343 zeigt die Staubfäden vollständig miteinander verwachsen und das Blatt vom Zuschnitte der *S. purpurea*. Der weiblichen Pflanze aber schreibt S m i t h einen verlängerten Griffel zu und die auf der zitirten Tafel abgebildete weibliche Blüthe scheint des deutlichen Griffels wegen der *S. rubra* anzugehören. Wahrscheinlich hat daher S m i t h Stempelblüthen der *S. rubra* mit nicht dazu gehörigen Staubblüthen und Blättern der *S. purpurea* unter seiner *S. Helix* beschrieben. Wenn aber S m i t h auch im L i n n é'schen Herbarium vielleicht Stempelblüthen der *S. rubra* und Staubblüthen der *S. purpurea* zusammengewürfelt als *S. Helix* vorgefunden haben sollte, so steht doch sehr zu bezweifeln, dass L i n n é diese zwei Weiden auch nicht richtig geschieden habe und dass er, wie W i m m e r sehr richtig bemerkt, eine so häufig vorkommende Form wie *S. rubra* nicht gekannt und anderseits die so scharf characterisirte *S. purpurea* mit zwei Namen sollte belegt haben. — Wir sind daher mit W i m m. der Ansicht, dass sich der Name *S. Helix* L. auf einen der Bastarte aus *S. viminalis* mit *S. purpurea* und zwar wahrscheinlich auf den häufigsten, nämlich *S. rubra* beziehe. [Vergl. auch hierüber S e r i n g e Saul. d. l. Suisse p. 6 u. 7 und W i m m e r Flora 1849 p. 52.j) — *S. purpurea* var. e. W i m m. Flora 1849. p. 33.

Die *S. purpurea* erscheint als buschiger Strauch, der sich manchmal bis zu drei Klaftern erhebt, aber niemals einen bedeutenden Stammumfang erreicht und gewöhnlich vom Grunde aus in zahlreiche Aeste aufgelöst erscheint. Die Zweige sind schlank, biegsam, zäh und mit zahlreichen länglichen, an beiden Seiten gekielten Knospen besetzt, im ersten und zweiten Jahre mit heller, glatter, glänzender, entweder gelblich-grüner oder roth überlaufener Rinde überzogen, später graugrün und glanzlos. Die abgeschälte Rinde erscheint an der inneren Fläche zitronengelb. Der aus der obersten lateralen Laubknospe herkommende Spross verlängert sich weit mehr, als jene, welche aus den nach abwärts folgenden Laubknospen sich entwickeln und bildet die gerade, schlanke Fortsetzung des vorjährigen Zweiges, aus dem er hervorgegangen. Die Blätter sind zur Zeit, wenn sie aus den Knospen brechen, entlang dem Mittelnerven regelmässig mit schmutzigem, meistens rostfarbigem, leicht abwischbarem Filze bedeckt, der schon zeitlich schwindet; viel seltener sind sie etwas seidig behaart (var. *sericea* S e r i n g, Saul. d. l. Suisse. p. 8 et Nr. 32 K o c h Syn. p. 56, W i m m. Fl. 1849. p. 33.) und bisher haben wir einen einzigen zu dieser letzteren Form gehörigen Strauch am Donauufer bei Mautern beobachtet. (Verh. d. z. b. V. I. p. 32). Die ausgewachsenen Blätter sind jedoch immer vollständig kahl, oberseits dunkelgrün, etwas glänzend, glatt, und nur im getrockneten Zustande von feinen, etwas erhabenen Nervchen geadert, unterseits bläulich, glatt, von dem vorspringenden gelben Mittelnerv durchzogen. — Formen mit gegenständigen Blättern kommen nicht selten vor und wurden von H o s t als *S. oppositifolia l. c.* beschrieben. — Die dichtblüthigen, schlanken, zilindrischen Kätzchen sind beim Herausbrechen in einen weissen Pelz eingehüllt, durch welchen jedoch die schwärzlich-purpurnen, sich noch deckenden Kätzchenschuppen als schwarzer Kern durchschimmern. Seltener ist die Behaarung der Schuppen sehr spärlich und die Kätzchen kommen dann fast nackt aus den Knospen hervor. — Die Staubkätzchen sind zur Zeit der vollen Blüthe immer bogenförmig abwärts gekrümmt. Die Staubfäden stehen zur Zeit, wo sie stäuben, senkrecht auf der Kätzchenspindel und die Schuppen sind nach der Blüthe regelmässig zurückgeschlagen. Die Staubfäden sind der ganzen Länge nach mit einander verwachsen. Sehr selten finden sich androgynische Kätzchen, an deren Staubblüthen die Staubfäden nur theilweise verwachsen erscheinen. (*S. mirabilis* Host. Salix p. 13 tb. 46 — *S. purp.* var. *monadelpha* Koch u. Neilr.) Diese sehen dann der *S. Forbyana* ähnlich, unterscheiden sich aber durch die unterseits seegrünen Blätter, den fehlenden Griffel und die knopfförmigen, sitzenden Narben. — Die Fruchtknoten sind unter allen Weiden bei *S. purpurea* am kleinsten, und da sie nicht gestielt sind, ist natürlich auch der Durchmesser der Fruchtkätzchen unter allen Weiden bei der *S. purpurea* am geringsten. Zur Zeit der vollen Blüthe erscheinen die Fruchtknoten eiförmig, und ihre sitzenden gelben, seltener fleischrothen Narben sind rundlich, knopfförmig. Die zum Aufspringen reifen Kapseln sind eiförmig, etwas zusammengedrückt und nach dem Aufspringen sind ihre Klappen nur wenig nach auswärts gebogen.

Die *S. purpurea* ist in Europa von der Mittelmeerzone zu einer nordöstlichen Vegetationslinie verbreitet, die von Island her, durch das mittlere Schweden über Petersburg und Moskau an die untere Wolga herabzieht. In Asien wird sie im altaischen und baikalischen Sibirien angegeben und findet sich ferner im mittleren und östlichen Nordamerika und in Nordafrika. Ihre obere Grenze fällt in den baierischen Alpen auf 3376', in den niederösterreichischen Alpen auf 3100', in den siebenbürgischen Karpathen auf 2700'.

Unter allen Weiden Niederösterreichs ist *S. purpurea* die häufigste und bildet namentlich in den Donau-Auen streckenweise reine Buschwälder. Sie ist dort der wichtigste Bestandtheil der ersten, auf den Schotterbänken sich ansiedelnden Weidengeneration, und wie von Reissek nachgewiesen wurde, von grösster Wichtigkeit für die Geschichte der Donauinseln, indem die grösstentheils aus der Purpurweide bestehenden Anflüge den bei Hochwässern mitgeführten Sand auffangen und zur Ablagerung einer 6—8 Schuh hohen Sandlage Veranlassung geben. Der so über den Schotter aufgeschichtete Sand, in welchem das Buschwerk der *S. purpurea* oft bis zur Hälfte begraben erscheint, wird dann das Substrat für die später auftretenden Waldgenerationen. Wird die Purpurweide von hochstämmigen Bäumen überwachsen, so stirbt sie wie die meisten anderen niederen Buschweiden ab. — In prachtvoller Entwicklung findet sie sich längs dem Unterlaufe der alpinen Zuflüsse der Donau, wo sie auf dem schotterigen Uferlande mit *S. incana* fast undurchdringliche Buschwälder bildet und dort selbst für den landschaftlichen Charakter Bedeutung gewinnt. — Noch weit einwärts in den Alpenthälern, in welche die Ufer-Chloriteen: *S. fragilis*, *S. alba* und *S. amygdalina* nicht mehr hinansteigen, bildet die *S. purpurea* mit *S. incana*, *S. nigricans* und *S. grandifolia* das Ufergebüsch der rauschenden Bäche; findet sich dort auch vereinzelt an quelligen Stellen auf Felswänden (Lassingsfall) und im verkrüppelten Zustande auf Torfboden der

Hochmoore (Mitterbach) vor. — Bis zu 2800' ist sie noch ganz allgemein verbreitet. Von da an vereinzelnen sich aber ihre Standorte und die höchsten Punkte, wo *S. purpurea* noch vorkommt, finden sich, wie früher bemerkt, bei 3100 Fuss. — Im böhmisch-mährischen Gebirge wird sie noch auf den Höhen des Plateaus, so z. B. um Moidrams bei 2500' angetroffen. — Sie ist auf kalkreichem Substrate ebensowohl, wie auf kalklosen Unterlagen aufgefunden worden.

Chamitea *) n. g. Zwergweide.

Flores dioici, amentacei. Amenti bracteae indivisae, unicolores rosaceae. Torus in urceolum laciniatum tumens. Stamina duo. Filamenta libera. Germen sessile, diphyllum, uniloculare. Gemmulae prope basin carpophyllorum nervo adnatae, anatropae. Stylus brevissimus. Stigmata duo, biloba. Capsula unilocularis, bivalvis, valvis post dehiscentiam extrorsum arcuatis, basi medio seminiferis. Semina in utraque valva 3—5, erecta, oblongo-linearia, funiculo brevissimo, crasso pedicellata et in comam lanuginosam, ex apice funiculi orientem involuta. Albumen nullum. Embryo orthotropus. Radicula infera. — Fruticuli alpini, foliis alternis, mediocriter petiolatis, nervigeris.

Die *S. reticulata L.* bietet eine solche Fülle von auffallenden, eigenthümlichen Merkmalen dar, dass sich die Autoren fast durchgehends mit der Angabe einiger weniger der hervorragenden Kennzeichen begnügten. — Linné, Smith, Allioni, Wahlenberg, Seringe, Jacquin und die Mehrzahl der älteren Autoren, welche *S. reticulata* beschrieben haben, berühren nirgends die so merkwürdige Form des Torus. — Koch spricht in seiner Comm. d. salic. von einem „nectarium basin capsulae superans" und dieser Passus ist in seine Synopsis, so wie in die meisten Floren nach ihm übergegangen. — Die Abbildung von Host zeigt wohl an Fig. 3 u. 5 ganz gut die der Kätzchenspindel zugewandte Seite der einzelnen Blüthen, doch spricht auch Host nur von einem „Nectarium bi- aut tripartitum" und es geht daraus hervor, dass er sich mit der oberflächlichen Ansicht einer von dem Kätzchen losgetrennten Blüthe, bei welcher er nur zwei oder drei Zipfel des ringsum gelappten Torus wahrnahm, begnügte, ohne den Bau des Blüthenbodens weiter zu verfolgen. — Dass auch an den Staubblüthen (bei welchen

---

*) Deriv. α χαμαί et ἰτία.

20

man an frischen Blüthen, ohne die Staubfäden zu entfernen, den die Insertionsstelle der Staubgefässe rings umgebenden, zerschlitzten, fleischigen
Becher wahrnimmt) die charakteristische Torusbildung den Autoren nicht auf-
gefallen war, lässt sich nur dadurch erklären, dass die als *Salix* von Alters
her überkommene Pflanze noch eine Menge anderer, schon beim ersten An-
blicke in die Augen springender, eigenthümlicher Merkmale darbot, und
daher die Angabe einiger weniger derselben schon hinreichte, um sie von
den andern Arten, mit denen sie durch K o c h und F r i e s in die so un-
natürliche Gruppe: *Glaciales* zusammengewürfelt worden war, zu unterscheiden, und daher ein Eingehen auf Merkmale, die erst bei näherer Zer-
gliederung wahrnehmbar werden, überflüssig schien.

    Nach unserem Dafürhalten ist *Chamitea* von *Salix* eben so gut zu
trennen wie von *Populus*, und die nachstehende Tabelle möge die wesent-
lichsten Merkmale der drei Gattungen der *Salicineen* vorführen:

Salix.	Chamitea.	Populus.
Folia penninervia, breviter vel brevissime petiolata.	Folia nervigera, mediocriter vel longe petiolata.	Folia nervigera vel penninervia, mediocriter vel longe petiolata.
Squamae amenti luteovirides unicolores, vel versus apicem coloratae: rubiginosae, purpureae et atratae, integerrimae.	Squamae amenti rosaceae unicolores, integerrimae.	Squamae amenti luteovirides, rubiginosae vel rufae, crenatae vel digitato-laciniatae.
Torus in glandulam unicam internam vel in glandulas duo: alteram externam, alteram internam tumens.	Torus in urceolum laciniatum tumens.	Torus in urceolum integrum, oblique truncatum tumens.

    Die Rotte der Purpurweiden und Moorweiden betrachten wir aus den
oben Seite 43 erörtertem Grunde als die Grenzglieder der *Salicineen*. Sie
besitzen ebenso wie die Rotten der Abtheilungen: *Microstylae* und *Macrostylae* an den Staub- und Fruchtblüthen nur eine innere, drüsenförmige Verlängerung des Torus. Bei den Weidenrotten: *Retusae*, *Amygdalinae* und
Albae findet sich an den Fruchtblüthen noch dasselbe Verhältniss, die Staubblüthen zeigen aber schon eine zweite, kleine, äussere Drüse, und bei der
Rotte: *Fragiles* haben sowohl Frucht-, wie Staubblüthen eine innere und
äussere Drüse des Torus aufzuweisen. — Bei der Gattung *Chamitea* entwickelt sich der Torus zu einem die Insertionsstelle des Fruchtknotens oder
der Staubgefässe rings umwachsenden, kurzen, gelappten Becher und bei

der Gattung *Populus* stellt er endlich eine abgestutzte, nicht zerschnittene, becherförmige Verlängerung dar.

1. Ch. reticulata. — Amenta serotina, in ramulo tri — quadrifoliato, gemmifero, superne nudo, longissime pedunculata, recta, pistilligera densiflora', staminigera laxiora, bis — quater longiora quam latiora. Squamae unicolores rosaceae, rotundatae, extus subglabrae, intus breviter villosae. Torus in urceolum laciniatum tumens, laciniis basin germinis superantibus. Germen sessile, ovatum, cano-tomentosum. Stylus brevissimus. Stigmata divergentia, patula, biloba, purpurea. Stamina duo, antheris ante anthesin purpureis, serius nigricantibus, filamentis liberis, rubescentibus, in basi pilosis. Valvae capsulae purpurascentes, post dehiscentiam extrorsum arcuatae. Folia coriacea, nervigera, mediocriter vel longe petiolata, elliptica vel orbiculata, obtusa, in basi rotundata vel subcordata, margine deflexa, adolescentia pilis longis sericeis vestita, adulta glaberrima, supra obscure viridia, subtus albido-glauca. Nervi 5—7 in pagina inferiori prominentes, plerumque sicut petiolus rubescentes et cum venis reticulum elegantissimum constituentes, in pagina superiori lineis impressis significati, quare folium rugulosum. Ramuli castaneo-rufescentes, glaberrimi.

Am. ♂ 10—20^{mm} lg. 5—6^{mm} lt. Am. ♀ 8—22^{mm} lg. 4—5^{mm} lt.

Squam. 1^{mm} lg. Germ. 1—1.5^{mm} lg. Stam. 2—3^{mm} lg.

Fol. 12—46^{mm} lg. 10—32^{mm} lt.

S. reticulata L. sp. 1446, Host Salix p. 33. tab. 105. Koch Syn. 570. Fries Nov. fl. succ. M. I. p. 73. Herb. norm. Fasc. IX. Nr. 62. Wimm. Herb. Sal., Nr. 8 et 93. Neilr. Fl. v. N. Oest. p. 266.

Zierlicher Strauch mit sparrigen, fast rechtwinklig sich abzweigenden Aestchen und knorrigem, niederliegendem Stamme, der als grössten Durchmesser 1 Centim. zeigt und dann 18—20 Jahresringe aufweist. Die Rinde der 1—3jährigen Aestchen ist kastanienbraun, glänzend und kahl, im 4. Jahre wird sie jedoch runzelig, matt und graubraun. Die zweijährigen Aestchen entwickeln an geeigneten Stellen reichliche Adventivwurzeln. Die Knospen sind glänzend gelb, länglich eiförmig und verhältnissmässig sehr gross (4—8^{mm} lg. 3—4^{mm} lt.). Die Knospendecken bleiben manchmal bis zur Blüthezeit an der Basis des hervorgesprossten Aestchens haften, so dass sie die Stiele der unteren Blätter fast scheidig umfassen. Die Blattstiele sind rinnig, an der Basis etwas verbreitert, purpurroth überlaufen und entweder halb so lang als der Längendurchmesser des Blattes, oder bei runder Blattform fast gleichlang und daher die Blätter entweder mittelmässig oder lang gestielt, durch welches Merkmal *Chamitea* ein von dem Weidentypus ganz und gar abweichendes Aussehen erhält, da auch die kleinen Alpenweiden (*S. retusa, herbacea, polaris*) sehr kurzgestielte Blätter besitzen. — Nur an sehr üppigen Sprossen finden sich an der Stelle der zwei Nebenblätter zwei kleine, purpurrothe Drüsen. — Die Blätter wechseln in ihrem Zuschnitt vom länglich elliptischen bis zum kreisrunden. Ihr äusserster Rand ist umge_ bogen und bei der in Niederösterreich vorkommenden und auch anderwärts auf Kalkboden wurzelnden Form drüsenlos und ungezählt. Auf Schiefer- unterlage zeigt jedoch der Rand gewöhnlich kleine, drüsige Ansätze, die namentlich gegen die Basis zu, deutlich wahrnehmbar sind. Es wiederholt sich demnach hier das bei anderen Alpenweiden beobachtete, Seite 23 be- sprochene Verhalten und es zerfällt auch *Chamitea reticulata* in eine Kalk- und Schiefer-Parallelform, von welchen sich die erstere:

1. integrifolia durch vollkommen ganzrandige, zeit- lich kahl werdende Blätter, schwächer behaarte Kätzchen- schuppen und frühzeitig abfallende Knospendecken auszeichnet, während

2. vestita (Pursh Fl. Amer. septentr. II. p. 610.) sich durch die an der Basis mit Drüschen besetzten, noch zur Zeit der vollen Blüthe dicht seidig zottigen Blätter, dichter bekleidete Kätzchenschuppen und die stehenbleibenden, die Basis der Blätter scheidig umfassenden, grossen Knospendecken unter- scheidet.

Letztere ist in Niederösterreich nicht aufgefunden. Aus den Central- alpen liegen uns jedoch Exemplare derselben vor, welche mit Lappländi- schen vollkommen übereinstimmen und von Sauter wurde diese Form schon in der Flora 1849, p. 662, als von Mielichhofer in den Salzburger- Alpen gefunden, angegeben.

Die Blätter beider Parallelformen sind benervt. Die zwei oder drei unterhalb der Mitte des Blattes unter Winkeln von 30—40° entspringenden Seitennervenpaare sind nämlich verlängert, viel dicker als die noch weiter über der Mitte aus dem Mittelnerv hervorkommenden, schwachen Nervchen, und kommen der oberen Hälfte des Mittelnervs an Stärke gleich. Von den Weiden hat nur *S. herbacea* bei den rundblättrigen Formen manchmal eine ähnliche Nervatur, alle anderen Weidenarten aber sind fiedernervig. Desto häufiger erscheinen benervte Blätter bei den Pappeln, mit deren Blättern die Blätter von *Chamitea* auch durch die verlängerten Stiele übereinkommen. Die 5 oder 7 fast fächerförmig die Blattfläche durchziehenden Hauptnerven sind durch zahlreiche, kräftige Anastomosen zu einem grossmaschigen, meist rosaroth oder purpurn gefärbten Netze verbunden, das sich aus der weiss- lichen Grundfarbe der unteren Seite höchst zierlich heraushebt*). An der oberen, dunkelgrünen, fast glanzlosen Blattseite ist das Nervennetz durch

---

*) Seringe macht auf die sehr eigenthümliche Nervatur mit den Worten aufmerksam: „face infér. d'un blanc gris, relevée de nervures rougeâtres très saillantes, longitudinales, presque comme dans les feuilles des monocotylédonnées. — Saules de la Suisse p. 28.

vertiefte Linien angedeutet, und daher das Blatt runzelig. In der Jugend ist der Blattstiel so wie die untere Blattfläche mit langen, weichen, seidigglänzenden Haaren bedeckt. Zur Zeit der Blüthe aber sind die Blätter bei der Var. 1. *integrifolia* vollkommen kahl, — bei der Parallelform Var. 2. *vestita* hingegen bleibt die Behaarung bis zur Fruchtreife. — Im Verwelken werden die Blätter braun. — Von den Knospen in den Achseln der 3—4 Blätter eines Sprosses kommen selten mehr als zwei, gewöhnlich nur eine (nämlich die oberste laterale) zur weiteren Entwicklung. Da die 3 oder 4 Blätter ziemlich gedrängt an der unteren Hälfte des Sprosses sitzen, dessen Abschluss das Kätzchen bildet, die obere Hälfte aber nackt ist, so erscheint das Kätzchen lang gestielt. — Die Staubkätzchen, so wie die Fruchtkätzchen sind schmal, walzlich, 20—80blüthig, ihre Blüthen sind gewöhnlich in 6 Zeilen angeordnet und stehen bei den Staubkätzchen etwas lockerer, bei den Fruchtkätzchen aber immer dicht und geschlossen. Die rosafarbigen Kätzchenschuppen sind fast kreisrund, ganzrandig, an der äusseren Seite kahl, an der inneren Seite aber immer kurzhaarig oder dicht zottig. Erwähnenswerth ist hiebei, dass, wie schon Seringe (a. a. O. S. 28.) bemerkt, die Schuppen, welche die Staubblüthen stützen, immer viel stärker zottig sind als jene der Stempelblüthen. — Der Torus bildet einen becherförmigen Kranz gelber, fleischiger, über die Basis des Fruchtknotens hinausreichender Lappen. — Die Staubfäden sind röthlich, an der unteren Hälfte gewimpert, die Antheren rundlich, vor und während dem Blühen purpurroth, nach dem Abblühen schwarz. — Der sitzende oder sehr kurzgestielte Fruchtknoten ist eiförmig, stumpf, von aufrecht abstehenden Härchen weissfilzig, glanzlos. Der sehr kurze Griffel theilt sich in zwei bogenförmig auseinanderlaufende, abstehende, zweispaltige, purpurrothe Narben. Die Kapsel, die gewöhnlich purpurn überlaufen erscheint, ist eiförmig 3^{mm} lang. Ihre Klappen sind nach dem Aufspringen nur wenig sichelförmig auswärtsgekrümmt. An dem Mittelnerv jeder Klappe sitzen nahe gegen den Grund zu, 3—5 lineale 1^{mm} lange Samen, die von dem fast dreimal so langen Haarschopf umhüllt sind.

Die Zwergweide ist fast durch alle Hochgebirge der nördlichen Halbkugel, so wie auch durch die arktische Zone der alten und neuen Welt verbreitet, findet sich noch nördlich vom Polarkreise (Grönland, Lappland) und erreicht ihre nördliche Grenze erst auf Port Bowen südwestlich von der Melville-Insel.

In Europa findet sie sich auf den Hochgebirgen der Mittelmeerzone, dann in den Alpen, Karpathen, in den schottischen und skandinavischen Hochgebirgen bis Island und Lappland. Sie fehlt in den Sudeten.

Ihre untere Grenze fällt in Schottland auf 1900′, in den bairischen Alpen auf 5250′, in den niederösterreichischen Alpen auf 4750′. (In den Centralalpen scheint ihre untere Grenze tiefer zu liegen. Zahlbruckner gibt dieselbe dort auf 4000′, Unger auf 4600′ an.) — Ihre obere Grenze wird in den französischen Alpen von De-Candolle auf 8000′ angegeben, in

Baiern fällt sie nach Sendtner auf 7000', in den niederösterreichischen Alpen findet sich *Ch. reticulata* bis auf die höchsten Kuppen der Kalkalpen der Raxalpe des Schneeberges und Oetschers zu 6566'. Doch ist diese Höhe nicht als ihre obere Grenze anzusehen, da sie auf den benachbarten, höheren Kalkalpen Steiermarks auf den Höhen des Hochschwabes noch bei 7000' angetroffen wird. Sie bildet in der nördlichen Kalkalpenkette einen wesentlichen Bestandtheil jener Pflanzenformation, die bei *S. retusa* bereits ihre Erwähnung gefunden.

Index.

Salix

fragilis Fries 65.
fragilis-alba Wimm. 65.
fragilissima Host 62.
fragilis-triandra Wimm. 68.
Friesii 61.
glabra Scop. 113.
glauca L. 88.
glaucescens Host 117.
grandifolia Ser. 120,
hastata L. 119.
hastata-silesiaca Wimm. 120.
heliciflora Tausch 100.
Helix Host 150.
Helix L. 98, 150.
Helix Tausch 150.
helvetica Vill. 88.
herbacea L. 79.
heterophylla Host 132.
hippophaëfolia Thuillier 90.
Hoffmanniana Tausch 98.
holosericea Seringe 101.
Hostii 91:
Jacquiniana Host 81.
incana Schrank 104.
incana-Caprea Wimm. 101.
incana-cinerea Wimm. Flora 1849.
          102.
incana-daphnoides Wimm. 108.
incano-purpurea Neilr. 104.
incana-purpurea Wimm. 104.
incubacea L. 145.
intermedia Host 102.
Kanderiana Seringe 101.
Kitaibeliana Willd. 76.
Kovátsii 68.
lanceolata Fries 93, 95.
lanceolata Seringe 101.
Lapponum L. 88.
ligustrina Host 71.
longifolia Host 91, 93.
lutescens 131.
macrophylla 125.

Salix

Mauternensis 139.
menthaefolia Host 117.
mirabilis Host 152.
mollissima Ehrh. 90.
monandra Host 120.
mutabilis Host 150.
Myrsinites L. 81.
myrtilloides L. 149.
Neilreichii 136.
Neisseana 95.
nigricans Sm. 116.
nitens Gr. et Godr. 95.
oleifolia Host 140.
oppositifolia Host 150.
ovata Host 117.
palustris Host 64.
parietariaefolia Host 117.
parviflora Host 149.
pentandra L. 57.
pentandra-fragilis Wimm. 59.
phylicifolia Koch comm. 116.
phylicifolia L. 84, 116.
plicata Fries 142.
Pokornyi 59.
polaris Wahlbg. 83.
polymorpha Host 128, 129.
Pontederae Vill. 137.
Pontederana Bertol. 137.
Pontederana Schleicher 138.
praecox Willd. 110.
pratensis Host 144, 145.
prunifolia Host 117.
pulchella Host 84.
purpurea L. 150.
purpurea-aurita Wimm. 135.
purpurea-Caprea Wimm. 140.
purpurea-cinerea Wimm. 136.
purpurea-grandifolia Wimm. 138.
purpurea-nigricans Wimm. 141.
purpureo-repens Neilr. 149.
purpurea-repens Wimm. 149.
purpurea-viminalis Wimm. 98.

Salix

pyrenaica Fries 88.
pyrenaica Gouan. 88.
Reichardtii 127.
repens L. 145.
reticulata L. 153.
retusa L. 74.
riparia Willd. 105.
rivalis Host 117.
rosmarinifolia Koch 144.
rosmarinifolia L. 96, 145.
rosmarinifolia Wulf. 145.
rubra Huds. 98.
Russeliana Sm. 65.
semperflorens Host 72.
sericans Tausch 92.
Seringiana Gaud. 100.
serpyllifolia Scop. 76.
silesiaca Willd. 123.
sordida 135.
speciosa Host 68.
spectabilis Host 70, 73.
stipularis Sm. 91, 95.
subalpina 103.
subglabra 115.

Salix

subtriandra Neilr. 67.
tenuis Host 145.
tetandra L. 59.
triandra L. 71.
undulata Ehrh. 90.
Vandensis Forbes 141.
varia Host 72.
venusta Host 72.
vestita Pursh 156.
viminalis L. 89.
viminalis-Caprea Wimm. 92, 93.
viminalis-cinerea Wimm. 95, 96.
viminalis-dasyclados Wimm. 95.
viminalis-purpurea Wimm. 100.
viminalis-repens Wimm. 97.
viridis Fries 64.
vitellina Host 66.
Vratislaviana 92, 94.
Waldsteiniana Willd. 84.
Weigeliana Willd. 86.
Wimmeri Kerner 108.
Wulfeniana Host 113.
Zedlitziana 95.

Corrigenda.